다문화 사회와 국제이해교육

다문화 사회와 국제이해교육

© 유네스코 아시아·태평양 국제이해교육원

초판 1쇄 펴낸날 2008년 12월 30일
초판 3쇄 펴낸날 2016년 3월 15일

지은이 유네스코 아시아·태평양 국제이해교육원
펴낸이 이건복
펴낸곳 도서출판 동녘

전무 정락윤
주간 곽종구
편집 이정신 최미혜 박은영 이환희 사공영
미술 조하늘 고영선
영업 김진규 조현수
관리 서숙희 장하나 김지하

인쇄·제본 영신사 **라미네이팅** 북웨어 **종이** 한서지업사

등록 제311-1980-01호 1980년 3월 25일
주소 (10881) 경기도 파주시 회동길 77-26
전화 영업 031-955-3000 편집 031-955-3005 **전송** 031-955-3009
블로그 www.dongnyok.com **전자우편** editor@dongnyok.com

ISBN 978-89-7297-592-2 03370

다문화 사회와 국제이해교육

 APCEIU

유네스코 아시아 · 태평양 국제이해교육원 엮음

동녘

발간사

국내 거주 외국인 100만 시대를 맞은 한국사회는 이미 다인종·다문화 사회로 접어들었고, 이에 대한 교육적 대안으로 다문화 교육에 대한 논의가 활발히 일고 있습니다. 이러한 논의에서 다양성 존중을 바탕으로 한 평화의 문화 구축을 목표로 지난 60여 년 간 발전해 온 유네스코의 대표적인 교육사업인 국제이해교육이 매우 중요한 기여를 할 수 있다고 생각합니다. 특히 유네스코는 급속한 세계화로 인해 국경의 의미가 약해지고 모든 사회가 다양화되어 감을 인식하고 '21세기 세계 교육위원회' 보고서에서 '함께 살기 위한 학습'을 강조하고 있습니다. 이처럼 유네스코는 다문화 사회의 등장을 중시하면서 다문화 교육을 국제이해교육의 중요한 요소로 다루어 왔습니다.

우리는 다문화 사회에 성공적으로 대응하면서 동시에 국제화·세계화도 달성해야 하는 과제를 안고 있습니다. 국제이해교육은 다문화 가정뿐 아니라 다양한 사회계층·종교·성·언어 집단들까지 포함합니다. 다문화 교육은 소수 이주민 집단을 배려한 특별교육이 아니라, 한국 사회의 모든 구성원이 변화하는 사회에 적응하여 살아갈 수 있는 능력을 신장시키는 교육이어야 하기 때문입니다. 그러므로 모든 다양성을 다루는 국제이해교육의 틀 속에서 더욱 효과적인 다문화 교육이 가능할 것입니다.

전쟁의 원인이 인간의 마음속에서 비롯되었기에 인간의 마음속에 평화의 씨앗을 심고자 시작된 국제이해교육은 국제교육, 타 문화 이해교육 등으로 불려왔습니다. 국제이해교육은 '모든 인간들이 더불어 함께 사는 세상을 만들기 위하여, 다른 나라와 민족, 문화와 생활 습관 등을 바르게 이해하며, 민주주의와 인권, 사회 정의와 평등의 가치를 위해서 지속 가능한 발전과 평화로운 세계를 일구어 내는 세계시민 의식과 자질의 향상'을 목표로 하며, 다문화 이해, 세계화 문제, 인권 존중, 평화로운 세계, 지속 가능한 발전 5개 영역에서 이를 실천하고 있습니다. 특히 다문화 이해는 한국 사회 구성원의 다문화적 감수성과 문화간 이해 소통능력을 함양하는 것에 주목하고 있습니다.

다문화 사회는 상생과 협력을 위한 최소한의 보편성 추구와 함께, 문화적 다양성에 대한 관용 및 존중을 통해서 사회적 융합을 꾀하는 것이 필요합니다. 한 사회 속에 다양한 문화가 상생할 때, 그 사회는 창조적 역동성을 발휘할 수 있습니다. 또한 문화적 다양성은 그 사회의 문화적 자산을 풍부하게 해줄 뿐더러 '다름'을 수용하여 함께 사는 것을 배우게 함으로써 사회를 성숙시킵니다.

이 책의 연구 집필진들은 우리 사회의 폭넓은 다문화 사회 이해를 반영하고자, 다문화 교육은 무엇이고, 다문화 가정은 어떤 것인지, 다문화 사회의 철학, 이론, 교육 방법론 등 이론적 기초를 제공, 유네스코 문화 다양성 입장에서의 '다문화 사회 담론'을 소개해야 한다는 점에 의견을 모았습니다. 이를 반영하는 동시에, 2001년 '유네스코 세계 문화다양성 선언', 2005년 '문화적 표현의 다양성 보호와 증진 협약' 등 문화 다양성에 관련한 세계적인 흐름에 발맞춰, 다문화 가치 포용 및 문화 다양성 증진과 문화 융합에 대한 이해를 돕고, 다문화 사회와 국제이해교육에 대한 논의를 활성화하기 위한 학술적 교재 개설서를 개발하였습니다.

이 책은 3개 부로 구성되었습니다. 1부에서는 다문화 사회의 이론적 논의를 관용, 민족주의와 정체성, 포스트콜러니즘 담론, 문화 다양성 관점에서 다루었고, 문화 다원성 차원에서 한국적 다문화주의의 이해와 논의를 소개했습니다. 2부에서는 국제이해교육에서의 다문화 사회 논의와 문화 이해, 이주여성, 국제교육 방법 등을 다루었습니다. 부록에서는 유네스코의 문화간 교육(intercultural education) 지침을 번역·게재하여, 다문화 사회에 대한 유네스코의 가이드라인을 전파 및 보급하고자 하였습니다.

이 책의 출판을 위해 연구 및 집필진으로 적극적으로 참여해주신 김선욱, 김기봉, 박홍순, 최현덕, 김현덕, 유철인, 오현선 교수님들과 문화간 교육 지침서를 번역해주신 서종남 교수님께 깊은 감사의 말씀을 드립니다. 또한 도서출판 동녘의 이건복 사장님과 관계자 여러분, 그리고 교육과학기술부의 지원에 감사의 말씀을 드립니다. 이 책이 현재 국제이해교육 내 다문화 교육 논의의 장을 더욱더 넓히고, 교육의 방향을 정립하는 데 도움이 되기를 바랍니다.

유네스코 아시아·태평양 국제이해교육원장 이승환

1부
다문화 사회 이론과 실제

1장
다양성과 관용

김선욱 | 숭실대학교 철학과 교수

1. 소설 《완득이》와 다문화적 문제 상황

최근 청소년 소설 《완득이》가 많이 읽힌다고 해서 서점에서 한 권 사들고 집으로 왔다. 책을 들자마자 손에서 뗄 수 없을 정도로 재미가 넘쳤다. 교회에 들어가 자기 담임선생님을 죽여달라고 간절히 기도하는 고등학생 완득이는 어머니가 누군지 모르고 홀아버지 밑에서 자랐다. 아버지는 난쟁이이며 춤꾼으로, 카바레에서 분위기를 띄우는 역할을 한다. 완득이는 아버지에게 춤을 배우러 찾아온 약간 모자라는 남자를 삼촌이라 부르며 함께 살아간다.

담임은 완득이를 기초수급자로 올려놓고, 등록금도 면제해주고 무료로 나오는 급식용 햇반과 라면 등을 챙겨준다. 그러면서 그 햇반 가운데 일부는 자기 집으로 가져오라고 해서 뺏어 먹기도 한다. 담임의 집은 완득이네 바로 이웃이다. 완득이네와 마찬가지로 옥탑방에 산다. 그뿐만 아니라 완득이가 기도를 올리는 그 교회에 다닌다. 이따금 불쑥 집으로 찾아와 아버지와 술잔을 기울이는 담임을 완득이는 죽도록 싫

어한다.

그런데 완득이는 모두가 해야 하는 야간 자습을 상습적으로 빠진다. 학교에서 싸움을 하다가 성격이 나쁘지만 성적이 좋은 같은 반 아이의 손가락을 부러뜨리기도 한다. 카바레가 문을 닫자 아버지는 삼촌과 지하철 행상을 시작한다. 완득이는 이들을 도우러 갔다가 지하철 행상 자릿세를 받는 깡패들에게 쫓기다 싸우고 돌아온다. 집에 와선 공부는 안 하고 그런 곳에 왔다고 아버지에게 다시 혼이 난다. 그 모양을 본 담임은 자기 집에서 건너다보며 잘 혼내신다고 아버지를 부추긴다. 완득이는 화가 나 다시 교회로 가서 다음과 같은 기도를 한다.

정말 이러시기예요? 가시관에 머리가 찔려서 잘 안 돌아가세요? 똥주 (담임선생님의 별명) 하는 꼴 좀 보라고요. 학생 집에서 술 퍼마시고, 꼴리는 대로 학생이나 패고, 선생이라는 작자가 인성 교육이 안 돼 있으니까, 학생들한테도 그런 교육을 못 시키잖아요. 다시 어린애로 돌려서 교육시킬 수도 없고, 방법은 하나밖에 없어요. 죽여주세요. 이번 주에도 안 죽이면, 나 절로 갑니다. 하나님 안 믿어요! 거룩하시고 전능하신 하나님 이름으로 기도드리옵나이다. 아멘.[1]

이런 이야기를 읽고 있노라면 자연스레 소설의 이야기에 빠려 들어가, 일인칭 화자 시점으로 전개되는 주인공의 입장에 어느덧 자신을 일치시키게 된다. 그런데 소설의 흐름을 따라가다 보면 담임선생님을 통해 '나' 완득이는 베트남 여성의 아들임을 알게 된다. 다문화 가정의 아들인 것이다. 그리고 외국인 노동자를 위해 활동하며, 심지어 외국인에게 부당하게 대한 회사의 사장인 자기 아버지까지도 고발하는 담임이 교회를 이주민과 외국인 노동자의 쉼터로 활용하는 것도 알게 된다. 그리하여 자연스레 한국 사회의 다문화적 상황 한가운데 '나' 완득이가 있음을 알게 된다. 이 같은 문학적 장치와 설정을 통해 독자인 나는 다문화적 상황 속에 나 자신을 놓고 생각하고, 또 익숙해진 내 모습을 발견하게 된다.

이제 우리 사회는 동남아 여성들과 국제결혼을 한 수많은 다문화 가정과 코리안 드림을 따라 한국에 와 한국인이 기피하는 일을 하면서 산업의 한 부분을 감당하는 외국인 노동자를 통해 다문화적 문제 상황을 피부로 경험하게 되었다. 그리고 이러한 문제 상황을 가장 아름답게 해결하는 것은 소설《완득이》를 통해 경험하는 것처럼, 그들의 입장 속에 내 자신을 넣어 상호성을 의식적으로 구현하는 것이 될 것이다. 하지만《완득이》에서도 배경 장치로 등장하는 것처럼 다문화적 상황은 개인 차원에서만 전개되는 것이 아니라 경제적·법적·문화적 차원에서도 전개된다. 즉, 다문화적 상황은 근본적으로 다차원적인 다양성과 차이의 문제를 전제하는 것이다.

다양성의 문제가 다원주의 혹은 다원성이라는 개념으로 철학의 논의 가운데로 들어온 것은 비교적 최근의 일이다. 물론 이 주제 자체는 오래전부터 다루어져 왔고, 또 19세기 말 유럽에서 형성된 신칸트학파에서도 중요한 주제로서 다루어지기는 했다. 19세기에는 자연과학이 상당한 발전을 이루면서 자연과학의 방법론이야말로 모든 학문의 근본이 될 수 있다는 자부심이 팽배했다. 이에 대해 인간과 사회를 다루는 정신과학은 보편성이나 동일성 중심이 아니라 연구 대상이 갖는 개성과 특이성을 중심으로 해야 한다는 주장은 다양성을 다양성 자체로 강조했던 본격적인 이론이었다. 20세기 중반에 오면서 사회과학방법론

논쟁이 본격적으로 전개될 때 철학은 이 논쟁에 다양한 시각과 개념을 제공했다. 그뿐만 아니라 20세기 후반에 북미, 특히 캐나다의 퀘벡 문제와 더불어 형성된 다문화주의 논쟁이나 여성주의 · 동성애 · 양심적 병역 거부 등의 사안과 관련하여 차이와 정체성을 중심으로 한 철학과 정치철학 등을 통해 다양성의 문제는 철학의 중심으로 이미 들어와 있다.

우리가 고민하는 과제는 이런 다양성 개념에 직접적으로 철학적 사유를 부어보는 것이다. 사실 다양성 · 다원성 · 다원주의 · 복수성(plurality) 등의 개념은 상당히 혼란스럽게 사용된다. 이는 다양성 개념 자체가 다차원성을 내포하기 때문이다. 그래서 우리는 다양성 개념 자체를 이해할 필요가 있다. 우리는 철학에서 문제된 상대주의, 그리고 상대주의와 함께 논의될 수밖에 없는 진리 개념과 더불어 다양성 개념을 살펴볼 것이다. 이 작업을 통해 다양성 개념의 매트릭스를 알게 되고, 이에 따라 관용이 어떻게 전개될지를 이해할 수 있을 것이다. 관용의 작용을 이해하려면 관용이 갖는 권력이 작용하는 차원을 간과해서는 안 된다. 따라서 관용은 정치철학적 문제의식을 필요로 한다.

이런 작업을 통해 우리가 추구하는 것은, 서로 달라 보이지만 근본적으로 인간이라는 점에서는 동일한 타자와의 만남에서 상호성을 바탕으로 이루어내는 지평을 드러내 보이는 것이다. 또한 우리는 소설《완득이》를 읽으면서 자연스레 경험할 수 있는 다문화적 상황 속에 자신을 내어놓는 것의 의미도 이해할 수 있을 것이다.

2. 문화상대주의와 윤리의 보편성

다양성에 대한 철학적 논의는 먼저 윤리학이나 정치 · 사회철학의 영역
에서 상대주의에 대한 논의를 일으킨다. 동일한 상황에서 다양한 반응
이 가능하다면, 그것은 가치와 행동의 원칙에서 누구나 동의할 수 있는
절대적 기준이 존재하지 않을 것이라는 주장도 가능하기 때문이다. 사
실 오늘날에는 이러한 의미에서의 상대주의적 입장이 매너와 에티켓의
근거를 이루기도 한다.[2] 서로 다른 취향에 대해 비판하지 않고 다른 스
타일이나 행동 방식을 있는 그대로 인정하는 것이 매너라고 했을 때(물
론 내가 용인할 수 있는 차이의 한도에서), 여기에는 어느 정도 상대주의가
작동하는 것이다.

　　상대주의가 등장하는 근거는 개인의 심리 · 역사 · 문화 등 다양하
다. 개인의 심리적 성향이 동일한 상황에 대한 판단과 평가를 다르게
할 수 있고, 역사에 따라 달라진 관습은 절대적인 윤리적 기준이 존재
하지 않는다는 의심을 자극하며, 문화에 따라 다른 사회적 관습은 절대
적 진리나 기준은 존재할 수 없으리라는 생각을 부추긴다. 이 가운데
우리의 주된 관심이 되는 문화와 관련한 상대주의의 예를 들어보자.

　　고대 페르시아의 왕인 다리우스는 여행 중에 경험한 문화의 다양성에
대하여 흥미를 갖게 되었다. 예를 들어 그는 칼라시아족(인도의 한 종
족)은 죽은 조상의 시신을 습관적으로 먹어치운다는 것을 발견했다.
그레시아 사람들은 물론 그렇게 하지 않았다. 그들은 시신을 화장했
으며, 화장용 장작더미를 시체를 처리하는 자연스럽고 알맞은 방법이
라고 생각했다. 세상에 대한 정교한 이해는 문화 사이에 존재하는 이

런 차이를 간파하는 것이어야 한다고 다리우스는 생각했다. 어느 날 그는 이 교훈을 가르치기 위하여, 궁중에 우연히 들른 몇 명의 그레시아 사람들을 모아놓고 그들에게 그들의 죽은 조상의 시체를 먹는 조건으로 어떤 대가를 원하는가 물어보았다. 물론 그들이 그러리라는 것을 알고 있었지만, 그레시아 사람들은 충격을 받고 대답하기를, 아무리 많은 돈을 주더라도 그러한 일을 하라고 설득할 수 없을 것이라고 대답했다. 그러자 이번에는 몇 사람의 칼라시아 사람들을 불러들이고, 그레시아 사람들이 들을 수 있도록 큰 소리로 그들의 죽은 조상의 시체를 화장한다는 조건으로 어떤 상금을 받겠는가를 물어보았다. 칼라시아 사람들은 공포에 질린 채 제발 그 같은 무시무시한 말을 하지 말아달라고 애원하였다.[3]

이 예를 제시한 레이첼스는 문화상대주의의 다른 예로 에스키모인의 여아 살해 풍습을 든다. "초기의 유명한 탐험가 중 한 사람인 라스무센(K. Rasmussen)은, 그가 만난 한 여자는 20명의 어린이를 출산했는데 그 가운데 10명의 아이를 출산과 동시에 죽였다고 보고했다. 그가 보기에 여자 아이들은 살해당하는 경우가 특히 많았는데, 그것은 사회적 낙인 때문이 아니라 순전히 부모의 자의적인 결단에 따른 것이었다."[4] 여아를 살해하지 않으면 척박한 생존 환경으로 인해 아이들이 성년이 되는 시점에 남녀의 성비가 1 대 2가 되는, 심각한 사회문제가 발생하기 때문에 그와 같은 풍습이 존재했다고 한다.

이러한 식인 풍습과 유아 살해 풍습은 윤리적 문제이지만 문화적 배경을 두고 등장하여 상대주의 논변에 사용되었다. 그런데 이러한 예들에 대해, 우리는 더 이상 그러한 식인 풍습은 문명사회에는 존재하지 않는다는 것과 여아 살해 풍습도 거친 사냥에 삶을 의존하지 않아도 되는 오늘날의 에스키모인에게는 더 이상 존재하지 않는다는 것을 지적할 필요가 있다. 시간의 흐름과 여건의 변화에 따라 이러한 문제들이 일정한 방향으로 변화한다는 것을 우리는 윤리 문제를 내포한 문화적 관습에서 목격할 수 있다.

이러한 문화적 변화를 초래하는 근본적인 힘은 무엇일까? 다른 문명과 접촉함으로써 자기 문화의 특정한 측면이 기괴하게 보인다는 점에 대한 염려는 아닐까? 또 자신의 딸을 출산 후 선택적으로 버려야 하는 일은 고통스러웠기 때문에 생존 여건이 개선되자 여아 살해의 풍습을 버린 것이 아닐까? 만일 그렇다면 우리는 자신의 문화에 대해 남이 어떻게 보는지를 의식하며 염려하는 좀 더 근원적인 인식의 바탕이 존재한다고 볼 수도 있고, 또 생존의 문제가 해결된다면 곧바로 인식하게 되는 생명의 존엄성 의식과 같은 것이 존재한다고 볼 수도 있다.

이와 같이 문화와 윤리가 만나는 문제를 고려할 때 우리는 윤리(ethics)와 도덕(morality)을 구별해야 한다. 윤리라는 말은, 한 공동체가 오랜 시간에 걸쳐 공동의 생활을 영위하면서 시간을 두고 형성해온 삶의 방식을 통해 이룩된 "어떻게 살 것인가?" 하는 문제에 대한 대답 방식을 말한다. 이 말의 어원이 되는 그리스어의 'ethos'는 삶의 방식이라는 뜻이며, 구체적인 역사적·지리적 환경과 결부된 삶에서 우러나오는 것으로 이해할 수 있다. 한편 도덕은 구체적인 삶의 여건에 대한 고려를 전적으로 배제한 채, "어떻게 살 것인가?" 하는 문제에 대해 주로 이성적 관점에서 정신적으로만 접근해 들어가 얻어낸 답을 말한다.[5] 구체적인 삶의 여건을 고려하지 않는다는 점에서 도덕은 처음부터 보편성을 추구하는 것이지만, 윤리는 구체성을 전적으로 포괄하면서 전개되므로 보편성을 주장하기가 어렵다. 윤리 이론을 탁월하게 전개한 최초의 철학자인 아리스토텔레스는 바람직한 삶의 길을 여는 것으로서 여러 가지 덕(virtues)에 대해 논의했지만, 그 덕들은 고대 아테네라는 지역성과 전적으로 구별되어 이해될 수는 없다.[6] 하지만 아리스토텔레스가 말하는 덕이 오늘날 우리에게, 즉 시간과 공간을 무척 달리하는 우리 한국 사람들에게도 많은 것을 시사해준다. 그러므로 윤리에는 시공을 초월하는 힘이 있는 것이다.

윤리가 보편적일 수 있으면 좋겠지만 보편 윤리는 여전히 어려운 과제다. 하나의 공동체적 삶의 방식을 통해 당위의 논의를 이끌어내는 윤리가 어떻게 보편적일 수 있을지는 그 자체가 심각한 문제다. 바로 이 문제를 진지하게 생각하지 않고 이성주의적 사유를 통해 보편성을 주장하는 입장을 보편 윤리로 규정하고, 이러한 도덕적 태도를 다양한 삶의 환경에 대립시키는 것은 문제를 해결하는 것이 아니다.[7] 이는 앞에서 살펴본 레이첼스의 예에 나오는 칼라시아인들과 그라시아인들이 서로의 입장에서 상대를 바라보는 결과에 빠지기 십상이기 때문이다.

3. 다양성의 다차원성

다양성의 문제는 보기에 따라 2차원적으로 또는 3차원적으로 이해되어야 하는 논의 구조를 요구한다. 차이의 문제가 순전한 차이를 의미하는지, 아니면 보편성을 인정할 수 있는 문제, 다시 말해 현실의 차이를 누구나 동의할 수 있는 보편적 기준에 의거해서 다르게 인식하는지의 여부가 핵심에 있다. 그런데 다른 한편으로 이러한 차이에 대한 문제가 개인간의 관계에서 발생하는 것인지, 아니면 민족적 · 언어적 혹은 문화적 공동체를 중심으로 제기되는 것인지에 따라 달리 고민되어야 할 부분이 있다. 이처럼 보편적이냐 순전한 차이냐의 문제와 개인간의 문제냐 집단간의 문제냐에 따라 다양성 문제에 해당하는 여러 주제 영역이 〈그림 1-1〉에서 보는 것처럼 다르게 분포될 수 있다.

경제의 문제는 사회라는 집단 속에서 발생하는 것이며, 또한 그것은 단순한 차이의 문제가 아니라 보편성을 인정할 수 있는 영역이므로, 영역 1에 위치할 수 있다. 인권이 인간에게 보편적으로 인정할 문제라고 인식되는 한 마찬가지로 영역 1에 위치할 수 있다. 사회적 차원의 인권의 문제가 아니라 개인의 삶에서 논의될 수 있는 개인 윤리적 문제는 영역 2에 위치할 것이다. 개인이 어떤 옷을 입을 것인가는 개인의 취향의 문제이므로 영역 3에 자리 잡을 수 있지만, 그것이 사회적으로 용인된 한계를 벗어나지 않는 선에서 주로 의복 선택이 결정되므로 의복 문화는 영역 4에 위치할 것이다. 예술도 마찬가지다.

하지만 이러한 위치 정하기는 해당 사안을 어떻게 해석하느냐에

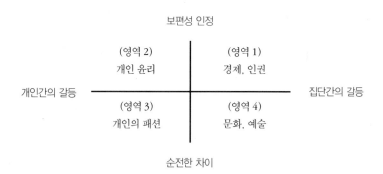

〈그림 1-1〉 다양성 문제의 여러 주제 영역

따라 달라질 수 있다. 예컨대 개인이 육식을 선호하느냐 채식을 선호하느냐 하는 문제는 영역 3에 해당하는 문제이지만, 불교 문화권에서 육식을 금하는 상황이라면 이는 영역 4의 문제가 될 것이다. 개고기를 먹는 문제는 그것을 개인의 선호도의 문제로 본다면 영역 3에 속하지만, 한국 문화의 문제로 본다면 영역 4에 속할 것이다. 그리고 인간과 개의 친밀성을 염두에 두면서 문화적 야만성으로 여긴다면 이는 영역 1에 해당할 테지만, 모든 한국인이 개고기를 먹지는 않으므로 이를 순전히 개인의 야만성 문제라고 주장한다면 이는 영역 2에 해당할 것이다. 이러한 해석상의 차이가 논쟁을 불러일으키지만 이 같은 2차원적 문제 영역의 구분을 해본다면 의견 차이의 근거를 좀 더 명확하게 인식할 수 있고, 따라서 대립과 충돌 지점에서 가능한 한 오해를 줄이고 문제 지점을 분명하게 알 수 있게 된다.

그런데 우리는 보편성을 다루더라도 그 강도가 다양하게 나타날 수 있다는 점을 고려해야 한다. 이는 진리 주장을 중심으로 볼 때 특히 분명하게 드러나는데, 보편성을 주장할 수 있는 기준의 특성에 따라 주제 영역이 〈그림 1-2〉에서 보는 것처럼 다르게 나타날 수 있기 때문이다.[8]

〈그림 1-1〉의 평면도형을 〈그림 1-2〉에서는 수평으로 놓은 사각형으로 이해하고, 이 사각형이 하나의 문제 영역으로서 그 보편성을 결정하는 진리 기준에 따라 보편성의 강도를 고려하여 그것을 수직축으로 만들어낸 것이 〈그림 1-2〉가 된다. 수학이나 과학 영역은 정도의 차이는 있지만 보편적인 진리의 문제로 누구에게나 타당한 것으로 인정될 수 있는 영역이므로, 보편성의 강도가 가장 높다고 할 수 있다. 경제 영역은 경제 현상을 수리적으로 분석한 것이므로 이 또한 보편성의 강도

가 높지만, 문화적으로 고려할 점들이 존재할 수 있다는 점에서 수학/과학 영역보다 낮게 위치한다. 하지만 도덕/윤리 영역은 앞서 언급한 도덕과 윤리의 영역적 특성을 전제하고서 말하자면 수학/과학이나 경제 문제 영역과 같은 보편성을 담보하기 어렵다. 끝으로 문화와 종교, 정치 문제 영역은 보편성의 강도에서 가장 떨어지는 영역이라고 할 수 있다.

우리가 진리라는 말을 사용할 때, 흔히 진리를 시간과 공간을 초월하여 타당할 것이라고 생각한다. 하지만 무엇이 진리인지를, 진리 기준이 무엇인지를 곰곰이 생각해보면 시공을 초월해서 모든 사람에게 동일하게 적용될 수 있는 진리라는 개념에 어울리는 것은 그리 많지 않다. 〈그림 1-2〉에 그려진 진리 기준에 따른 보편성의 강도라는 이름의 수직축으로 나누어지는 네 영역 각각의 진리 개념이 어떻게 작용하는지를 살펴보자.[9]

첫째, 수학과 과학 영역에서 진리는 보편성 측면에서 가장 강한 특

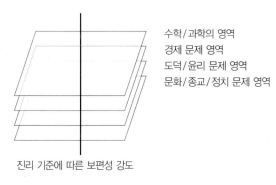

수학/과학의 영역
경제 문제 영역
도덕/윤리 문제 영역
문화/종교/정치 문제 영역

진리 기준에 따른 보편성 강도

〈그림 1-2〉 진리 기준에 따른 영역별 보편성 강도

성을 띤다. 5 더하기 8이 13이라는 수학의 예를 들어보자. 이 수학 등식은 인간이라면 누구에게나 타당하게 인식될 거라고 모두가 기대한다. 만일 수를 배우는 아이가 이런 등식을 잘못 인식한다면 그 아이를 가르치는 선생은 야단을 쳐서라도 바로잡아 주려고 할 것이다. 수학적 진리는 글자 그대로 시간과 공간을 넘어서 타당한 것이다. 과학적 진리도 이에 준하는 타당성이 있다. 과학적 업적은 실험실 공간이라는 제약 속에서 이루어지지만 그 업적은 동일 조건을 가진 다른 이의 실험을 통해서도 검증될 수 있어야 한다. 과학적 업적이 수정될 수 있지만 새로운 발견을 통해 수정되기 전까지는 그 타당성을 인정할 수 있다. 일반인에게 과학적 진리의 타당성은 수학에 준할 정도의 보편성을 인정받는다.

수학적 진리에 대해서는 설명이 필요하지 토론이 필요하지는 않다. 설명이란 어떤 주장의 옳음을 입증하는 과정이고, 토론이란 다양한 관점에서 개진되는 의견의 차이를 조정해가는 과정이다. 수학적 진리는 이런 점에서 보편타당한 학문의 이상으로 간주된다. 플라톤은 이런 취지에서 자신의 형이상학을 수학과 같은 이상성을 갖도록 구성했다. 수학적 혹은 과학적 진리를 두고 우리는 그것을 강력히 주장하거나 우길 필요가 없으며, 그 진리는 우리가 목숨을 바쳐 지켜야 할 진리로 여겨지지도 않는다. 그렇게 하지 않아도 그것은 그대로 참이며, 그 진리를 알지 못하는 사람은 무지한 사람이며, 또한 그 무지는 불편을 초래할 따름이다. 우리는 갈릴레오 갈릴레이가 자신의 지동설을 법정에서 수정하고 나오다가 "그래도 지구는 돈다"라고 말했다는 이야기를 안다. 이 이야기의 진위가 문제가 되기는 하지만, 어쨌든 과학적 발견에 대해 그 타당성을 증명하고자 목숨을 바칠 필요는 없다는 점에서 우리는 동의할 수 있다.

둘째, 경제 영역 또한 그 보편성의 주장에서 상당히 높은 위치를 차지할 수 있다. 여기서 말하는 경제 영역이란 다양한 경제학 이론이나 경제적 예측의 타당성과 관련하여 말하는 것이 아니라 경제적 관심이 주도적인 역할을 하는 영역을 말한다. 기업체는 경제적 관심을 중심으로 업무가 운영된다. 이때 경제적으로 도움이 되느냐 여부는 얼마의 이익을 남길 수 있는지에 대한 수치로 판가름이 난다. 경제적 관심이 주도적 위치를 차지할 때 그 사회 구성원의 다양성은 무시되고 돈을 중심으로 평준화되어 버리는 현상이 나타난다. 이 때문에 자본의 힘이 사회를 지배하는 현대사회에서는, 사람들이 마치 가장의 독재적 권력 앞에 서 있는 가족 구성원과 같은 방식의 평등성을 경험하게 된다고 한다. 구매력을 중심으로 인간의 가치가 결정되고, 인간 활동의 중요성이 소비와 사용의 대상을 평가하는 기준과 동일한 기준으로 평가됨으로써 다양성은 더 이상 존중되지 않는다는 것이다.[10]

셋째, 도덕과 윤리 영역은 상대주의의 도전을 심각하게 받고 있다. 앞서 보았던 문화상대주의도 도덕과 윤리 영역에 가하는 심각한 도전이 된다. 보편적 도덕 법칙으로 주장되는 칸트의 정언명법, 즉 "네 의지의 준칙이 항상 동시에 보편적 입법에 타당하도록 행위하라"라는 것도 실질적인 내용은 결여한 채 하나의 형식적 규준으로 남아 있는데, 이것이 구체적으로 적용 되는 차원으로 들어간다면 그 구체적 내용은 시간과 공간의 제약을 받는 모습으로 나타난다. 도덕적 · 윤리적 타당성은 개인에 대한 호소력을 분명히 가지며 사회적으로도 인정을 받는 것이지만, 그 타당성의 논리적 근거는 의외로 취약하다. 많은 경우 이 타당성은 개인의 신조나 사회적 인정의 차원에서 입증될 때가 많기 때문이다. 따라서 도덕과 윤리 영역에서 진리는, 진리 개념이 원래 갖고 있는 시공을 초월한 보편타당성을 기대하게 만들지만 실질적으로 그런 타당성을 입증하는 데는 많은 어려움이 따른다.

도덕과 윤리가 사회적 차원으로 확장된 것으로 인권 개념이 있다. 예컨대 인간의 평등한 권리나 고문받지 않을 권리는 그 자체로 타당한 진리처럼 간주되기도 한다. 하지만 이러한 진리는 수학이나 과학의 진리처럼 강력히 주장하거나 투쟁을 하지 않아도 그대로 참으로 작용하는 것이 아니다. 역사를 통해 보는 것처럼 이러한 진리는 투쟁의 산물로 쟁취되는 것이지 저절로 실현되는 것이 아니다. 한나 아렌트는 미국 독립선언서에서 인권을 강조하는 구절에 주목한다. 거기에는 모든 사람이 평등하게 태어났다는 등의 주장이 나열된 다음, "우리는 이러한 진리들이 자명하다고 주장한다(we hold these truths to be self-evident)"라고 쓰여 있다. "이러한 진리들은 자명하다"라고 끝나지 않고 "…… 라고 주장한다"라고 썼을 때, 강조는 우리의 주장하는 행위에 실린다. 즉, 이러한 진리는 우리가 그것을 주장하고 옹호할 때 진리로서 기능하기 시작하는 것이다.

넷째, 문화·종교·정치 영역은 진리 기준으로 볼 때 가장 낮은 곳에 위치한다고 보아야 할 것이다. 우리가 문화에 주목할 때 먼저 그 다양성과 독창성에 주목한다. 미국의 재즈 음악과 한국의 사물놀이를 감상할 때, 우리는 각각이 가진 고유한 특성에 주목하게 되는데, 이때 우리는 자기가 어떤 음악을 선호하는지를 말할 수는 있어도 사물놀이가 재즈보다 더 우수한 음악이라는 식의 평가를 할 수는 없다. 양자를 관통하여 평가할 수 있는 보편적 기준이 여기서는 존재하지 않기 때문이다.

그렇지만 같은 음악을 연주하더라도 기술이 뛰어난 사람과 초보자가 연주하는 것에는 차이가 날 수 있다. 그래서 초보자가 연주하는 사물놀이와 전문가가 연주하는 재즈 음악을 비교할 때 후자가 낫다고 평가하는 것은 보편적으로 인정받을 수 있다. 이러한 예에서처럼 우리는 문화 속에 보편적 평가 기준이 숨어 있을 수 있다는 점을 인정해야 하는 것이 아닌가 하는 의문을 가질 수 있다. "여러 문화간에 우열을 논할 수 있는가?" 하는 질문을 던지면, 문화는 우열을 가릴 수 없으며 미개한 문화라도 존중해야 한다는 것이 상식적 대답일 것이다. 하지만 "만일 당신이 어느 미개한 지역을 여행하다가 병을 얻었는데, 그 지역의 부족장이 당신을 치료해주려고 무당을 불러놓고 굿을 해주겠다고 한다면, 당신은 그 굿을 받고 있겠는가 아니면 가까운 도시의 병원으로 데려다 달라고 하겠는가?"라고 묻는다면 거의 예외 없이 병원으로 후송해주길 원한다고 대답할 것이다. 굿과 병원 진료의 차이는 문화의 차이로 볼 것이 아니다.[11] 이와 마찬가지로 초보자의 사물놀이와 전문가의 재즈 음악의 차이는 문화의 차이가 아니라 기술의 차이인 것이다. 이 기술의 차이는 〈그림 1-2〉에서 본다면 경제 문제 영역과 가장 가까울 것으로 생각된다. 경제 문제 영역에서 경제적 이익이라는 것이 객관적 기준의 역할을 하는 것처럼, 기술의 숙련도가 여기서 객관적 기준의 역할을 하기 때문이다.

종교적 진리의 영역은 그 진리가 객관적으로 보증되기보다는 믿음을 통해 보증된다는 점에서 다른 영역과 다르다. 즉, 종교적 진리가 수학이나 과학의 경우처럼 실험으로 입증될 수 있는 것이라면 거기에 필요한 것은 믿음이 아니라 증명일 것이다. 이런 이유에서 파스칼은 종교를 도박에 비유하기도 했다. 파스칼은 종교를 도박처럼 여길 때 믿는 것이 믿지 않는 것보다 더 승률이 높다고 했다. 내세 문제에 대해서는 그것을 믿지 않는 것보다는 믿는 것이 더 유익하기 때문인데, 만일 내세가 없다면 그것을 믿거나 믿지 않거나 상관이 없지만, 내세가 있다면 믿지 않았을 때의 손해가 엄청날 것으로 생각되는 것이 그 이유다. 도박의 결과를 도박하는 그 순간에는 알 수 없는 것처럼, 종교적 진리 또한 믿는 그 순간에는 알 수 없다. 그러므로 종교적 진리의 기준은 문화적 다양성의 경우와 별다를 바가 없게 되어버린다.

문화와 종교 영역을 정치와 같게 설정한 이유는 정치 영역에서 갖는 진리 기준의 위상 때문이다. 정치는 공적 영역에서 이루어지며, 다양한 사람과 다양한 집단이 서로 어우러지면서 형성된다. 정치는 근본적인 다양성을 바탕으로 하며, 그런 한에서 획일적인 기준은 배제한다. 그런데 공적 영역에서 이루어지는 것으로 경제와 같은 사회적인 활동도 있다. 이는 객관적 기준이 제시되고 우열을 나눌 수 있는 영역이다. 사회적인 것을 정치와 혼동할 때 정치는 어떤 목적을 이루기 위한 수단으로만 이해된다. 인간의 본래적인 다원성은 이런 합목적성에 의해 침해되기 쉽고, 따라서 인간적인 삶은 어렵게 된다. 그래서 현대 정치철학자 한나 아렌트는 정치를 인간의 다양성이라는 본질적인 사실에 기반을 두고 인간적 삶을 함께 형성해가는 과정으로 이해할 것을 주장한다.[12]

이상의 논의를 통해 우리는 다양성 문제가 간단하지 않고 복잡한 것임을 알 수 있었다. 이 복잡성이란, 우리가 다양성이라는 이름 아래 포괄하는 수많은 문제에 서로 다른 여러 가지 기준이 개입되어 있기 때문에 발생하는 것이었다. 〈그림 1-2〉를 통해 보이려 했던 것은 다양성 개념 자체가 평면적으로 이해될 것이 아니라 입체적으로 이해되어야 할 만큼 복잡한 문제라는 점이다. 이제 이러한 다양성 문제에 접근하는 다양한 방식을 살펴볼 차례다.

4. 관용과 다양한 문제 영역

관용에 관한 본격적인 철학적 논의는 서구의 계몽주의 시대에 이루어졌다. 근대는 이성을 중심으로 철학을 전개시킨다는 특징을 지니고 있으며, 사회적으로도 합리성을 바탕으로 제도가 변화하는 시대였다. 이때 전통적으로 내려오던 종교는 여전히 사회적으로 영향력을 발휘하고 있었으며 근대적 형태의 정치 발전에 장애 요인이 되기도 했다. 통치를 신의 은총이라는 개념으로 정당화하는 것이 전통이었다면, 정치적 혼란은 다양한 종교가 정치를 통해 자신의 영향력을 확립하려는 까닭에 증폭되었다. 예컨대 계몽기 정치사상가 존 로크는 "교회가 세속 통치자의 힘을 이용하여 다른 교회를 핍박하는 것"을 막고 종교적인 "구원에 대한 열심으로 위장된 지배를 향한 욕망을 비판"[13]하려는 취지를 갖고 관용을 주장하기도 했다.

　　자유적 공동체주의자로서 다문화주의와 다원성의 원리에 대해 많은 관심을 가졌던 마이클 왈쩌는 서양 역사에 존재했던 관용이 작용하는 사회적 조정 방식을 저서 《관용에 대하여》에서 다섯 가지로 정리했다. 이는 역사적으로 존재했던 것을 유형화한 것으로, 이들의 혼합형도 가능하지만 어쨌든 "다섯 가지 관용적 사회의 표본"[14]으로 생각할 수 있다.

　　첫 번째 관용적 조정 형태는 다민족 제국이다. 고대 페르시아, 이

집트의 프톨레마이오스 왕조, 로마제국을 그 예로 들 수 있다. 이 체제에서는 다양한 집단이 전적으로 혹은 상당 정도로 자치적이었으며, 문화와 종교에서 상당히 자주적일 수 있었다. 제국을 이끌어가는 입장에서는 제국 전체를 공정성에 입각하여 균형 있게 유지하는 정도였으며, 세금을 제대로 내고 평화가 유지되는 한 제국은 소속된 집단들의 내적인 삶에 간섭하지 않았다. 관용은 공식적으로 제공되었고, 소속된 집단들 사이의 평화는 조건으로 유지되었으며, 제국 전체는 민주주의적인 방식이 아니라 독재적으로 통합을 이루어냈다. 제국의 점령지를 유지하는 차원에서는 폭력과 야만적 억압이 동원되지만, 제국의 틀이 독재적으로 유지되기 때문에 소속 집단에 대한 관용이 가능할 수 있다.[15]

두 번째 형태는 오늘날과 같은 국제사회다. 개별 국가가 정치적 주권을 가진 상태에서 서로 존립하는 상태를 말한다. 앞에서 말한 다민족 제국이 독재적으로 정치권력을 독점하는 가운데 평화를 유지하며 그 안에서 관용을 허용하는 상태인 데 반해, 국제사회는 독재적 권력을 행사하는 제국이 없고 개별 국가가 전적인 주권을 가진 상태다. 그러므로 여기서는 관용이 주어지는 것이 아니라 국가들 사이에 법과 질서가 존재하지 않는 상태이며, 그런 점에서 절대적 관용이 존재하는 상황이라고 할 수 있다. 주권은 국경에 제한되어 있기 때문에, 다른 나라의 국경 안에서 일어나는 일에 대해 간섭할 수 없다. 그러나 국가간의 외교적 관계가 무역 등을 통해 구축되기 때문에 인도주의적인 개입이 전혀 불가능한 것은 아니다. 여하튼 국제사회는 "원칙적으로 관용적"[16]이다.

세 번째 형태는 연방국가다. 이는 제국에서 파견한 관료가 질서를 유지하는 것과 같은 장치 없이 제국이 만들어내는 평화적 공존 체제를 성취하려는 계획이다. 여기서는 독재를 시행하면서 동시에 관용을 베푸는 자가 존재하지 않기 때문에, 스스로 공존의 질서를 만들어야 하며, 서로 관용해야 한다. 이러한 연방이 지속될 수 있는 것은 상호 신뢰를 바탕으로 한 호혜적 관용이 작용해서라기보다는 서로에 대한 악의의 결과를 방어하기 위해서라고 왈쩌는 지적한다.[17]

네 번째 형태는 민족국가다. 민족국가는 그 자체가 문화 집단이기 때문에 그 안에서 관용의 대상이 되는 것은 집단이 아니라 개인이 된다. 이때 개인은 국가의 국민으로 인정되며, 이와 더불어 국가의 문화 속으로 동화하라는 요구를 받는다. 이 국가가 나치 독일처럼 전체주의적일 때는 개인의 차이와 다양성이 관용될 가능성은 아주 적어지며, 자유주의적인 환경에서는 좀 더 용인될 수 있다. 그렇다 하더라도 관용의 폭은 제국이나 국제사회, 혹은 연방에서 경험할 수 있는 것보다는 훨씬 적어진다. 그런데 동화 과정은 개인에게 아주 고통스럽고 굴욕적일 수 있다.[18]

마지막으로 다섯 번째 형태는 이민자 사회다. 서로 다른 집단의 구성원들이 자신이 속한 영토를 떠나 새로운 곳에 정착하여 다양한 집단의 집합체를 형성하는 경우이며, 미국을 그 예로 들 수 있다. 다문화주의에 대한 논의에서 주목되는 캐나다는 이민자 사회이지만 퀘벡은 예외라고 왈쩌는 지적한다. 퀘벡인은 초기에 이민자로서 온 것이 아니라 식민지 개척자로서 왔다가 영국에 정복당했기 때문에 다르다는 것이다.[19] 이민자 사회가 국가를 형성하게 되면 이 국가의 구성원은 민족국가의 경우와는 다를 수밖에 없다. 그러나 국가는 시민들을 구성원으로 하지, 단체를 구성원으로 하지 않기 때문에 모든 행정적·사법적 작용은 개인을 중심으로 이루어지게 된다. 따라서 관용의 대상은 개인을 중심으로 이루어지며, 이민자 집단이 단체로서 관용의 대상이 되지는 않는다. 다만 개인이 민족국가의 경우에서처럼 하나의 문화나 언어에 동화될 것이 기대되기보다는 다문화적·다언어적 환경을 만들어 개인들이 자신의 정체성을 유지해나갈 수 있도록 하는 다원적 제도가 이루어진다.[20]

　이상의 다섯 가지 관용의 제도는 관용의 주체에 따른 구분이라 할 수 있다. 첫 번째의 다문화 제국에서는 제국이 주체가 되며, 오늘날 국제사회에서는 관용의 주체가 존재하지 않으며, 연방국가의 경우에는 소속된 국가들 자체가 관용의 대상이자 관용의 주체가 된다. 민족국가의 경우 그 국가를 이룬 민족이 관용의 주체이며, 다문화 사회의 경우 다문화 집단들이 조정해서 만들어낸 법과 그 법을 집행하는 행정부가 관용의 주체가 될 수 있다. 관용 대상의 성격을 중심으로 보면, 제국이나 국제사회 및 연방국가의 경우는 단체가 관용의 대상인 반면, 민족국가와 다문화 사회의 경우에는 개인이 관용의 대상이 된다.

　관용의 제도가 관용의 주체와 대상을 중심으로 구별 될 때, 주체와 대상 사이에는 분명한 권력관계가 작용함을 곧바로 알 수 있다. 주체는 관용을 '베푸는' 자이고, 대상은 관용의 수혜자가 되는 셈이기 때문이다. 특히 다문화 제국과 민족국가의 경우에 관용의 대상들은 관용의 주체들과의 명확한 권력관계 가운데 있다. 그런데 이러한 권력관계를 염두에 둔 채 앞서 살펴본 다양성을 규정하는 여러 기준을 생각해본다면, 경제 문제가 다양성 주제와 결부되어 있을 때의 관용의 양상과 음식 문화나 종교적 행위 같은 다양성 문제와 결부된 관용의 양상은 상당히 다른 차원에서 논의될 수밖에 없음이 분명해진다. 따라서 다양성의 개념이 적용되는 여러 문제 영역은 그것이 가진 여러 기준을 중심으로 분석해봄으로써 관용의 방식이 구체화될 수 있을 것이다.

문화 다양성의 문제, 다문화주의 등과 관련하여 수많은 논의가 이루어져 왔는데, 이들 논의의 시발점은 자생적 문제의식에 있기보다는 수입 학문의 논의에 따른 것으로 보는 편이 더 낫다. 예컨대 차이의 정치나 정체성 정치 등이 주목한 퀘벡 문제와 같은 것은 우리의 이론적 관심을 끌기는 하지만 우리의 고민을 이끌어내는 우리의 문제는 아닌 것이다. 물론 여성주의 문제는 오랫동안 우리의 문제였으며, 동성애와 양심적 병역 거부 문제는 최근에 논의의 중심에 들어왔다. 그런데 최근 수년간 한국 학계에서 이루진 논의들은 다문화 가정과 외국인 노동자 문제를 염두에 두고 진행되어왔다.

다문화 가정과 외국인 노동자 문제의 경우는 이 글의 서두에서 언급한 소설《완득이》의 내용과 밀접하게 연결되어 있기도 한, 우리 생활과 아주 가까이 있는 문제다. 다문화 가정의 경우, 외국에서 온 배우자는 이미 한국 시민권을 소유하고 있다는 점에서 법적 문제는 없지만 배우자 자신이 속한 문화적·종교적 환경과 자녀가 처한 생활환경의 차원에서 관용의 상황이 발생한다. 이는 관용의 제도 가운데 민족국가의 경우에 속하며, 기본적으로 동화되기를 요구받는 상황에 속한다. 따라서 여기서의 관용은 개인적 차원의 문제이며, 개인은 기꺼이 동화될 것인가 아니면 자신의 고유한 문화적 혹은 종교적 정체성을 유지하며 살 것인가를 고민하게 된다.

그런데 다문화 가정이 꾸려지는 과정을 보면 많은 경우 결혼 당사자들의 사랑 때문에 이루어지는 국제결혼이 아니라 필요성 때문에 이루어지는 결혼이라는 점을 알 수 있다. 즉, 한국인에게는 결혼의 필요성이, 그리고 결혼해 들어오는 이민자에게는 경제적 필요성이 주된 요인으로 작용한다. 경제적 요인은 다양성보다는 보편성의 차원에, 그것도 강도가 높은 보편성이 요구되는 경우에 해당된다. 그러므로 다문화 가정에서 발생하는 다양성 문제는 경제 문제가 가진 보편성의 그늘에 가리기 쉽고, 따라서 보편성의 주장에 기초하여 다양성 문제는 폭력적으로 억압되기 쉬운 모양새를 갖는다.

개인의 자존감은 자신의 정체성 인정과 깊은 연관을 맺고 있다. 그러므로 경제 논리에 따라 개인의 문화적 정체성이 억압되는 경우 그 개인은 자존심에 깊은 상처를 입으며, 이는 원만한 가정을 유지하는 데 어려움을 초래하는 원인이 된다. 따라서 관용은 경제 문제와 문화적 다양성 문제가 서로 별개의 것임을 인식하는 가운데, 다양성 자체는 용인되어야 할 것으로 인정되는 것이 중요해진다. 그런데 여기서 소수자 집단의 권리나 소수자 집단의 문화에 대한 인정의 문제로, 즉 집단을 관용의 대상으로 삼는 방식으로 논의를 전개하는 방식은 적절치 않다.[21] 왜냐하면 왈쩌의 모델에 따르면 민족국가 내에서의 개별 이주민과 이민자 사회에서의 이주민 집단은 구별되는 것이며, 우리의 경우는 전자에 해당하는 것으로 이해할 수 있기 때문이다.

외국인 노동자의 경우도 동일한 관점에서 생각해볼 수 있다. 우리의 문제는 여전히 민족국가 내부로 노동을 위해 들어온 노동자의 경우를 중심으로 볼 수 있는 것이며, 미국이나 캐나다와 같은 이민자 사회로 노동을 위해 이주한 경우가 아닌 것이다. 민족국가의 경우에는 노동의 조건과 노동자의 인권이 정의로운 방식으로 이루어지고 있느냐가 문제가 되며, 그러한 관점에서 정의가 이루어지는 한 외국인 노동자의 시민권이 문제가 될 필요는 없다. 하지만 이민자 사회의 경우 그 사회가 노동의 필요성에 따라 외국에서 노동자를 유입시킨 경우, 그들의 지위는 그 이민자 사회를 구성하고 있는 구성원들과 유사한 지위를 갖게 된다(이는 마치 한국 사회로 유입되어온 탈북자들이 곧바로 시민의 자격을 얻을 수 있는 것과 유사하다). 그러므로 이들에 대해 시민권 문제를 제기하고 동일한 시민권을 부여해야 할 것을 주장할 수 있게 된다.[22] 우리나라에 장기 체류하고 있는 외국인 노동자의 경우 가장 중요한 문제는 그들에게 한국인과 동일한 대우를 받으며 일할 수 있도록 하는 인권과 정의의 시행이다.

5. 진정한 상호성의 구축을 위하여

관용 개념에는 앞서 언급한 바와 같은 권력관계가 내포되어 있다. 다문화 가정의 경우나 외국인 노동자의 경우에도 역시 시민권과 국내 체류권, 노동권 등과 관련하여 여러 법적인 요소가 개입되어 있는데, 이 경우는 불가피하게 권력의 문제가 개입된다. 하지만 이들과 개별적 만남이 이루어지는 경우에 권력관계를 함축하는 관용의 개념으로 접근하는 것이 바람직한 것은 아니다. 다문화 가정의 구성원이 되는 남편과 아내의 관계, 그리고 이들과 이들의 친척 및 이웃의 관계가 관용을 베풀고 받아들이는 관계로 정립될 것이 아니라 진정한 상호성이 이루어지는 관계로 정립되어야 그 가정이 행복할 수 있을 것이다. 외국인 노동자의 경우도 법적·제도적 장치 속에서 유입되어 노동하고 있지만, 노동 현장에서 노동자들이 자신의 권리를 당당히 요구할 수 있고 또 정당한 요구는 수용될 수 있도록 하는 상호성이 이룩되는 것이 외국인 노동자들뿐만 아니라 우리 사회의 건전성을 위해서도 바람직하다.

　이러한 상호성은 그것이 정의와 인권의 문제일 경우는 보편성에 근거한 주장을 통해 이루어질 수 있게 해야 할 것이며, 문화적·종교적 차원의 문제일 경우는 열린 마음으로 이해와 인정을 통해 이루어가야 할 것이다. 이때 우리는 소설 《완득이》를 통해 경험한 바를 되새길 필요가 있다. 일인칭의 관점에서 전개되는 소설을 읽으면서 독자는 소설의 주인공인 완득이의 정체를 모르는 가운데 그와 자신을 동일시하며 그의 내적인 심리 체험을 공유하게 된다. 소설이 진행되면서 독자는 완득이가 다문화 가정의 아이임을 알게 되는데, 이때는 이미 그의 심리 체험을 공유한 다음이다. 그와의 공감대가 이미 형성되어 있는 독자는 이제 다문화 가정에서 자라는 아이의 내면에 대한 이해를 소설이 끝날 때까지 지속해갈 수 있다. 소설 주인공에게 심리적으로 공감할 때 우리는 우리의 의식을 확장하는 것이다. 의식의 확장을 통해 우리는 다른 사람을 이해하고 다양성을 포용할 수 있게 된다.[23] 우리 인간에게는 이와 같은 능력이 있다. 다음의 이야기를 읽어보자.

네 살짜리 아들이 아빠와 함께 살고 있었습니다. 아이는 밤마다 아빠에게 이야기를 들려달라고 졸랐고 이야기를 잘하지 못하는 아빠는 아이에게 늘 같은 이야기를 들려주었습니다. 그 이야기는 아빠가 어렸을 때 들었던 한국의 전래 동화인 호랑이와 토끼의 이야기였습니다. 그 이야기는 다음과 같았습니다.

옛날 옛날에 산속에 호랑이 한 마리가 살고 있었습니다. 그 호랑이는 배가 아주 고파 동굴을 나와 산길을 어슬렁거리며 잡아먹을 동물을 찾았습니다. 그때 호랑이가 토끼 한 마리를 만났습니다. "오, 토끼야, 내가 지금 아주 배가 고파서 너를 잡아먹어야겠다." 그러자 토끼는 간청을 하였습니다. "호랑이님, 제발 자비를 베풀어주세요. 제게는 가족이 있는데 만일 제가 죽으면 가족들은 아주 슬퍼할 거예요. 그리고 보시다시피 저는 아주 몸이 작아서 먹어봐야 별로 배가 부르지도 않을 겁니다. 그러니 제발 저를 놓아주세요." 이 말을 들은 호랑이는 토끼가 갑자기 불쌍히 느껴졌습니다. 그래서 풀어주었답니다.

이 이야기를 들으며 아이는 금세 잠이 듭니다. 그런데 어느 날 밤, 아이가 졸라 다시 이야기를 하게 된 아빠는, 이번에는 같은 이야기라도 조금 다르게 해볼 생각이 들었습니다. 늘 같은 이야기를 들려주었으니 이번에는 아이의 기억력도 테스트할 겸 문답식으로 다음과 같이 이야기를 시작했습니다.

아빠 : 옛날 옛날에 누가 살았을까요?

아이 : 호랑이요.

아빠 : 호랑이가 어땠어요?

아이 : 호랑이가 배가 고팠어요.

아빠 : 그래서 어떻게 했어요?

아이 : 동굴을 나와 먹을 것을 구하러 다녔어요.

아빠 : 그러다 누구를 만났나요?

아이 : 토끼요.

아빠 : 호랑이가 토끼에게 뭐라고 말했지요?

아이 : "배고파요. 먹을 것 좀 주세요"라고 했어요.

아이의 대답에 깜짝 놀라 아빠는 다시 물었습니다. "아니지요. 다시 한 번 대답해봐요. 호랑이가 토끼에게 뭐라고 말했지요?" 그래도 아이는 똑같은 대답을 합니다. 그러자 아빠는 이렇게 말합니다. "그게 아니지. 호랑이는 토끼에게 너를 잡아먹어야겠다고 말했잖아?" 그러자 아들은 이렇게 대답했습니다. "그렇게 말하면 너무 무섭고 슬프잖아요……"[24]

이 이야기에 소개된 원래 호랑이의 태도를 우리는 관용의 태도라고 할 수 있고, 아이가 바꾸어 말한 내용 가운데 나타나는 호랑이의 태도를 우리는 상호성에 바탕을 둔 태도라고 할 수 있을 것이다. 진정한 상호성은 나의 태도를 바꾸는 데서 시작된다. 나의 태도는 전통으로부터 익숙한 것을 다시 생각하는 능력에 달려 있으며, 또한 나를 남의 입장에 세워보는 상상력을 통해 발현되는 마음의 확장에 의거한다. 다양성을 인정하며 공존하는 것이 평화의 조건이고 인간적 삶의 조건이라면, 우리는 그러한 공존을 나의 변화를 통해 먼저 추구할 수 있어야 할 것이다.[25]

2장
다문화 사회의 한국인 정체성과 한국사 다시 쓰기

김기봉 | 경기대학교 사학과 교수

1. 민족이라는 매트릭스

2007년 8월 중순 유엔 인종차별철폐위원회(CERD, 위원장 레지 드 구테)
는 한국 사회의 다민족적 성격을 인정하고, 한국이 '단일민족국가' 라
는 허상에서 벗어나야 한다는 지적을 했다. 이러한 방안으로 위원회는
한국 안에 사는 모든 인종·민족·국가 그룹 간의 이해와 관용, 우의
증진을 위한 인권 인식 프로그램뿐 아니라 서로 다른 민족국가 그룹들
의 역사와 문화에 관한 정보를 초·중등학교 교과목에 포함시킬 것을
한국 정부에 권고했다. 한국은 실제로는 다민족국가인데 단일민족이라
고 믿고 살았다는 것이다. 우리는 그동안 민족이란 매트릭스 속에서 살
았던 셈이고, 유엔 인종차별철폐위원회의 지적은 그런 가상현실에서
나와 진짜 현실을 직시하라는 충고다.

　우리가 단일민족이 아니라는 명백한 사실은 족보를 보면 안다. 가
장 많은 성씨에 속하는 김·박·최는 신라에서 유래했으며, 그 밖의 다

른 성씨들은 대부분 중국에서 유래했다. 이에 비해 고구려와 백제의 고유한 성씨는 사라졌다. 고구려를 건국한 고주몽의 고씨를 비롯한 지배 세력은 상당 부분 고구려 멸망 이후 당나라로 끌려가 중국인으로 동화되었다. 이 같은 사실이 중국이 고구려사를 중국사라고 주장하는 근거로 이용되었다.

2007년 8월 한국과 베트남 수교 15주년을 기념하여 한국의 역사학회와 베트남의 역사과학회가 공동으로 '한국 · 베트남 관계사 국제심포지엄'을 개최했다.[1] 이 학술회의를 통해 확인된 사실은 한국과 베트남은 지리적으로는 먼 나라지만 역사적으로는 가까운 나라라는 점이다. 한국과 베트남의 교류는 놀랍게도 12세기 고려 시대 혈연관계를 맺는 것으로부터 시작했다. 12세기 베트남 이씨 왕조의 왕자인 리 즈엉 꼰이 경주에 도착했다가 강원도 정선에 입적(入籍)함으로써 정선(旌善) 이씨 가문이 생겨났다는 것이다. 또 화산(花山) 이씨의 족보는 13세기 고려에 들어온 베트남 이씨 왕조의 또 다른 왕자인 이용상(李龍祥)을 시조로 기록하고 있다. 이 같은 혈연적 교류는 이른바 반만년 한국사에서 에피소드에 불과하지만 단일민족 신화를 깨뜨리는 작은 돌멩이가 될 수 있다.

그럼에도 가문의 사적인 역사라 할 수 있는 '족보'를 증거로 해서 국가의 공식 역사인 '국사'에 대해 이의를 제기하는 일을 하지 않는다. 왜 학교에서 국사 교육을 받는 학생들은 교사에게 그 같은 질문을 던지지 않는 것일까? 그렇다면 "우리는 한국인으로 태어났는가, 아니면 한국인으로 되었는가?" 하는 질문을 역사가들에게 던지면 어떤 대답을 할 것인가?

2. 단일민족주의를 넘어서

국사 교과서는 한국 최초의 국가는 단군이 세운 고조선이고, 이로부터 한국 민족이 형성되었다고 서술한다. 이런 교과서를 읽으면서 학생들이 자신의 성씨에 각인되어 있는 사적 역사와 학교에서 배우는 공적 역사의 불일치를 왜 문제 삼지 않는가에 대해서는 역사적으로 형성된 두 가지 상반된 이유가 있다고 나는 추측한다.

첫 번째 이유는 가까운 역사인 일제 식민지 시대의 경험이 우리로 하여금 기꺼이 민족이라는 매트릭스에 살게 하는 기억장치를 만들어냈다. 주권을 빼앗겼던 경험이 국가와 민족에 대한 강한 집착을 낳았다. 일제강점기에 신채호나 박은식 같은 민족주의 사학자들은 국가는 몸이고 민족은 정신이라고 주장했다. 일제에 비록 몸은 빼앗겼지만 정신만 지키고 있으면 자주독립 국가를 이룩할 수 있다는 믿음이 민족주의를 하나의 정치종교로 기능하게 만들었다. 요컨대 현실에서 국가의 부재를 민족이라는 영혼의 존재로 보상하고자 했고, 그러한 민족주의를 충족하기 위한 서사로 역사가 쓰였다.

실제로 조사해보면, 단일민족이란 말은 비교적 최근에야 나왔다. 역사책 가운데 '단일민족'이란 표현은 손진태가 1948년에 쓴 《국사대요》에 처음 등장한다. 앞서 언급했듯이, 족보상에 나와 있는 혈통으로 보면 단일민족이란 성립할 수 없다. 그럼에도 단일민족 신화를 만들어낸 이유는, 일제로부터 독립하여 이룩한 신생국가의 내적 통합을 위해서였을 것으로 추정된다. 이 같은 단일민족주의는 대한민국 국가의 사회적 통합과 분단을 극복하고 통일된 민족국가를 이룩하는 것을 역사적 과제로 설정하기 위한 이념으로 작동했다. 하지만 문제는 21세기에도 단일민족주의가 이 같은 순기능을 담당할 수 있는가 하는 점이다.

아직도 분단 시대를 극복하지 못했기 때문에 민족 통일을 하려면 단일민족주의가 여전히 유효하다고 믿는 사람이 많다. 하지만 2007년 남한 사회는 이미 외국인 100만 시대를 맞이했고, 이들을 사회에 통합하는 데 단일민족 신화가 커다란 걸림돌이 되고 있다. 한편으로는 북한과 민족 통일을 해야 하고, 다른 한편으로는 남한 사회 내에서 다민족 '한국인들'의 사회 통합을 해야 한다는 이중 과제가 민족주의와 탈민족주의 사이의 논쟁을 유발한다.

그런데 과연 이 같은 논쟁 구도가 문제의 본질일까? 사적 역사와 공적 역사의 불일치를 모순으로 여기지 않는 두 번째 이유는 현상과 본질의 차이에서 설명될 수 있다. 우리 안의 타자는 거울처럼 우리 눈으로는 직접 보지 못하는 우리 모습을 보게 한다. 예컨대 성균관대학교 동아시아학술원에 연구교수로 와 있는 미야지마 히로시 교수가 그런 거울이다. 일본 역사가들은 그에게 한국의 역사가들 대부분이 민족주의에 경도되어 있다고 말하는데, 그런 말을 들을 때마다 그는 실제로는 정반대가 진실이라고 말한다고 했다. 한국인들은 겉으로만 민족주의자들이고, 속은 아니라는 것이다. 이에 비해 일본인들은 겉은 아닌 듯 보이지만 속으로는 민족주의를 내면화하고 있다고 한다. 일본인들은 밖으로 드러내는 다테마에[建前, 명분]와 속으로만 품고 있는 진심인 혼네[本音, 원칙·속내]가 다르다고 말하는데, 민족주의 심성도 그렇다는 것이다.

많은 한국인이 현상적으로는 민족주의 경향을 보이지만, 본질적으로는 사대주의를 지향한다. 특히 우파들이 그러하다. 예컨대 그들이 미국에 대해 취하는 입장을 보라. 북한에 대해서는 매우 적대적이면서 미국이 우리를 버리면 우리는 망한다는 강박관념에 빠져 있는 사람들을 과연 민족주의자로 볼 수 있는가? 노무현 정부 때 미국으로부터 전시 작전통제권을 이양받는 것을 극렬 반대한 사람들은 조선왕조의 보존과 문명화는 중국에 사대하는 것을 통해서만 이룩될 수 있다고 믿었던 전 근대 중화 사대주의자들과 본질적으로 다르지 않다.

한국인의 의식구조 속에는 강대국에 사대해야만 생존할 수 있다는 심성이 뿌리 깊게 각인되어 있다. 이 같은 사대주의는 한반도라는 지정 학적 위치가 만든 우리의 역사적 운명이다. 이러한 한국사의 지리적 구 조에 대한 강조를 이전에는 반도 사관 내지는 식민주의 사관이라고 강 하게 배척했다. 하지만 지리적 조건으로부터 부여받은 우리의 역사적 운명은 근래에는 '샌드위치 국가론'의 형태로 부활했다. 해양 세력과 대륙 세력이 맞부딪친 곳에 위치한 우리는 생존 전략으로 사대주의를 지향했다. 전근대에는 대륙 세력인 중국의 조공국이 되어야 한다는 중 화론자가 있었다면, 중국에서 일본으로 동아시아의 헤게모니가 바뀌는 근대 이행기에는 '친일파'가 등장했으며, 해방 후 현대에는 해양 세력 인 미국의 세력권에 속해 있어야 안보와 번영의 두 마리 토끼를 잡을 수 있다고 믿는 친미주의자가 있다.

역사가 이기백은 "소위 사대주의는 이민족의 무력적 침략의 소산 인 경우보다 오히려 선진 문화에 대한 동경심에 그 뿌리를 박고 있는 경우가 많았다"라고 말했다.[2] 조선은 중국의 선진 문화를 적극적으로 받아들이겠다는 자발적 의지로 사대를 했다. 그러다가 근대에서 일제 가 한국을 강제 병합함으로써 사대가 더 이상 불가능해졌을 때 민족주 의가 나타났다. 민족주의란 주변 강국 침입과 팽창에 대항하려는 위기 의 담론이었다. 하지만 우리는 혼자 힘만으로는 대륙과 해양의 강대국에 대항할 수 없는 '강소국(강하지만 작은 나라)'이다. 우리는 주변 강대국과 교류하고 소통하지 않으면 잘살 수 없는 지정학적 위치에 놓여 있다.

근대 제국주의 시대에 반도라는 지리적 위치는 생존의 위기를 초래하는 조건으로 작용했지만, 탈근대 세계화 시대에 이는 동아시아 허브로 도약하는 발판이 될 수 있다는 자신감의 바탕이 되었다. 이 같은 자신감은 무엇보다도 대한민국이 유례없는 발전을 이룩한 성과에 기인했다. 근대 이행기에 우리 역사의 최대 과제는 자주독립 국가를 세우는 것이었다. 이 같은 근대 민족국가 만들기 기획이 일제 침략으로 좌절되었다는 문제의식이 단일민족주의라는 매트릭스를 만들어내는 요인이 되었다.

하지만 21세기 대한민국의 역사적 위치와 세계적 위상은 20세기와는 다르다. 대한민국이 선진 강대국을 향해 새로운 도약을 하려면 무엇보다도 먼저 단일민족을 코드로 우리의 정체성을 규정하는 민족주의에서 탈피해야 한다. 많은 사람이 오해하듯이 탈(post)민족주의는 반(anti)민족주의가 아니라 우리가 안과 밖으로 열린 국가로 나아가는 데 필요한 전제 조건이다.

한국 중학교 국사 교과서 머리말에는 한국사를 "우리 민족이 걸어온 발자취이자 기록"이라고 정의했다. 이 정의의 문제점은, 역사로 민족을 정의해야 하는데 민족으로 역사를 정의한다는 점에 있다. 민족이란 한국사를 정의하는 상수가 아니라 한국사로 설명되어야 할 변수다. 다시 말해 우리는 한국인으로 태어난 것이 아니라 한국인으로 된 것이며, 어떻게 우리가 한국인이라는 정체성을 갖게 되었는지를 이야기하는 것이 한국사다.

일제로부터 해방되어 국민국가를 형성하는 과정에서는 우리를 하나로 묶는 단일민족주의 이데올로기가 필요했고, 이것을 원리로 해서 '국사(National History)'가 구성되었다. 단일민족임을 기억하게 만드는 과거만을 역사로 서술하고, 다른 과거는 망각하는 방식으로 '국사'를 서술했다. 역사란 과거 실재 그 자체가 아니라 과거와 현재, 그리고 미래와 연결된 의미의 연관 관계다. 과거는 이미 일어난 기정사실이지만, 현재와 미래는 열려 있기 때문에 우리는 역사를 끊임없이 다시 쓴다. 앞으로 한국 사회가 점점 더 다문화 · 다인종 사회로 변모해나가는 것이 피할 수 없는 현실이라면, 이러한 미래와의 연관 관계 속에서 우리 역사를 다시 써야 한다.

3. '국사'를 한국사로 다시 쓰기

6학년 1학기 사회 교과서 '하나로 뭉친 겨레' 부분은 "우리 겨레는 최초의 나라 고조선을 세우고, 고구려 · 백제 · 신라에 이어 통일신라를 거치면서 발전해왔다"라는 문장으로 시작한다. 이는 과거 그 자체가 아니라 단일민족주의라는 플롯으로 구성된 '국사'의 전형적인 서술 방식이다. 우리 겨레가 세운 최초의 나라가 고조선이라는 말은, 고조선 성립 이전에 이미 같은 혈통을 가진 우리 민족이라는 실체가 존재했다는 것을 선험적으로 전제한다.

'국사'란 한국사를 이 같은 민족의 이야기로 구성하는 역사 서술 방식이다. 이 같은 '국사'는 근대의 발명품이다. 물론 신라 시대 거칠부가《국사》를 썼다는 기록이 있지만, 이《국사》는 신라의 왕조사이지, 신라 이전 민족 전체 역사를 총괄해서 기술하는 통사로서의 '국사'가 아니다. 한국사학사에서 최초의 '국사'는 김부식의 《삼국사기》다. 《삼국사기》는 고려 이전 고구려 · 백제 · 신라, 삼국을 포괄하는 통사다. 만약 김부식이 이 같은 통사를 쓰지 않았다면 고구려 · 백제 · 신라를 당연히 우리 역사로 여기는 사학사적 전통이 생겨나지 않았을 것이다.

《삼국사기》란 문자 그대로 고구려 · 백제 · 신라 세 왕조의 국사를 병렬적으로 조합한 'histories of 3 dynasties'다. 김부식은 〈진삼국사표〉에서 중국사에 포섭될 수 없는 우리 나름의 역사적 발전을 우리가 알아야 한다는 역사의식에서 《삼국사기》를 편찬했다는 점을 명확히 밝혔다. 하지만 김부식의 이 같은 'histories of 3 dynasties'로서의 국사 개념에는 상위 역사로서 중국사라는 대문자 'History'가 내재해 있었다.

이러한 김부식의 국사 개념에 반대해서 서술된 것이 일연의 《삼국유사》다. 《삼국사기》가 편찬된 지 약 150년 후 동일한 대상 시기의 역사를 일연이 《삼국유사》로 재차 찬술한 목적은 《삼국사기》가 배제한 것을 '史'가 아니라 '事', 곧 역사로 기록되지 못한 일들을 이야기하기 위해서였다. 그는 중국사라는 'History'가 은폐하고 배제한 우리 국사의 계보를 되찾고자 《삼국유사》를 집필했다. 그는 김부식이 비합리적인 것들이라고 배제했던 단군의 탄생과 고구려와 신라의 건국 신화를 기록하는 이유를 〈기이편(紀異篇)〉 서문에서 이렇게 밝혔다.

대개 옛 성인이 예악으로 나라를 일으키고 인의로 가르침을 베풀 때에는 괴이한 일과 헛된 용맹, 그리고 어지러운 일과 귀신에 대해 말하지 않았다. 그러나 제왕이 장차 일어날 때에는 부명(符命)과 도록(圖

錄)을 받들어, 반드시 보통 사람과 다른 점이 있은 뒤에야 큰 변화를 타서 천자의 지위를 얻어 왕업을 이루는 것이다.

그러므로 황하에서 그림이 나오고, 낙수에서 글씨가 나타나 성인이 태어났다. 심지어는 무지개가 신모를 둘러 복희를 낳았고, 용이 여등과 교접해 염제를 낳았다. ……이 뒤의 일들을 어찌 다 기록할 수 있겠는가. 그렇다면 삼국의 시조가 모두 신비하고 기이한 데서 나왔다 한들 어찌 괴이하랴. 이것이 〈기이〉를 여러 편 앞에 두는 까닭이다. 나의 뜻이 바로 여기에 있다.[3]

이 같은 일련의 국사 다시 쓰기 기획의 배후에는 우리 나름의 천하관을 정립함으로써 고려의 'history'를 중국사와 같은 'History'로 승격시키려는 의지가 담겨 있었다. 원 간섭기에 일연은 외세에 대항하는 고려의 역사 에너지를 김부식의 유교적 합리주의가 망각한 삼국시대 이전 우리 나름의 세계관을 기억하는 데에서 발전시킬 목적으로 'History'로서 국사의 원형을 만들어냈다.

'History'와 'history' 사이에서 갈등하는 우리 국사의 전통은 조선왕조에서는 그 역사적 기원을 단군조선으로 삼느냐 기자조선으로 삼느냐 하는 문제로 잠재된 형태로 이어졌다. 조선을 건국한 태조 이성계는 하늘에 제사를 지내는 원구단을 폐지함으로써 중국의 제후국으로서의 지위를 자처했지만, 단군과 기자에 대한 제사는 지속함으로써 중국과 구별되는 조선의 역사적 정체성을 보존하고자 했다.[4] 그럼에도 공식적으로 조선은 왕조의 정통성을 천하인 중국의 변방사로서 동국(東國)의 역사를 집필하는 것으로 확보하고자 했다. 예컨대 중국의 《자치통감》을 모방하여 조선 초에 편찬된 《동국통감》은 중국사인 'History'의 하위 역사로서 동국의 'history(=a history in the History)'를 의미했다.

명나라가 망하고 만주족이 세운 청나라가 중국을 지배하면서 'history'로서의 우리 국사를 'History'로 승격시킬 수 있는 외적 조건이 마련되었다. 소중화 또는 조선중화라는 담론을 통해 조선의 성리학자들은 우리 스스로가 중화가 될 수 있는 길을 모색했다. 실학자들의 자국사적 역사정통론은 이 같은 맥락에서 여러 행태로 발현되었다. 이 시기에 'history'에서 탈피하여 'History'로 우리 역사를 기술하려는 노력이 구체적으로 나타났다. 그럼에도 'National History'로서 근대 국사 개념이 탄생할 수 있는 필요조건은 중국사를 대문자 'History'와 동일시하는 중화사상에서 탈피하는 것이었다. 청일전쟁으로 주권을 갖게 된 조선은 1895년 소학령을 공포하여 이 같은 국사 개념을 일연의《삼국유사》의 역사 전통을 내용으로 하고 국사로서 일본사의 형식을 본받아 '외국역사(外國歷史)'와 구별되는 '본국역사(本國歷史)'라는 독립적인 교과목을 설치함으로써 구현하고자 했다.[5]

한국 근대 역사 개념은 단재 신채호의 정의처럼 역사를 "아와 비아의 투쟁"으로 파악하고, 그 인식 주체와 대상을 민족으로 설정하는 '국사' 개념을 통해 정립되었다.[6] 이러한 '국사'는 이전 왕조들의 전체 역사를 포괄하는 통사로서 '국사'를 'a history'가 아니라 'The History'로 인식함으로써, 보통명사로서 국사가 아니라 오직 조선사 내지는 한국사만을 지칭하는 고유명사로서 '국사' 개념을 의미했다.

'국사'란 엄밀한 의미로 말해 수많은 과거의 사실 가운데 일부를 한국사로 파악해내는 역사 개념 가운데 하나다. 우리의 과거가 있어서 우리 역사가 있는 것이 아니라, 우리 역사로서 '국사'라는 담론이 형성됨으로써 우리 민족의 과거가 구성되기 시작했다. '국사'라는 담론 질서가 우리의 과거를 선택하고 배열할 때, 일차적으로 문제가 되는 것이 시작을 어떻게 하느냐.

한국사 서술의 시작을 고조선부터 하는 것은 우리의 과거가 그러하기 때문이라기보다는 근대 '국사' 개념이 만들어낸 '역사적 선험성' 때문이다.[7] 이 같은 국사 패러다임이 만들어진 담론이라는 사실은 1908년 '역사에 미친 사람(史癖生)'이라고 자칭했던 독자가 신문에 투고했던 글을 통해 엿볼 수 있다. "우리나라 이름은 도대체 무엇인가? 조선인가, 삼한인가, 또는 고구려인가? 아니면 신라인가, 백제인가, 발해인가? 나는 아니라고 말한다. 이는 당시 조정의 대명사일 뿐이다. 조정의 범위는 좁지만, 국가의 범위는 넓고, 조정의 운명은 짧지만, 국가의 운명은 길다."[8]

여기서 조정이 개별 왕조를 의미한다면, 국가는 중국과 일본이란 명칭처럼 개별 왕조들을 포괄하는 나라의 명칭이다. 중화 질서에 입각해서 정체성을 규정했던 조선은 '동국(東國)'이란 명칭으로 스스로를 주변화했다. 청일전쟁 후 '중화'로부터 탈중심화를 꾀했던 고종은 대한제국임을 천명함으로써 국가를 수립하고자 했지만, 일제 침탈로 좌절되고 말았다. 일제강점기에 이 같은 국가의 부재를 보상하고자 역사에서 대안을 찾은 것이 민족이다. 현실에 없는 국가를 민족이라는 영혼의 존재로 보상하고자 했고, 그런 민족주의 정치종교의 성경으로 서술된 것이 역사다.

신채호는 역사 서술이 민족을 코드로 해서 재구성되어야 한다는 것을 다음과 같이 역설했다.

역사가로서 붓을 잡은 사람들은 우선 자신의 나라를 구성하고 있는 주요 종족을 인식해야 하며, 그들을 연구의 주제로 삼은 후, 그들의 정치적 지배가 어떻게 확장되고 감소하는지, 그들의 모험이 어떻게 흥하고 망하는지, 그들의 군사적 용맹이 어떻게 진군하며 후퇴하는지, 그들의 풍습이 어떻게 변화하는지, 그들이 어떻게 외국인들을 흡수하는지, 그리고 그들이 다른 나라와 어떻게 교류하는지를 연구해야 한다. 그제야 그 연구는 역사라 불릴 수 있는 것이다.[9]

신채호는 우리나라를 구성하는 주요 종족을 '역사적 아'로 설정하고 주변의 '비아'와의 투쟁으로 우리 역사가 전개되었다고 보았다. 이같은 맥락에서 그는 역사란 "인류 사회의 我와 非我의 투쟁이 시간부터 발전하며 공간부터 확대하는 心的活動의 상태의 기록"이며, 세계 인류의 그리되어온 상태의 기록이 세계사라면, 조선 민족의 그리되어온 상태의 기록이 조선사라고 했다.[10] 모든 역사 이야기의 플롯은 '아와 비아 투쟁'이고, 조선사란 그 이야기의 주인공이 조선 민족인 것을 의미했다.

신채호는 조선 민족이란 '역사적 아'를 해명하는 것을 목표로 해서 《조선상고사》를 썼다. 그는 〈총론〉에서 '역사적 아'를 형성하는 기본 요건은 시간적 영속성과 공간적 보편성이라고 했다.[11] 하나의 주인 되는 종족이 주변의 비아들과의 투쟁을 통해 국가라는 후천적 형식을 갖춤으로써 '역사적 아'의 시간적 영속성과 공간적 보편성이 확보될 수 있었다는 것이다. 그는 국가 발생 이후 우리나라를 구성한 종족은 선비족·부여족·지나족·말갈족·여진족·토족(土族) 등 모두 여섯 종족이 있었는데, 그 가운데 부여족이 다른 다섯 종족을 정복하고 흡수하여 우리 역사의 주인공으로서 조선 민족이 되었다고 썼다. 그는 4000

년 우리 역사를 부여족이 흥망성쇠한 역사라고 했다.[12]

신채호의 이 같은 민족주의 사관은 해방 후 건국한 남한은 물론 북한의 국가 정통성과 사회 통합을 이뤄내는 이데올로기로 작동했다. 하지만 문제는 21세기에서도 단일민족주의가 순기능을 담당할 수 있는가 하는 점이다. 뉴라이트 진영이 역설하듯이, 이른바 반만년 한국 역사상 세계 경제대국 10위권에 진입한 대한민국만큼 위대한 국가는 없었다고 해도 과언은 아니다. 우리 역사에서 고구려가 가장 큰 영토를 차지했다. 지정학적으로 보아 동아시아의 허브는 만주다. 그 만주를 우리가 지배했던 시기가 고구려 시대이기 때문에 한국인들은 고구려에 열광한다. '샌드위치' 신세인 현재의 결핍과 불만족을 과거 위대했던 고구려에 투사하려는 욕구로부터 고구려 신드롬이 텔레비전 사극, 영화, 그리고 역사소설과 같은 대중문화에서 생겨났다. 그런데 문제는 혈통주의에 입각해서 민족을 정의할 때 고구려사가 얼마만큼 우리 민족의 역사로 포괄될 수 있는가 하는 점이다.

역사가들의 추정에 따르면, 고구려는 생산량과 인구수에서 백제보다 적었다. 한번 생각해볼 문제는 고구려의 최전성기인 장수왕 때 왜 고구려는 수도를 만주의 집안에서 한반도의 평양으로 천도했는가 하는 점이다. 만약 고구려가 평양 천도를 하지 않았다면, 고구려는 한국사에 속하지 않았을 것이라고 역사가들은 말한다. 장수왕은 평양 천도를 하면서 거대한 광개토대왕비를 세웠다. 이 비석은 고구려의 중심을 만주에서 한반도로 옮기면서 조성한 '기억의 장소'다.

고구려는 단일민족이 아니라 말갈족 등과 같은 이민족이 함께 세운 다민족국가다. 그 당시 사람들의 문화와 세계관을 증언하는 것이 무엇보다도 무덤이다. 죽은 자는 말이 없지만 남아 있는 무덤은 그들을 대신해서 그들이 누구였는지를 벽화나 묘지석을 통해 보여준다. 일반적으로 고구려 무덤은 돌로 쌓아 봉분을 만드는 형태였다. 이에 반해 "말갈의 장례 습속은 관이 없으며, 땅을 파서 시신이 직접 흙에 닿게 한다"라는 기록이 《구당서》에 나온다. 따라서 고구려인들이 돌무덤(석실분, 위석묘, 부석묘)을 조성했다면, 말갈인들은 흙무덤(토광묘)을 만들었다.

정복 국가였던 고구려는 다종족국가일 수밖에 없었다. 부여에서 이주하여 고구려를 세운 주몽은 비류국 · 행인국 · 북옥저 · 선비 일부 · 황룡국 · 해두국 · 개마국 · 구다국 · 갈사국 등을 차례로 복속시킴으로써, 4~5세기에는 영토를 세 배로 확대하고 고구려민보다 더 많은 이민족을 새로 편입시켰다. 따라서 서로 다른 종족과 문화를 포용하여 화합하지 않았다면 고구려의 제국 경영은 불가능했을 것이다.

고구려 계승 국가인 발해 역시 고구려인과 말갈인이 함께 세운 나라다. 따라서 고구려인과 말갈인이 함께 세운 발해를 '민족 역사' 개념에 따라 '우리 역사'로 편입시키는 것은 고구려의 경우보다 더 큰 문제를 야기할 수 있다. 발해를 세운 대조영은 '말갈계 고구려인'으로 여겨진다. 말갈인의 혈통을 이어받은 대조영이 고구려로 들어와 차별받지 않고 살았기 때문에 고구려인으로서의 정체성을 가졌을 것이다. 발해가 전성기에 동으로는 연해주, 서로는 요동반도, 북으로는 송화강까지 미치는 대제국을 건설할 수 있었던 요인도 단일민족 의식을 갖지 않고, 다문화 · 다종족 사회를 형성했기 때문이리라. 발해의 유민을 포섭한 고려 또한 다양한 종족과 국가의 주민이 건국 초에 귀화해왔다. 《고려사》 등의 기록에는 이들의 귀화가 투화(投化) · 내투(來投) · 내부(來附) · 내조(來朝) · 내헌(來獻) · 귀부(歸附) · 귀조(歸朝) 등 다양한 용례

로 표현되어 있다.[13]

이후 발해의 유민을 포섭한 고려 또한 단일민족국가가 아니었다. 아주대학교 박옥걸 교수에 따르면, 고려 시대에 23만 8225명이 귀화했는데, 여기에는 발해 유민이 12만 2268명, 여진계 9만 7662명, 원계 1만 3273명, 거란계 4072명, 일본계 348명, 중국계 184명 등이 있었다. 고려에 과거제도를 정착시킨 쌍기는 중국 후주 출신이었고, 최무선에게 화약과 화포술을 가르쳐준 이원은 중국 강남 출신이고, 왜구를 물리치는 데 공을 세운 나세와 변안열은 각각 원나라와 심양 출신의 귀화인이었다.

한국사를 민족의 역사인 '국사'로 서술할 때 위와 같은 이민족이 우리 역사에 공헌한 부분은 망각될 수밖에 없었다. 우리 안의 타자를 재인식하기 위해서는 '국사' 패러다임의 해체가 필요하다. 단일민족이란 푸코가 해체의 대상으로 삼고자 했던 '기원의 망상'이다. 역사가의 '기원의 망상'은 잡다하고 복잡하게 얽혀 있는 과거의 실타래로부터 하나의 실마리를 기점으로 해서 역사 전체를 포괄하는 사건들의 질서를 구성해낼 수 있다는 믿음에서 비롯한다. 과거에서 현재에 이르는 우리 역사의 전 과정을 단일민족이라는 기원의 맹아를 단초로 해서 '국사'로 구성하는 방식은 미래의 방향까지를 선험적으로 결정한다. 따라서 '기원의 망상'을 가진 역사가는 역사의 시작과 끝을 단선적으로 연결하는 목적론으로 나아감으로써 역사 현실의 두꺼운 의미의 층위를 사장시키는 결과를 초래한다.

이 같은 문제점을 통찰하고 역사적 격변을 통해 단층처럼 어그러져 있는 의미의 층위들을 치밀하게 읽어내고자 푸코가 제안하는 방법론이 계보학(genealogy)이다. 계보학은 무수히 많은 출발점을 발굴하려는 목적을 가진다. 처음부터 있었던 원형이 역사의 유전자처럼 계승된다는 생각은 '기원의 망상'을 낳는다. 여기에서 벗어나기 위해 기원이라고 불리는 거대한 연속성을 찾아서 과거로 여행을 떠나는 것 대신에, 그 같은 연속성에 의해 배제되거나 은폐된 불연속적인 계기들을 발굴해내고자 하는 것이 계보학이다.

국사를 해체하는 계보학은 우리의 정체성을 타민족과의 섞임과 넘나듦의 역사로 재인식하는 것으로 열릴 수 있다. 이러한 계보학적 관점으로 역사학자 이희근은 "'단일민족'의 신화는 만들어진 역사"라는 것을 입증하는 책을 썼다.[14] 그는 《삼국유사》와 《조선왕조실록》은 물론 중국과 아랍의 문헌까지 섭렵하여 우리 역사에 포섭된 이민족들의 흔적을 발굴해냈다. 특히 중국에서 왕조 교체가 일어나는 시기에 많은 중국인이 한반도로 흘러들어 옴으로써 한국 성씨의 기원을 이루었다. 상층세력이 주가 된 위로부터의 이주는 성씨의 시조를 형성하는 위업을 달성했지만, 하층민이 주가 된 아래로부터의 유입은 처벌과 학대를 동반했다. 이들은 관아나 역참 등에서 잡역에 종사하는 7반 천역을 담당하거나 백정으로 전락했다. 특히 도축을 비롯해 사냥과 유기, 가죽 등의제조·판매에 종사했던 백정은 생계형 범죄의 온상이 됨으로써 조선시대 마이너리티의 전형이었다. 이들은 오늘날 우리 사회에서 3D 업종에 종사하는 외국인 불법 노동자들의 선조들인 셈이다. 따라서 문제는21세기 세계화 시대를 사는 우리가 이 같은 이민족 억압사를 재연해야하는가 하는 점이다.

우리 선조들은 전근대에 중국인들에게는 열등감을, 그리고 오랑캐라고 불리는 다른 이민족들에게는 우월감을 갖는 타자에 대한 이중 감정을 갖고 있었다. 이 같은 타자 콤플렉스는 오늘날에는 유럽의 백인들과 동남아시아인들을 각기 다른 방식으로 대하는 태도로 나타나고 있다.

　기본적으로 문화는 다양성으로 만들어지고 진화한다. 한국사는 다양한 문화간 소통의 역사로 전개되었다고 말해도 과언은 아니다. 대표적 한국의 전통문화인 유교와 불교는 우리의 고유문화가 아닌 외래문화를 우리가 전유한 것이다. 민족이라는 선험적 코드가 아닌 문화와 같은 소통의 코드로 한국인 정체성을 규정해왔던 것이 실제 우리 역사라고 말할 수 있다. 따라서 21세기 한국 사회가 다인종 · 다문화 사회로 진입하는 데 대비하려면 무엇보다도 먼저 민족이라는 혈통을 코드로 해서 자국사와 타국사를 분리시켜 서술하는 '국사' 패러다임에서 탈피하여 한국인의 역사로서 한국사를 서술하는 길을 모색해야 한다.

　한국사가 전근대에는 동아시아사의 차원에서, 그리고 근대 이후에는 세계사적인 맥락 속에서 전개되었다면, 한국사는 당연히 동아시아사 및 세계사와의 상호 연관성 속에서 서술되어야 한다. 이 점을 염두에 둔다면, 역사를 지금처럼 국사 · 동양사 · 서양사의 세 단위로 나누어 병렬하는 한국 근대 역사학의 체계는 해체되어야 마땅하다. 하지만 이 같은 해체가 한국사와 동아시아사 및 세계사를 하나의 역사로 통합하는 것을 목표로 하지는 않는다. 이는 신채호가 정의한 "아와 비아의 투쟁"의 방식으로 자국사와 타국사의 관계를 설정하는 것을 지양하고, 우리와 그들 사이의 상호 연관성을 척도로 해서 세 역사의 차이를 구별하는 것을 의미한다.

4. '비빔밥 다문화 사회' 한국인 정체성을 위하여

역사란 한 사회의 집단 기억을 공식화함으로써 '우리는 누구인가'라는 정체성과 '우리는 어디서 와서 어디로 가는가'라는 삶의 오리엔테이션을 하는 기능을 한다. '국사'란 그 정체성과 오리엔테이션을 민족이라는 선험적으로 설정한 주인공의 이야기로 구성하는 역사 서술 양식이다. 우리 역사는 이 같은 민족사가 아니라 한국사로 기술되어야 한다. 한국사란 한국인이란 누구인가를 시간과 공간을 씨줄과 날줄로 엮어서 구성한 이야기다.

데이비드 베레비는 "인간은 서로 비슷한 사람들과 한패가 되는 게 아니라, 한패가 되고 나서 비슷하다고 판단하는 것이다"라고 주장했다.[15] 하나이기 때문에 우리가 되는 것이 아니라 우리라는 의식이 하나를 만든다는 것이 진실이다. 지난해 신고한 국내 결혼 건수의 12퍼센트가 국제결혼이고, 농촌 총각 열 명 중 네 명이 외국인 여성과 결혼해 몇 년 뒤에는 농어촌 초등학생의 4분의 1이 국제결혼 부부의 자녀로 채워질 전망이다. 이제 단일민족이라는 매트릭스에서 벗어나 대한민국의 다문화 사회 현실을 직시해야 한다.

우리는 2007년에 외국인 100만 명 시대를 맞이했지만, 독일은 이미 1964년에 100만 번째 외국인 노동자를 맞이했다. 100만 번째 노동자로 포르투갈 출신 노동자가 독일 쾰른 역에 도착했을 때, 당시 독일 고용주 협회 회장은 역에 나가 꽃다발과 작은 오토바이를 선물하면서 이런 환영 연설을 했다. "우리는 100만 번째 외국인 노동자를 진심으로 환영한다. 우리는 이들이 우리 경제와 우리 사회를 위해 애쓴 공적을 인정한다. 이들의 도움 없이는 우리의 경제발전은 상상하기 어렵다. 그러므로 외국인 노동자가 국민총생산을 높이고 우리의 생활수준을 높인 것에 경의를 표하는 바이다."[16]

독일의 경제학자들은 외국인 노동자가 없었다면 독일에서 '라인강의 기적'은 일어나지 않았을지도 모른다고 말한다. 그럼에도 물밀듯이 들어오는 외국인 노동자가 사회적 부담이 될 때, 외국인이 우리 일자리를 빼앗고 독일인들을 가난하게 만든다는 신나치주의자들의 주장에 동조하는 세력이 발흥하여 독일 사회를 불안하게 만든다.

스위스의 소설가 막스 프리슈는 "우리는 노동력을 불렀다. 그런데 사람들이 왔다(Man hat Arbeitskräfte gerufen, und es kamen Menschen)"라고 썼다.[17] 우리는 이전에 못살 때 독일에 광부와 간호원으로 나갔다. 이제는 우리가 잘살게 되어서, 외국인 노동자를 불러들인다. 우리는 우리가 하기 싫은 3D 업종을 처리하는 노동 기계를 들여온 것이 아니라 사람들을 불러들인 것이다. 출산율은 세계 최저이고 노령화 속도는 세계 최고라면, 앞으로 누가 한국 사회를 위해 일할 것인가? 민족주의에서 벗어나 다문화 사회 정체성을 갖지 않는다면, 한국 사회의 미래는 없다.

문화다원주의의 전형은 미국이다. 미국은 토머스 제퍼슨이 독립선언서에 새긴 생명 · 자유 · 행복 추구권이라는 보편적 가치를 기초로 해서 헌법의 첫 문장처럼 "We the people"을 형성한 공화국이다. 미국은 E Pluribus unum(the one from the many)이라는 정부 문장(紋章)에 새겨진 표어처럼, 세계 각지에서 이민 온 사람들로 구성된 시민공동체다. 대학 내에서 총기를 난사한 조승희조차도 미국 시민으로 용인하는 미국 민족은 위대하다. 미국은 시민민족주의를 지향한다.

하지만 미국 시민민족주의의 빛과 그림자는 버지니아 공대 총기 사건과 9 · 11 테러에서 보여줬던 미국인들의 각기 다른 태도를 대조해 봄으로써 드러난다. 당시 테러범들을 미국인들은 조승희처럼 애도하지 않았다. 미국은 다인종 · 다문화 사회이면서도 이슬람교도에게는 조승희에게 베풀었던 용서와 사랑을 주지 않았다. 그 이유는 조승희와는 다르게 9 · 11 테러범들은 미국 사회의 일원으로 간주되지 않았기 때문이다. 오로지 미국 시민만이 사랑과 용서의 대상이 된다는 것이 미국 시민민족주의의 한계다. 따라서 조승희 사건은 한국인들뿐만 아니라 미국인들에게도 민족주의라는 마음의 울타리를 반성하는 거울이 되어야 한다.

《논어》〈자로〉 편에 "벗과 사귈 적에 군자는 조화를 이루지만 같지 않고, 소인은 같지만 조화를 이루지 못한다(君子和而不同, 小人同而不和)"라는 구절이 있다. 이것을 누구는 커피에 비유한다. 우리가 마시는 원두커피는 한 가지 원두가 아니라 다양한 원두를 브랜딩 한 것이다. 브랜딩을 통해 각각의 원두가 가진 단점은 최대한 줄이고 장점을 극대화함으로써 최상의 커피가 탄생한다고 한다.

이 같은 브랜딩을 문화의 융합으로 실현하여 영원한 제국으로 기억되는 것이 로마다. "로마는 호수다"라는 말처럼, 로마의 위대함은 군사적 정복을 통해 확장한 제국의 크기가 아니라 문화의 포용력에서 비롯했다. 로마인들은 단지 무력으로만 제국을 확장하려 하지 않았다. 그들은 야만인이나 미개한 이민족 출신에게도 시민권을 나누어주어 제국의 권력과 명성에 기여할 수 있는 기회를 제공했다. 토머스 제퍼슨은, 사람들을 강압으로 지배하면 절반은 바보가 되고 절반은 위선자가 될 수밖에 없다고 말했다. 한국 사회가 앞으로 다인종 사회 · 다민족 사회로 변모할 수밖에 없는 구조라면, 우리 안의 타자들을 바보와 위선자로 만드는 것은 바로 한국인 스스로를 그렇게 만드는 꼴이다. 문화의 위대함은 타자에 대한 관용에서 나온다는 사실을 우리는 명심해야 한다.

오늘날 로마제국을 지향하고자 하는 국가가 미국이다. 미국은 로마 공화정을 모범으로 삼아 대통령제와 상·하원으로 분리된 의회주의를 고안해냈다. 하지만 현재 미국은 로마제국 말기처럼 위기에 처해 있다. 이에 대해 중국계 미국인인 에이미 추아 예일 대학교 법대 교수는 21세기 '제국'인 미국이 "제국의 길을 포기하고 관용적인 강대국으로 복귀하는 것이 살 길"이라고 충고했다.[18] 앵글로색슨과 개신교를 코드로 하여 미국의 정체성을 규정하고 사무엘 헌팅턴이 주장하는 '문명의 충돌'이라는 관점으로 세계 지배 전략을 펴는 것은 제국으로서 미국을 유지하는 것이 아니라 반대로 몰락의 길로 접어드는 첩경이라는 것이다. 이 같은 일방주의 세계 전략은 밖으로 미국을 고립시킬 뿐만 아니라 안으로 사회적 갈등을 심화시키기 때문이다. 미국은 군사적인 하드파워가 아니라 문화적인 소프트파워를 기반으로 할 때 세계적 리더십을 발휘할 수 있으며, 내부의 자가발전이 아니라 외부로부터의 끊임없는 충전을 통해서만 세계 제국으로서 미국의 국력을 계속 신장해나갈 수 있다.

고대 로마처럼 21세기에 미국이 문명의 '호수'를 이루려면 다인종·다문화를 하나로 용해하는 '용광로'가 아니라 그것들을 다채롭고 다양하게 담아내는 '샐러드 접시'가 되어야 한다고 말한다. 하지만 미국의 딜레마는 '샐러드 접시'는 '미국적인 것'을 담아내는 형식이지 그 자체가 내용이 될 수는 없다는 점이다. 단순히 '샐러드 접시'에 담는 방식으로는 차이를 보존하면서도 하나를 형성하는 진정한 의미에서의 '화이부동(和而不同)'을 이룩할 수 없다. '샐러드 접시'는 잘못하면 이민자들 문화의 잡화전으로 전락할 수 있다. "로마는 호수다"라는 말과 함께 "로마는 하루아침에 이뤄지지 않았다"라는 말이 있다. 서로마제국의 역사만 계산해도 로마는 1000년을 지속했다. 이에 반해 미국은 고대사나 중세사가 없는, 단지 200년이 조금 넘는 시간 동안 '미국적인 것'을 만들어온 역사를 가졌을 뿐이다.

미국과는 다르게 반만년 역사를 주장하는 우리는 다른 문화를 우리 것으로 만드는 탁월한 능력을 오랫동안 배양해왔다. 예컨대 유교, 불교, 그리고 기독교라는 외래 사상과 종교를 한국화하는 데 성공했다. 이것을 나는 비빔밥에 비유하고 싶다. 여러 재료를 하나로 섞어서 비빔밥이라는 훌륭한 음식 문화를 창조해냈듯이, 21세기에 우리는 한국적인 '비빔밥 다문화 사회'를 만들어야 한다.

지금 한반도에는 두 개의 공화국이 있다. 남한의 대한민국이 헌법 제1조를 통해 '민주공화국'임을 선언했다면, 북한이 내세우는 공식적인 국가 명칭은 '조선민주주의인민공화국'이다. 공화국의 이념이 되는 공화주의란 원래 개인주의적 자유주의 또는 소유적 자유주의(possessive individualism)에 대비되는 개념으로서, 개인이 사적으로 누려야 할 권리의 확보보다는 공동체적 시민으로서 갖추어야 할 덕(virtue)의 고양을 강조하는 정치 이데올로기를 의미한다. 또한 공화주의는 국가와 민족 또는 계급의 이름으로 공동체를 신비화하고 또 그 이름으로 지배자에게 맹목적 복종을 강요하는 전체주의와 상반되는 개념이다.

어쩌면 지난 60년간 남·북한 체제 경쟁이란 두 개의 공화국 간의 싸움이라고 말할 수 있다. 결국 어느 체제가 우월한가는 어느 쪽이 진정한 공화주의를 실현하느냐로 결정되어야 하며, 남·북한 국가연합의 모색은 공화주의에 입각해서 이뤄져야 한다. 이러한 공화주의에 의거한 통일이 근대 이래로 추구한 우리의 국민국가 만들기 기획의 완성이며, 탈근대에서 외국인을 우리 공화국 시민으로 수용할 수 있는 방안이다.

끝으로 문제는 안과 밖을 통합하여 비빔밥 한국인 정체성을 만들 수 있는 구체적인 방안이 무엇인가 하는 것이다. 전근대에 단군이 단일민족이라는 혈통주의를 표상하는 아이콘으로 사용되었다면, 21세기에 이는 홍익인간(弘益人間)과 같은 개체적 보편성을 실현시킬 수 있는 문화 코드로 재사용될 수 있다. 먼저 남한 사회에서 한국인이란 누구인가는 홍익인간과 같은 인류 보편적 가치를 꽃피워 내겠다는 의지로 뭉친 공화국 시민으로 정의가 내려져야 한다. 그리고 남한의 민주공화국과 북한의 조선민주주의인민공화국 사이의 민족 통일도 무조건적으로 해야만 하는 것이 아니라 홍익인간의 이상을 실현할 수 있는 공화국을 건설하겠다는 의지로 할 때, 우리는 민족이라는 울타리를 넘어서 동아시아는 물론 세계의 허브가 될 수 있다.

3장
이주민의 정체성과 포스트콜로니얼 대안

박흥순 | 성공회대학교 교양학부 강사

1. 머리말

프랑스 식민지 마르티니크(Martinique)에서 태어난 프란츠 파농(Frantz Fanon)은 1952년에 정신과 의사로 활동하면서 경험한 흑인들의 심리를 바탕으로 《검은 피부 하얀 가면(Black Skin White Mask)》이라는 책을 집필했다.[1] 책의 제목에서 쉽게 추정할 수 있는 것처럼, 검은 피부의 흑인들이 하얀 피부의 백인들을 닮으려는 심리적 식민주의의 경향을 비판한 책이다. 이 책에서 파농은 식민주의 지배를 받아왔던 북아프리카 흑인의 종속적이고 이중적인 태도를 지적하데, 60년 전에 이미 흑인들의 정체성 위기를 지적했다는 사실이 놀랍다.

한국 사회의 구성원이 서로 다른 인종과 문화를 가지고 살아온 이주민을 어떤 시각으로 바라보는가를 점검하는 것은 다문화 상황을 경험하고 있는 한국 사회에서 중요한 질문이다. 한국 사회 구성원 대부분은 이주민을 바라볼 때 '부러움'과 '무시'라는 이중적 태도를 보인다. 유럽과 미국에서 온 백인들은 '부러움'이 담긴 따뜻한 눈빛으로 바라보지만, 다른 한편 아프리카와 아시아에서 온 유색인종은 '무시'가 깃든 차가운 눈총으로 바라보는 이중적 시각이 한국 사회에 존재한다는 뜻이다. 한국 사회의 모든 구성원이 이중적 태도를 보인다고 일반화할 수는 없지만 상당수의 한국 사회 구성원은 이주민을 '부러움'과 '무시'의 모순적 태도로 바라본다고 할 수 있다.

이 글에서는 '부러움'의 대상이 되는 유럽과 미국에서 온 백인이 아니라, 노동과 결혼이라는 방식으로 한국 사회 구성원으로 편입하고 있는, 아프리카와 아시아에서 온 이주민에 대해 주목할 것이다. 한국 사회에 이주민이 본격적으로 유입되기 시작한 지 20년이 넘었고,[2] 현재 100만이 넘는 이주민이 거주하는 현실을 고찰하는 것은 매우 중요하다. 전 세계가 지구화와 신자유주의의 영향 아래에 놓여 있고, 자본과 노동의 흐름을 따라 국경을 넘는 사람들, 이주민이 급격하게 증가하고 있다. 한국 사회에서는 자본과 노동의 방식으로 이동한 이주노동자뿐만 아니라 결혼의 방식으로 이주한 결혼이주여성이 급속도로 늘어나면서 이주민에 대한 관심과 연구가 활발하게 진행되고 있다. 따라서 한국 사회에 거주하는 이주민의 현실에 대한 고찰은 한국 사회의 구성원에게 필수적인 의무인 동시에 책임이 되었다. 이 글에서는 한국 사회의 이주민의 현실을 살펴보는 동시에 이주민이 직면한 정체성 위기와 갈등에 관해 포스트콜로니얼 관점에서 살펴보려고 한다. 익숙하게 살아왔던 사회와 국가를 떠나 낯설고 불안한 환경에서 이주민으로 살아갈 때 상당한 어려움에 직면한다. 인종·언어·문화·전통·관습의 경계를 넘어 낯선 사람들과 공존하는 것은 이주민 스스로의 정체성에 상당한 도전과 위기를 제공한다. 이주민이 경험하는 정체성 위기는 자기 인식의 틀을 확대하는 계기를 제공한다는 측면이 있음을 간과할 수 없다.

한국 사회가 다문화 사회로 진입하고 있다고들 말한다. 이는 서로 다른 인종 · 언어 · 문화 · 전통 · 관습을 가진 사람들이 존중하고 배려하며 함께 살아가는 사회를 의미한다. 그러나 한국 사회에서 사용하는 다문화 사회와 '다문화주의'라는 개념을 포스트콜로니얼의 관점에서 비판적으로 성찰할 필요가 있다. 이주민에 대한 관심과 연구를 진행할 때 다문화 사회와 '다문화주의'라는 용어에 주목해야 하지만, 결혼의 방식으로 이주한 결혼이주여성을 사회에 통합하려는 목적으로만 제한적으로 사용할 수는 없다. 이주민은 '이중 정체성' 혹은 '다중 정체성'을 지니고 살아가는 사람들이다. 한국 사회에서 임시로 혹은 영구적으로 거주하는 이주민을 일방적으로 동화하거나 사회 통합의 대상으로만 "타자화"[3]할 수는 없다. 바람직한 다문화 사회로 나아가려면, 한국 사회의 구성원과 이주민 모두가 사회 통합의 대상인 동시에 주체라는 틀의 전환(paradigm shift)이 필요하다. 정부와 지자체, 그리고 시민 단체를 중심으로 진행되는 '다문화 이해 교육'은 한국 사회 구성원과 이주민이 모두 함께 자율적 주체로 참여하는 '쌍방향 교육'으로 진행되어야 한다.

2. 한국 사회 이주민의 현실과 정체성

1) 이주민과 복합적 요인들

이주민의 공존 문제가 한국 사회뿐만 아니라 전 세계에서 사회적 쟁점이 되는 까닭은 국가와 영토의 경계를 넘어서는 '탈영토화'가 급속도로 진행되고 있기 때문이다. 자본의 흐름을 따라 노동력이 이동하는 주된 이유는 지구화와 신자유주의의 영향과 관련이 있다. 경제적 효율과 이윤의 극대화를 목적으로 하는 신자유주의의 가치관은 전 세계 자본의 구도를 재편하고 있고, 새로운 노동자 계급을 형성하고, 개인·사회·국가 사이의 빈부 격차를 확산시킨다.[4] 서로 다른 언어, 문화, 전통과 관습을 가진 이주민이 거주함으로써 다문화 사회에 대한 관심이 증가하고 있지만, 순혈주의의 세계관에 대한 위기와 도전이라는 시각으로 접근한다면 적절한 해법을 찾아낼 수 없다. 오히려 한국 사회 이주민의 현존은 노동과 자본의 역학 구도, 신자유주의 이데올로기, 생존과 인권의 연관성을 모두 고려한 복합적인 요소에 주목해야 한다. 풍요와 번영을 최우선 가치로 내세우는 신자유주의의 과열된 경쟁은 인간과 자연 모두를 황폐화시킨다. 또한 특정 국가와 소수의 선택받은 기득권자를 대변함으로써 전 세계를 지속적인 경쟁의 장소로 만들고 있다. 그 결과 전 세계 개인·사회·국가의 빈부 격차를 심화한다. 결국 한국 사회 이주민의 상당수는 노동과 자본의 흐름으로 유입된 신자유주의의 희생자들이다. 이주민의 현실은 경제적 측면뿐만 아니라 정치적·문화적·사회적 측면을 모두 염두에 두어야 적절하게 인식할 수 있다.

지구화와 신자유주의의 영향으로 우리나라를 비롯한 전 세계에는 노동과 자본의 흐름이 지속될 것이며, 한국 사회에는 계속해서 이주민이 거주할 것으로 보인다. 자본의 흐름을 따라 이동하는 이주민은 경제 발전을 위한 경쟁력 있는 노동력으로 이해되기 때문에 앞으로도 지속적으로 증가할 것이다.[5] 한국 사회의 구성원이 꺼리거나 멀리하는 3D, 즉 '어렵고(difficult), 더럽고(dirty), 위험한(dangerous) 일'에 종사하면서 산업 기반에서 중요한 역할을 수행하고 있는데도, 이주민의 사회 적응은 쉽지 않은 것이 현실이다. 서로 다른 인종, 문화, 언어, 전통, 그리고 관습의 차이에 대한 편견은 차이와 다양성을 인식하지 못한 무지에서 비롯된다. 차이를 적절하게 이해하지 못한 결과 배타적 태도와 편견을 가진다. 따라서 차이에 대한 올바른 이해가 이주민의 현실을 이해하는 출발점이다.

순혈주의의 가치관에 오랫동안 갇혀 살았던 한국 사회 구성원은 100만(전체 인구의 2퍼센트)이 넘는 이주민과 공존하면서 다문화 · 다종교 · 다인종 사회를 경험하고 있다. 한국 사회는 단일민족 이데올로기를 자랑스럽게 여기며 살아왔기 때문에, 다른 인종 · 언어 · 문화 · 전통 · 관습을 지닌 이주민을 새로운 구성원으로 받아들이는 것이 쉽지 않다. 하지만 지구화와 신자유주의의 영향력이 강력할수록 한국 사회를 비롯한 전 세계는 노동과 자본의 흐름을 막을 수 없고, 이주민이 공존하면서 생성되는 다양한 사회적 문제를 피할 수 없다.

이주민은 생존과 더 나은 삶의 질을 위해서 낯선 환경과 국가에서 노동하며 살고 있는 사람들이기 때문에 일반적으로 경제적 관점에서만 평가되는 경향이 있다. 하지만 한국 사회에서 이주민의 현실은 경제적 측면으로 모두 다 설명할 수 없고, 복합적이고 다각적인 측면을 고려할 필요가 있다. 다시 말해 이주민의 현실은 관점의 차이와 해석자의 위치에 따라 진단과 해법이 달라질 수 있다.[6] 한국 사회에 이주노동자가 본격적으로 유입된 지 20년이 지났고, 결혼의 방식으로 이주한 결혼이민자가 급격하게 증가하는 시점에 이주민을 바라보는 관점을 살펴보는 것은 중요하다. 이주민을 바라보는 다양한 관점을 주목할 필요가 있지만, 또한 한국 사회에 거주하는 이주민의 위치에 따라 다양한 목소리가 존재하는 점을 인식해야 한다. 따라서 이주민의 현실은 인간답게 살 권리인 '생존', 노동자로서 신분을 보장하는 '노동', 자유로운 거주와 체류의 권리인 '인권'을 모두 포괄하는 복합적이고 종합적인 관점에서 고려되어야 한다.[7] 한국 사회를 포함한 전 세계 이주민의 문제는 단순하게 경제적 관점으로 진단할 수 없고, 정부와 지자체가 주도하는 다문화 정책을 통한 일방적 사회 통합으로만 강조할 수도 없다. 이주민의 현실은 경제적 측면을 넘어서는 인권과 생명의 관점에서 바라볼 때 적절한 해법을 찾을 수 있다.

한국 사회의 이주민을 생존 · 노동 · 인권의 측면을 모두 고려한 총체적 관점에서 바라볼 것을 제안하고 있지만, 이주민의 현실은 열악하고 불안하며 다양한 측면의 어려움에 직면하는 것이 현실이다. 이주민의 불안과 어려움은 복합적이기 때문에 이주와 자본의 역학 관계, 그리고 정체성 위기 등 다양한 시각에서 고찰할 필요가 있다. 한국 사회에서 이주민의 현실은 신자유주의와의 연관성, 노동과 자본의 이동, 이주의 다양한 이유와 목적, 이주 과정의 어려움을 모두 고려한 복합적이고 다각적 측면을 고려해야 한다.

2) 이주의 여성화

다문화와 연관해서 이주민을 고찰할 때 이주여성의 현실을 고찰하는 것은 중요하다. 신자유주의의 영향으로 자본과 노동의 흐름을 따라 이주민이 유입되면서, 여성 스스로가 노동의 주체로 이동하고 있다. 그뿐만 아니라 이주여성 가운데 상당수는 결혼이라는 방식으로 이주를 감행하여 한국 사회의 새로운 구성원으로 편입되고 있다.[8] 노동의 주체로서 혹은 결혼의 방식으로 여성이 주체가 되어 이주가 이루어지는 현상을 "이주의 여성화"[9]라고 부른다. 한국 사회에서 '이주의 여성화'가 급격히 증가하는 주된 이유는 여성이 주체적 노동자로 이주해 올 뿐만 아니라 중국과 동남아시아 여성이 결혼의 방식으로 이주하고 있기 때문이다.[10] 비록 노동의 방식과 결혼의 방식으로 한국 사회로 이주하고 있지만, 이주여성의 상당수는 빈부 격차와 양극화를 심화하는 신자유주의 영향으로 사회적 약자와 소외 계층의 주변부로 밀려나고 있다. 자율적 주체로 노동하며 살아가는 이주여성 대부분은 "여성 · 외국인 · 노동자로서 삼중 억압 구조"[11]에 노출되어 있다. '이주의 여성화'가 급속히 진행되고 있음에도 상당수의 이주여성은 다양한 측면의 억압적 구조를 극복해야만 한다. 이주여성은 '여성'이라는 성적 차별, '외국인'이라는 인종적 배타성, '노동자'라는 신분적 편견을 넘어서야 하기 때문에, "인권 문제와 생존 문제"[12]를 모두 염두에 두고 고찰하는 것이 필수적이다.

한국 사회 '이주의 여성화'를 설명할 수 있는 또 다른 요인은 결혼이주여성의 급격한 증가다. 결혼이라는 방식으로 이주한 결혼이주여성은 본국의 경제적 · 사회적 · 신분적 어려움을 극복하고 한국에서 더 나은 삶을 기대하는 여성들이다. 결혼이주여성은 경제적 요인으로 이주한다는 측면에서 이주노동자와 동일하지만, 노동의 방식으로 이주한 이주여성과 달리 국적취득과 영구적 정주가 가능하다는 측면은 커다란 차이점이다.[13] '이주의 여성화'를 가속시키는 결혼이주여성은 한국 사회에 거주하면서 새로운 구성원으로 편입되고 있지만 정체성 위기에 직면한다. 왜냐하면 결혼이주여성은 출신국의 문화적 연결 고리를 유지하는 동시에 한국 사회의 구성원으로 편입하기 때문이다.

한국 사회에는 결혼이라는 방식으로 이주해 온 여성뿐만 아니라 노동의 방식으로 이주한 후 다문화 가족을 이루고 살아가는 여성도 존재한다. 다문화 사회를 경험하고 있는 한국 사회는 다양한 형태의 이주 여성이 존재한다는 것을 인식해야 한다. 하지만 정부와 지자체에서 생각하는 사회 통합의 대상은 결혼이주여성에게 국한되고 있다. 다문화 가족이 급격하게 증가하는 현재 한국 사회에서는 결혼이주여성과 자녀들을 위한 사회 통합 프로그램뿐만 아니라 '다문화 이해 교육'이 절실히 필요하다. 하지만 한국 사회 구성원들이 결혼이주여성을 사회 통합의 대상으로만 여기는 것은, 서로 다른 두 문화가 하나의 가족을 이루는 상호 의존성에 대한 이해가 부족하기 때문이다. 결혼이주여성을 포함한 모든 이주여성은 사회 통합의 대상인 동시에 사회 통합의 주체가 되어야 한다. 한국 사회 구성원이 주도하는 일방적 사회 통합 정책이나 프로그램은 이주여성의 목소리가 무시되고 배제될 가능성이 있기 때문이다. 이주여성을 포함한 다문화 가족은 사회 통합의 대상만이 아니라 쌍방향 소통을 위한 주체가 될 수 있도록 배려해야 할 것이다.

이주여성이 한국 사회의 자율적 주체로 연착륙을 시도하고 있지만 문화적으로 적응하는 데 상당한 어려움을 경험한다. 이주여성과 이주민이 호소하는 어려움의 상당수는 의사소통 수단이라고 할 수 있는 언어 차이를 극복하지 못한 것이다. 이와 같은 언어적 적응의 어려움 때문에 이주민은 고립과 소외, 그리고 편견의 장벽에 직면한다.[14] 케냐의 소설가이며 비평가인 응구기(Ngugi wa Thiong'o)는《탈식민주의와 아프리카 문학(Decolonising the Mind : the politics of language in African literature)》에서 식민 지배자의 언어 사용을 거절함으로써 정신의 탈식민화가 필요하다고 주장한다.[15] 아프리카를 지배했던 식민 지배자는 아프리카의 언어 대신에 영어를 비롯한 서구 유럽의 언어 사용을 강제함으로써 아프리카 사람들의 정신을 지배하게 되었다고 지적한다. '정신의 탈식민화'를 위해서는 식민 지배의 모든 유산을 제거하고 단절해야 한다는 것이다. 이주여성과 이주민이 한국 사회의 구성원과 함께 조화롭게 공존하려면 쌍방향으로 소통과 대화를 하려고 서로 노력해야 한다. 이주민이 문화적으로 적응하려고 노력하는 것처럼, 한국 사회 구성원 또한 이주민에 대한 이해를 넓히고 그들의 문화를 배우려는 겸허한 자세가 필요하다. 이주여성과 이주민을 사회 통합의 대상으로 '타자화'하고, 그들을 일방적으로 동화하고 흡수하려고 시도한다면, 새로운 구성원으로 편입되고 있는 이주민은 더 큰 장벽과 어려움에 직면할 것이다. 이주민이 경험하는 언어적 적응 문제는 이주민이 통합과 소통의 주체가 될 수 있도록 좀 더 세밀한 논의를 거쳐야 한다.

3) 정체성 위기

한국 사회에 거주하는 이주민에 대한 적절한 이해는 이주민 스스로의 자기 인식에서 출발점을 찾아야 한다. 익숙한 사회와 국가를 떠나 낯선 환경에서 살아간다는 의미에서 이주민은 '디아스포라(diaspora)'라고 할 수 있다. 유럽의 강대국을 중심으로 진행되었던 식민주의가 정점에 달한 19세기에 상당수의 '디아스포라'가 있었던 것처럼, 유럽과 미국을 중심으로 진행되고 있는 신자유주의는 또 다른 형태의 대규모 '디아스포라'를 만들었다. 고향이나 본국을 떠나 낯선 곳에서 살아간다는 것은 정체성에 커다란 변화를 가져올 뿐만 아니라 정체성 위기를 초래하기도 한다. 본국을 떠나서 낯선 환경에서 임시로 거주하거나 영구히 정주하는 현상을 '디아스포라'라는 용어로 설명할 수 있다면,[16] 한국 사회의 이주민 또한 '디아스포라'의 관점에서 이해할 수 있다. 한국인으로 일본에서 살아가는 서경식은 '디아스포라'의 관점에 대해 다음과 같이 적절하게 지적한다.

> 디아스포라들은 이주한 땅에서도 언제나 '이방인'이며 소수자다. 다수자는 대부분 '조상 대대로 전해 내려온 토지 · 언어 · 문화를 공유하는 공동체'라는 견고한 관점에 안주하고 있다. 그러한 상황 안에 있는 한 다수자에게는 소수자의 진정한 모습은 보이지 않으며 그 진정한 목소리도 들리지 않을 것이다.[17]

이주민은 소수자로서 다수자의 사회에서 살아가는 사람들이다. 소수자로 살아가는 이주민의 모습을 올바로 인식하지 못한다면 결코 이주민의 목소리를 적절하게 듣고 이해할 수 없다. 자본의 이동을 따라 급속히 이주하는 이주민의 현존은 다문화 사회를 직접적으로 경험하는 한국 사회에 중요한 사회적 쟁점이 되고 있다. 신자유주의는 노동과 자본의 흐름을 따라 급격하게 이동하는 이주민의 전 지구적 '디아스포라'를 가속시킨다. 부와 자본을 얻고자 노동의 방법으로 이주하는 '경제적 디아스포라', 인권과 자유를 위해 난민이나 망명으로 이주하는 '정치적 디아스포라', 결혼의 방식으로 이주하는 결혼이주여성의 '사회적 디아스포라' 등 다양한 형식과 방법의 디아스포라가 한국 사회에 거주하고 있다. 이주와 디아스포라의 복합성은 이주민의 정체성에 변화를 제공할 뿐만 아니라 한국 사회 구성원의 자기 인식에도 상당한 영향을 끼친다. 다양한 형태의 '디아스포라 과정'은 정체성 형성에 매우 급격한 변화를 제공하기 때문에 한국 사회에서 이주민의 현실을 살펴보고자 한다면 '디아스포라'와 '정체성'의 연관성에 주목해야 한다.

이주민은 서로 다른 문화를 접하면서 갈등 · 조정 · 통합의 역학 관계를 통해 그들 스스로 지니고 있던 정체성의 위기에 직면한다. 다양한 이유와 목적으로 살아가는 이주민은 한국 사회 구성원들과 공존하고자 시도하면서 정체성의 변화를 경험한다. 정체성 위기를 경험하는 이주민은 출신 본국의 정체성에 대한 비판적 성찰뿐만 아니라, 새로운 환경에 적응하기 위한 새로운 정체성에 대한 대안도 모색해야 한다. 문화적 적응 과정에서 이주민이 직면하는 정체성 위기는 한국 사회의 구성원에게도 상당한 도전을 제공한다. 이주민의 현존은 한국 사회의 다양한 분야와 영역에서 사회적 쟁점을 점검할 기회를 제공하는 동시에, 한국 사회의 구성원이 오랫동안 지니고 살아왔던 고착되고 협소한 시야를 교정할 계기를 마련한다는 측면에서 긍정적인 역할을 한다. 이주민을 '타자'로 인식하는 이분법적 이항 대립의 시각을 넘어서 이주민과 상생하려는 발전적 관계를 고려할 기회를 제공하는 것은 상당한 의미가 있다.

3. 다문화 사회 이주민의 정체성

1) 이주민과 다문화주의

단일민족을 오랫동안 유지해왔고, 순혈주의의 신념을 자랑스럽게 여기며 살아온 한국 사회는 이제 급격한 다문화 상황에 직면해 있다. 미국과 서구 국가들은 이미 다문화 상황을 경험해왔으며, 서로 다른 인종 · 언어 · 문화 · 전통 · 관습을 지니고 살아가는 사람들 사이에 통합과 공존을 모색하고 있다. 다문화 상황에 직면한 상당수의 미국과 서구 국가들은 이민자와 사회 구성원 사이의 갈등과 공존의 문제를 해결하고자 '다문화주의(multiculturalism)'라는 용어를 사용했지만, 그 용어와 개념이 유동적이고 광범위하여 쉽게 정의하기 어렵다.[18] 다인종 · 다문화 · 다종교 사회로 급격한 변화를 경험했던 미국과 서구 국가들이 상호 공존의 보편적 가치를 지향하려고 시도한다는 점에서는 긍정적이다. 하지만 '다문화주의'라는 용어를 사용하며 상호 공존을 위한 보편성을 강조하는 까닭이 서로 다른 인종 · 언어 · 문화 · 전통 · 관습을 가진 사람들 사이에 발생하는 갈등과 위기를 봉합하려 한다는 측면에서는 부정적이다.[19]

다시 말해 서구 국가 대부분이 '다문화주의'라는 개념을 사용한 것은, 서로 다른 문화와 전통에 대한 이해와 존중이라는 보편적 가치를 인정한 것이 아니라 사실이다. 오히려 서로 다른 문화를 가진 사람들과 공존하면서 형성되는 사회적 문제를 봉합하려는 시도와 맞물려 있는 것이다. 따라서 다문화 사회로 진입하는 한국 사회는 '다문화주의'라는 용어 사용과 관련해서 이중적 측면을 비판적으로 수용할 필요가 있다. 다문화 상황을 직면하는 한국 사회는 다름에 대한 적절한 이해에 바탕을 둔 상호 존중과 공존이라는 보편적 가치를 긍정적으로 평가해야 한다. 다른 한편 서로 다른 인종과 문화가 공존하는 복합적인 현상을 단순하게 봉합하는 시도로는 다문화 상황에 대한 바람직한 해법을 찾을 수 없다는 인식이 필요하다.

한국 사회에서 다문화 상황은 서로 다른 인종과 문화에 대한 올바른 인식을 갖는 동시에 차별과 편견을 넘어 상호 존중과 공존을 지향해야 한다. 하지만 다양한 언어, 문화, 전통과 관습을 가진 사람들이 다문화 사회를 형성하려면 일방적으로 사회 통합을 진행해서는 안 된다. 오히려 개인·공동체·국가가 모두 다문화 현상에 관해 적절하게 이해해야 할 뿐만 아니라 개인·공동체·국가가 함께 주체적으로 다문화 상황을 위한 바람직한 해법을 제시할 수 있도록 협력해야 한다.[20] 한국 사회의 다문화 상황은 유럽과 미국의 '다문화주의'를 일방적으로 모방하는 것으로는 올바른 방법을 찾을 수 없다. 서구 국가 대부분은 오랫동안 비서구 국가 사람들을 재현하고 정형화해왔다는 사실을 주목해야 한다. 팔레스타인 출신의 문학자이며 비평가인 에드워드 사이드(Edward W. Said)가 《오리엔탈리즘(Orientalism : Western Conceptions of the Orient)》이라는 책에서 주창했던 서구의 재현 담론으로서 '오리엔탈리즘'은 서구 국가들의 '다문화주의'와 직·간접적으로 밀접하게 연관되어 있다. 서양이 동양을 정형화하는 표현 양식으로 '오리엔탈리즘'이라는 지배 담론을 사용해왔던 것처럼,[21] 미국과 서구 국가 대부분이 이주민을 통제하려는 목적으로 '다문화주의'라는 용어를 적용할 가능성에 관해 비판적으로 고찰해야 한다. 한국 사회가 다문화 사회로 진입하면서 이주민과 공존하려고 모색할 때 가장 관심을 가져야 할 측면은 바로 정체성에 관한 인식이다. '다문화주의'라는 용어의 적절한 사용과 '정체성'에 관한 올바른 논의는 "자기 확장과 상호 교섭의 장이 바로 삶"[22]이라는 틀의 전환에서 비롯된다. 서로 다른 문화와 언어를 가진 사람들이 함께 공존할 때 자아에 대한 인식이 확장하는 경험이 필요한 동시에 상호 의존과 상호 변화를 통한 쌍방향 소통이 필수적이라고 지적하는 것이다.

다문화·다인종·다종교 사회에 진입하면서 한국 사회는 서로 다른 인종·언어·문화·전통·관습을 가진 사람들 사이의 갈등과 대립을 단순하게 봉합하는 방식으로 '다문화주의'라는 개념을 사용할 수 없다. 한국 사회의 구성원은 또한 '자아'와 '타자', '중심'과 '주변', '내국인'과 '외국인'과 같은 이분법적 대항 구도로 도식화하고 정형화하는 방식으로는 이주민의 현실을 올바르게 진단할 수 없다. '다문화주의'라는 용어는 하나의 보편적 이론이 아니라 유동적인 개념으로 계속해서 발전하고 "끝없이 변형"[23]되어야 한다. 한국 사회는 서구 여러 나라에서 경험했던 다문화 상황에 대한 다각적인 인식을 통해 한국 사회의 구성원과 이주민을 위한 바람직한 해법을 찾아야 한다. 다문화 사회에 진입하는 한국 사회는 이주민과의 공존을 유동적이고 변화 가능한 '정체성'이라는 개념에서 발견해야 한다. 한 국가와 사회의 구성원이 지닌 자기 인식의 표현인 '정체성'이 변화 가능한 것이라는 인식의 전환은 한국 사회에 거주하는 이주민과 공존하기 위한 대안적 관점을 제시할 가능성이 있다.

2) 다문화 사회와 이주민의 정체성

이주민의 현존은 한국 사회의 구성원뿐만 아니라 이주민 스스로의 자기 인식에 상당한 변화와 도전을 제공한다. 오랫동안 서로 다른 언어·종교·문화·관습을 가지고 살아왔던 한국 사회의 구성원과 이주민은 '접촉', '만남', 그리고 '공존'을 통해 자기 인식의 틀이 전환되는 것을 경험한다. 하지만 한국 사회의 구성원과 이주민이 '접촉'과 '만남'을 통해 모두가 정체성에 영향을 받는다고 할 수는 없다. 왜냐하면 한국 사회의 구성원 가운데 이주민이 한국 사회에 흡수되고 동화되어야 한다고 주장하는 사람들이 있기 때문이다. 이들은 이주민과 이주여성이 한국 사회의 새로운 구성원으로 편입되려면 한국 사람들처럼 동화되는 것이 사회 통합이라고 주장하기도 한다. 하지만 한 국가와 사회의 구성원을 표현하는 자기 인식이나 정체성이 상황과 형편에 따라 변화할 수 있는 유동적이고 가변적 개념이라는 사실을 인식해야 한다. 다시 말해 '정체성'이란 언제든지 변화할 수 있으며 시대와 상황에 따라 다양한 정체성이 형성될 수 있는 가능성에 주목해야 한다. 스튜어트 홀(Stuart Hall)은 정체성의 가장 중요한 요소로 변화 가능성을 지적한다.[24]

한 국가와 사회의 구성원이 지닌 자기 인식의 표현인 '정체성'은 불변하는 보편적 개념이 아니다. 오히려 '정체성'은 상황과 환경에 따라 상당히 유동적이고 가변적인 개념이라는 것을 인식해야 한다. 한국 사회에서 이주민의 현실을 적절하게 진단하려면 '정체성'에 관한 논의는 상당히 중요하다. 한국 사회의 구성원이 가지고 있는 '정체성'이 고정되고 불변하는 보편적 개념이라고 주장한다면, 새로운 구성원으로 편입되고 있는 이주민을 한국 사회에 흡수하고 동화하려고 시도하게 될 것이다. 이 경우 이주민이 한국 사회로 이주하기 전에 오랫동안 영향을 받아왔던 다양한 언어·인종·문화·역사·전통을 '차이'와 '다름'으로 인식하는 것이 아니라 '차별'과 '편견'의 관점에서 접근할 가능성이 있음을 인식할 필요가 있다.

한국 사회에 거주하는 이주민의 현존은 다양하다. 노동의 방식으로 이주한 이주노동자, 결혼의 방식으로 이주한 결혼이민자, 정치적·종교적 이유로 이주한 난민 등 다양한 형태의 이주민이 살아가고 있다. 이와 같은 이주민 사이에도 합법적 체류와 정주가 가능한 이주노동자, 미등록 상태로 거주하며 불안한 신분으로 살아가는 이주노동자와 이주여성, 국적취득과 영원한 정주가 가능한 결혼이주여성, 체류 허가를 얻지 못하고 다문화 가족을 이루고 살아가는 이주노동자와 이주여성, 그리고 다양한 형태와 유형의 다문화 가족 자녀들이 한국 사회에서 살아가고 있다. 다양한 방식과 유형의 이주민이 거주하고 살아가면서 한국 사회는 다문화 상황에 관심을 갖고 연구하게 되었다. 다문화 사회로 진입하면서 지금까지 한국 사회의 구성원이 비판적으로 성찰해볼 수 없었던 다양한 주제와 사회적 쟁점에 주목할 수 있게 된 것은 긍정적 결과라고 할 수 있다. 단일민족과 순혈주의 가치관을 자랑하며 살아왔던 한국 사회의 구성원에게 '정체성'이라는 개념이 시대와 상황에 따라 변화 가능한 것이라고 제안한다는 측면에서 긍정적이다. 하지만 한국 사회의 구성원과 이주민이 '접촉'과 '만남'을 통해 '갈등'과 '대립'을 경험하고, 양자 모두 '정체성'의 위기를 경험하게 하는 도전적인 측면도 있다.

다문화 사회로 진입하는 한국 사회에는 이주민과 다양하게 접촉함으로써 여러 형태의 '정체성'이 존재한다는 인식의 전환이 필요하다. 한국 사회에 거주하는 이주민의 유형이 다양하다는 것을 인식한다면, 다양한 형태를 띤 이주민의 정체성이 존재한다는 것을 알 수 있다. 국가와 고향을 떠나 자본과 노동의 흐름을 따라 한국 사회로 이주한 사람들의 정체성은 "디아스포라의 정체성"[25]이라고 부를 수 있다. 이주민의 정체성은 새로운 환경과 상황에서 지속적으로 변형하며 새로운 정체성을 생산하고 있다. 다시 말해 다문화 사회에서의 이주민은 한국 사회의 구성원과 갈등과 대립, 모방과 침투, 상호 변화와 상호 의존의 복합적인 과정을 겪으며 새로운 정체성을 형성한다는 말이다. 한국 사회에 거주하며 새로운 구성원으로 편입하고 있는 이주민은 디아스포라 과정

이전의 '정체성'을 고집할 수 없다. 그뿐만 아니라 이주민은 "익숙하지 않은 상황이나 사람과 만나 기존에 없던 정체성"[26]을 만들어가는 사람들이다. 따라서 한국 사회에서 생존을 위해 거주하는 이주민은 이중적 자기 인식, 즉 "다양하고 혼종적 정체성(multiple and hybrid identity)"[27]을 가지고 살아가는 것이다.

4. 이주민의 정체성과 포스트콜로니얼 관점

1) 정체성에 대한 포스트콜로니얼 관점

이주민의 정체성을 적절하게 분석하고자 "저항 담론이며 실천 담론"[28]으로 불리는 '포스트콜로니얼 관점'을 적용할 수 있다. 다문화 상황을 경험하는 한국 사회의 구성원이 스스로를 비판적으로 성찰하고 이주민과 공존할 방법을 진지하게 고찰하는 데 포스트콜로니얼 관점은 도움을 준다. 포스트콜로니얼 담론은 서구 국가들이 전 영역에서 진행한 주도적 이론과 가설들에 대한 다시 읽기와 다시 쓰기의 실천이다. 유럽을 중심으로 진행되었던 "유럽중심주의(Eurocentricism)"[29]의 관점에서 다른 인종과 문화를 경시하는 경향에 저항하는 실천이 포스트콜로니얼 담론이다. 서구 국가들로부터 지배를 당했던 비서구 국가 출신으로 유럽과 미국에서 활동하는 지식인을 중심으로 진행되었던 포스트콜로니얼 논의는 식민주의와 제국주의에 대한 반성과 비판에서 출발한다. 포스트콜로니얼 관점은 식민지 담론에 대한 반성과 비판적 성찰을 통해 식민지 잔재와 영향력을 청산하려는 읽기 태도나 담론 실천이다.

따라서 식민지 이론과 담론에 대한 포스트콜로니얼 시각을 통해 다시 읽고 재구성하는 저항적 태도는 '정체성' 주제에 대한 깊은 성찰을 요구한다. 남미 · 아프리카 · 아시아 등지의 비서구 국가들은 통치 수단으로 활용되었던 서구 식민주의와 식민지 담론에 따라 문화적 차이와 가치관이 폐기되고 부정되는 억압적 경험을 했다.[30] '유럽중심주의'를 통해 비서구의 문화 · 역사 · 언어 · 전통 · 관습 등이 폐기되고 부정되었던 것과 다문화와 다인종 사회를 경험하는 미국과 서구 국가 대부분에서 적용하고 있는 '다문화주의' 정책은 매우 흡사한 측면이 있다.

한국 사회의 구성원과 이주민의 정체성을 위한 대안적 관점을 제안하고자 이 글에서 주목하는 포스트콜로니얼 관점은 "세 가지의 해석학적 유형"[31]에 대한 분석에서 비롯된다. 첫째 유형은 "오리엔탈리스트 유형(the Orientalist mode)"[32]이다. '오리엔탈리즘'이란 개념에 대한 분석은 포스트콜로니얼 시각을 제안하는 데서 우선적으로 관심을 두어야 한다. 왜냐하면 이 개념이 서구의 식민주의와 팽창주의의 과정에서 동양을 효과적으로 조종하고 통제하려고 만들어낸 동양에 대한 정형화와 고정화를 의미하기 때문이다.[33] '오리엔탈리스트 유형'은 한마디로 '타자를 정형화'하려는 시도라고 말할 수 있다. 둘째 유형은 "서구 중심 유형(the Anglicist mode)"[34]이다. 영국을 비롯한 서구의 우월성을 강조하면서 인도 등 비서구 국가에 서구 문화와 사고방식을 이식하려는 지배 담론의 형태를 '영국중심주의(Anglicism)'라고 정의할 수 있다. '서구 중심 유형'은 서구 문명의 우월성을 비서구 국가와 사람들에게 이식하려는 시도인 것이다. 셋째 유형은 "토착주의 유형(the Nativist mode)"[35]이다. 서구의 세계관과 극단적으로 단절함으로써 자국의 문화와 역사에 주목하는 저항 담론의 유형이다. 비서구 국가의 가치관을 과도하게 강조함으로써 자국 내의 부조리와 배타성에 대한 진지한 성찰이 부족한 것이 한계라고 할 수 있다. 대안적 관점으로서 포스트콜로니얼 시각을 제안하고자 한다면, '타자에 대한 정형화(오리엔탈리스 유형)', '우월적 시각의 강요(서구 중심 유형)', 그리고 '극단적인 단절(토착주의 유형)'과 같은 세 가지 유형에 대한 다시 읽기 작업이 필요하다.

따라서 한국 사회의 구성원이 일반적으로 받아들여 왔던 순혈주의 가치관을 비판적으로 고찰하는 포스트콜로니얼 이론이 갖는 "전복적 해체"[36]는 이주민의 정체성을 고찰하는 데 유용하다. '타자'에 대한 문화적 차이를 부정하려는 식민지 담론은 결국 서로 다른 인종·언어·역사·문화·전통을 인정하지 않는 '유럽중심주의'나 '오리엔탈리즘'을 다시 살펴보는 것이 필수적이다. 다시 말해 한국 사회에 거주하는 이주민의 현존을 통해 우리 안에 존재하는 '복제 오리엔탈리즘'을 비판적으로 인식해야 한다.[37] 한국 사회에 존재하는 '복제 오리엔탈리즘'이란 서구에서 온 백인에게는 '부러움'의 시선을 던지면서 아프리카와 아시아에서 온 유색인종은 '무시'의 시선으로 바라보는 한국 사회 구성원의 이중적 잣대를 뜻한다. 한국 사회 구성원의 상당수는 아직도 이주민이 지닌 '차이'와 '다름'을 '차별'과 '편견'의 시각에서 바라보는 "하얀 가면"[38]을 벗지 못하고 있다. 파농이 이미 지적한 것처럼, 한국 사회 구성원의 상당수는 "황색 피부의 백인"[39]이 되고자 하는 열망, 즉 '하얀 가면'에 대한 비판적 성찰이 필요하다. 한국 사회에 영향력을 발휘하는 '유럽중심주의'와 '자민족중심주의'의 관점을 적절하게 비판하는 데 포스트콜로니얼 시각은 유용하다. 포스트콜로니얼 관점을 통해 서구와 비서구 국가 모두가 함께 '차이'와 '다름'을 인정하고 존중하려는 태도를 회복해야 한다.[40]

2) 이주민을 위한 포스트콜로니얼 대안

한국 사회에 거주하는 이주민을 적절하게 이해하려면 '정체성'에 대한 논의와 고찰이 선행되어야 한다. 다문화 사회로 진입을 앞둔 상황에서 한국 사회에 내재해 있을 수 있는 '오리엔탈리즘'과 '자민족중심주의'의 관점에 대한 진지한 성찰은 무엇보다 중요하다. 왜냐하면 이주민의 정체성을 고찰할 때 '해방(liberation)'과 '탈식민화(decolonisation)'라는 용어에 주목하는 포스트콜로니얼 관점은 하나의 대안을 제시하기에 유용하기 때문이다. '해방'과 '탈식민화'를 강조하는 포스트콜로니얼 시각은 정치적 억압과 경제적 속박을 넘어서 문화적 종속과 정신의 식민화에 대한 깊은 반성으로부터 출발한다. 한국 사회 이주민의 정체성 또한 정치적이고 경제적인 관점을 넘어서 문화적이고 정신적인 측면에 대한 고찰이 선행되어야 함을 지적하는 것이다.[41] 포스트콜로니얼 이론의 가장 중요한 측면 가운데 하나가 바로 '정신의 탈식민화'라고 할 수 있다. 식민주의 지배를 당한 피식민지 사람들의 '정신의 탈식민화'는 언어 사용과 밀접한 관련이 있다. 지배자의 언어 사용을 강제하는 것은 피지배자의 정신을 식민화하는 동시에 피식민지 사람들의 문화와 전통으로부터 소외시키는 전략이다.[42]

이주민이 정체성 위기를 경험하는 근본적인 이유 가운데 하나는 바로 한국 사회 구성원과의 의사소통 문제에서 출발한다. 한국 사회가 이주민의 언어와 문화를 폐기하고, 한국어 사용만을 강요하고 강제한다면 이주민의 상당수는 '정신의 식민화'를 경험할 수 있다. 따라서 한국 사회에 거주하는 이주민의 정체성을 논의할 때 '해방'과 '탈식민화' 관점에서 차이를 인정하는 포스트콜로니얼 관점의 해석학적 위치의 중요성을 인식하게 된다. 한국 사회에 거주하는 이주민에게 한국어 사용을 강제함으로써 이주민 스스로의 정체성에 혼란을 가중시키는 동시에 문화적인 지배를 효과적으로 가능하게 한다는 점을 지적해야 한다. 언어의 사용, 문화적 적응과 관련해서 한국 사회 구성원이 이주민을 '타자화' 할 뿐 아니라 사회 통합의 대상으로 '상대화'하는 것은 이주민을 억압하는 측면인 것이다. 이주민이 한국 사회에 거주하며 살아갈 때 한국어의 사용이 필수적이며, 또한 한국 문화에 대한 적절한 이해가 필요한 것은 당연하다. 하지만 이주민이 일방적으로 한국 사회에 편입되고 흡수되고 동화되어야 한다는 인식으로는 이주민과 자율적 공존을 유지할 수 없다. 다문화 상황에 직면한 한국 사회의 구성원은 자신들의 정체성에 대한 올바른 인식과 함께 이주민의 언어와 문화를 겸허하게 수용하려는 자세를 갖춰야 한다.

한국 사회의 구성원과 이주민의 자율적 공존은 상호이해, 상호 의존, 상호 관계, 상호 침투라는 '상호성'과 '쌍방향성'에 기초해야 한다.[43] 다양한 인종 · 언어 · 문화 · 전통 · 관습을 가진 이주민과 한국 사회 구성원 간의 상호 공존과 상호 침투의 결과, 이주민의 정체성은 포스트콜로니얼 정체성이라는 대안적 형태로 제시될 수 있다. 이주민을 위한 포스트콜로니얼 정체성은 그들이 하나 이상의 정체성을 가진 '이중 혹은 다중의 존재'라는 인식에서 출발한다. 오랫동안 익숙하게 살아왔던 사회와 국가뿐만 아니라 현재 거주하고 있는 사회와 국가에서 이주민은 "영구적인 타자"[44]로 살아간다. 한국 사회에서 살아가는 다양한 형태의 이주민은 사회 통합의 대상으로 흡수되거나 동화되도록 강요받거나 강제할 수 없다. 한국 사회로 이주하기 전에 가졌던 정체성과 한국 사회에 거주하면서 형성된 정체성을 모두 지닌 사람들이 이주민이라는 인식이 필요하다. 따라서 이주민의 정체성을 위한 포스트콜로니얼 대안 가운데 하나는 이주민은 둘 이상의 '정체성'을 가지면서 계속해서 새로운 정체성을 형성하는 사람들이라고 인정하고 받아들이는 것이다.[45]

　이주민의 정체성을 위한 두 번째 포스트콜로니얼 대안은 '혼종적 정체성'을 제안하는 것이다. 이주민의 정체성은 '상호 의존'과 '상호 침투'를 "혼종성(hybridity)"[46]이란 용어로 설명할 수 있다. 중요한 포스트콜로니얼 개념 가운데 하나인 '혼종성'은 서로 다른 인종 · 언어 · 문화 · 전통 · 관습을 가지고 살아왔던 사람들이 '접촉'과 '공존'을 통해 함께 살아갈 때, 일방적으로 영향을 주는 것이 아니라 '상호 영향'을 준다는 것을 인식하는 것이다. '혼종성'에 기초한 이주민의 정체성은 '흡수'와 '동화'가 아닌 '상호 관계'에 주목한다. 포스트콜로니얼 대안으로서 '혼종적 정체성'은 한국 사회의 구성원과 이주민이 '상호 연결'과 '상호 침투'를 통해 새로운 대안적 정체성을 형성한다고 제안하는 것이다.

　이주민의 정체성을 위한 세 번째 포스트콜로니얼 대안은 '대위법적 정체성'이다. 억압과 종속을 경험했던 사람들, 배제되었던 사람들의 목소리에 주목하는 읽기를 "대위법적 읽기(contrapuntal reading)"[47]라고 정의한다면, '대위법적 정체성'은 한국 사회의 이주민을 위한 대안적 정체성이 될 수 있다. 이주민을 위한 대안적 정체성은 '차이'를 인정할 때 형성되는 정체성으로 하나의 사회와 국가에 제한되는 개념이 아니라 새로운 유형으로 형성되는 것이다.[48] 독립적인 각각의 선율이 조화를 이루는 '대위법'처럼, 서로 다른 문화에서 다른 사고방식을 가지고 살아왔던 이주민이 한국 사회의 새로운 구성원과 공존하고자 할 때 '대위법적 정체성'이 필요하다. 한국 사회는 보편적이고 고정된 하나의 정체성을 강제하는 사회가 아니라 다양한 형태의 이주민이 각각의 목소리를 들려주면서 살아가는 '대위법적 사회'를 지향해야 한다. 이주민은 다문화 사회로 진입하는 한국 사회의 구성원에게 새로운 기회를 제공하는 긍정적 기여자라는 인식이 포스트콜로니얼의 대안적 관점 가운데 하나라고 할 수 있다.

5. 맺음말

다문화 사회에 진입하는 한국 사회는 이주민과 공존하고자 모색한다. 이주민을 위한 포스트콜로니얼 대안으로 제시되었던 것처럼, 이주민은 '이중적 정체성', '혼종적 정체성', 그리고 '대위법적 정체성'을 형성하며 대안적 정체성을 모색하며 살아간다는 것을 발견할 수 있다. 하지만 순혈주의 세계관에 영향을 받아왔던 한국 사회의 구성원은 이주민을 통합의 주체로 받아들이는 대신에 사회 통합의 대상이라고 여긴다. 정부와 지자체를 중심으로 전개되고 있는 이주민 정책과 다문화 이해 교육은 이주민과의 '상호 관계'와 '상호 의존'에 기초한 쌍방향 소통이 아니라, 한국 사회 구성원이 중심과 주체가 된 일방적 동화정책을 지향하고 있다. 새로운 구성원으로 편입되어 살아가는 이주민의 목소리가 반영되지 않는 일방적 사회 통합이나 다문화 이해 교육은 "일방적 힘의 역학 관계가 생산해내는 억압과 불평등"[49]의 구조를 형성할 가능성이 있다. 한국 사회의 구성원을 '주체'로 여기면서 이주민을 '타자'의 위치에 놓으려는 사회 통합과 다문화 이해 교육은 적절하지 않다. 이주민 스스로가 한국 사회의 새로운 구성원으로 살아가는 자율적 주체라고 인식할 때 다양한 형태의 억압 · 차별 · 불평등 구조에 대항해서 저항할 수 있다. 이주민이 자율적 주체로 살아간다는 것은 일방적인 '동화'와 '흡수'를 지향하는 사회 통합이 아니라 쌍방향 소통을 지향하는 '상호 의존'과 '상호 변화'의 관계를 만들어가는 것이다. 서로 다른 인종 · 언어 · 문화 · 전통 · 관습에 영향을 받고 살아왔던 한국 사회의 구성원과 이주민은 각각의 정체성을 유지하면서 서로에게 영향을 주는 '상호 관계의 존재'라고 할 수 있다.

　다문화 이해 교육은 일방적인 동화와 흡수가 목적이 아니라 상생과 조화의 가능성을 찾는 과정을 뜻한다. 이주민이 사회 통합의 대상으로 '타자화'되는 형식으로 진행되는 다문화 이해 교육은 '상호성'을 상실할 가능성이 있다. 이주민이 다문화 사회에서 "대등한 주체"[50]로서 역할을 수행한다는 것은 이주민의 목소리가 담론의 중심에서 재현된다는 것을 의미한다. 다문화 사회를 적절하게 이해하려면 올바른 다문화 교육을 실시해야 하며, 따라서 다문화 이해 교육은 한국 사회 구성원과 이주민 사이의 "쌍방향 교육"[51]과 '쌍방향 소통'을 통해 전개되어야 한다. 한국 사회에 거주하는 이주민이 사회 통합의 대상인 동시에 '자율적 주체'로서 역할을 수행하려면 스스로의 삶을 결정할 권리와 자유가 필요하다. 그뿐만 아니라 사회적 약자의 목소리에 주목하고 모든 형태의 억압과 종속에서 해방을 지향하는 사람들과 "다양성 속에서 연대"[52]를 하는 것이 무엇보다 중요하다. 이주민과 함께 살아가는 과정을 통해 한국 사회의 구성원은 '상호 의존'과 '상호 변화'를 경험함으로써 다문화 · 다인종 · 다종교 사회에서 평화로운 공존을 이루려는 인식의 전환을 배울 수 있는 것이다.

4장
세계화, 이주, 문화 다양성

최현덕 | 이화여자대학교 탈경계 인문학 연구단 HK 연구교수

1. 머리말

21세기에 접어든 세계는 중요한 새로운 도전에 직면해 있다. 지난 20~30년간 급속도로 진행된 세계화는 그 과정에서 이주 현상의 폭발적 증가를 비롯하여 경제·정치·문화 전반에 걸친 큰 변화를 야기했다. 경제 영역에서 세계화는 전 세계를 신자유주의적 시장 법칙으로 통합했고, 문화 영역에서는 강대국의 초국적 문화 자본의 지배를 전 세계적으로 확장하여 문화 획일화라는 우려를 낳았다.

또한 교통과 통신 기술의 비약적 발달로 서로 다른 문화간의 접촉, 서로 다른 문화에 속한 사람들의 접촉이 빈번해졌다. 이런 타 문화 혹은 타자와의 만남은 서로의 삶이 풍부해지는 계기가 될 수도 있다. 하지만 자신의 문화적 자산과 정체성의 위협으로 받아들여지기도 하고, 경우에 따라 차별의 근거로 악용됨으로써 억압과 갈등을 불러오기도 한다. 만남에는 만나는 자들 간의 권력관계가 개입되며, 이는 만남의 양상에 영향을 미친다. 이러한 상황에서 인류는 서로를 인정하고 존중

4장 세계화, 이주, 문화 다양성 87

하면서 더불어 사는 사회란 무엇이며, 이를 어떻게 이룰 수 있는지에 대해 근본적으로 다시 성찰하지 않을 수 없게 되었다.

한국 역시 이러한 도전에서 예외가 아니다. 1988년 올림픽이 열린 시점을 기점으로 해서 이주노동자들의 입국이 본격화되기 시작했다. 특히 2000년 이래 이주민의 숫자는 급증하여 2008년 현재 남한 전체 인구의 약 2퍼센트에 달한다. 한국 사회는 그간 단일민족 이데올로기가 지배했던 사회였으나, 다인종 사회로 변화해가는 경향이 가시화되면서 타 문화 유입 현상을 어떻게 대처해야 할지에 대한 사회적 고민이 전면적으로 대두했다.

또한 문화적 세계화의 측면에서 볼 때, 한국은 이 과정에 강도 높게 편입되어 있다. "미국보다 더 미국적으로 각인된 미국적 기표들 중의 하나"로서 '스타벅스'를 예로 들자면, 이 세계 최대의 커피 체인점이 초고속 성장을 하는 곳이 바로 한국이라 한다. 세계에서 가장 큰 스타벅스 커피점 다섯 곳이 모두 한국에 있으며, 세계에서 가장 비싼 커피 값, 미국에 비해서도 두 배에 해당되는 가격을 지불하는 곳도 한국이라 한다. 스타벅스를 찾는 한국 소비자들이 그 비싼 값을 치르기를 주저하지 않는 이유는, 커피 맛이 좋기 때문이기도 하겠지만 그보다도 "스타벅스가 생산하는 상징적 기호의 힘" 때문이다. 문화연구가 이동연은 "스타벅스는 이제 한국의 문화 글로벌화를 가장 잘 보여주는 지표이자 일상화된 미국식 라이프스타일의 감성지수를 대표한다"라고 평가한다.[1]

한편으로 한국 사회 내에서 인종 구성이 다양해지고 이와 더불어 다양한 문화가 유입되는 상황에서, 또 다른 한편으로는 초국가적 문화 자본, 특히 미국 문화 자본이 세계적으로 확장하는 추세 속에서 우리 사회는 새로운 도전에 직면해 있다. 즉, 이러한 시대 상황에서 민주주의란 무엇인가? 거대 자본이 약자들을 삼켜가는 사회가 아니라, 정의와 평등의 원칙에 입각해서 사회 구성원 모두가 존중되는 사회, 서로 다른 문화 정체성을 가진 사람들이 그들의 고유성 속에서 인정받으며 더불어 사는 사회는 어떤 사회이며, 어떻게 실현될 수 있을까?

변화된 상황은 '평화롭게 더불어 사는 삶(convivance)'을 실현하기 위해 새로운 이론적·실천적 기획을 수립할 것을 요구한다. 이 글에서는 이러한 기획의 일환으로서 대두되는 핵심 개념으로서 '문화 다양성'에 관한 문제들을 이주(Migration)와 문화 세계화라는 현실에 비추어 검토하고자 한다.

2. '문화'와 '문화 다양성'

1) 문화의 개념과 문화 다양성

문화는 라틴어 어원(경작·재배·가꿈을 뜻하는 cultura)에서 볼 수 있듯이[2] 본래 자연과의 대비 속에서 상정된 개념으로서, 농사를 짓듯이 자연을 인간적인 방식으로 가꾸어 만들어낸 산물, 또는 그 과정에서 형성된 여러 종류의 삶의 방식으로 이해할 수 있다. 조용환은 논어에 나오는 '문질빈빈(文質彬彬)'이라는 개념을 빌려 문화를 설명한다. '문'은 무늬, '질'은 바탕, '빈빈'은 어우러짐을 뜻하는데, '문'은 '질'에서 나온다고 한다. 바탕천에 무늬를 넣어 옷감을 만들듯이 '질'을 '문'으로 만드는 것이 '문화'라는 것이다. "소리라는 바탕에서 말을, 빛이라는 바탕에서 색을, 풀이라는 바탕에서 채소를 얻어내는 것"이 문화라는 말이다.[3] 즉, 문화는 인간 삶의 주어진 조건 속에서 형성되며 삶의 의미와 가치를 창조하는 역할을 한다.

2001년 유네스코 제31차 총회에서 채택된 '유네스코 세계 문화 다양성 선언(Universal Declaration on Cultural Diversity)'은 문화란 "사회와 사회 구성원들 특유의 정신적 · 물질적 · 지적 · 감성적 특징의 총체"로 간주되는 것으로서 "예술 및 문학뿐 아니라 생활양식, 함께 사는 방식, 가치 체계, 전통과 신념을 포함한다"라고 설명하고 있다.

지구 상에 존재하는 인류가 처한 조건은 자연적 · 사회적 · 역사적 맥락에 따라, 또 시간과 공간의 차이에 따라 달라진다. 문화가 이러한 조건들을 바탕으로 형성되는 것인 한 문화 역시 다양할 수밖에 없다.

유네스코도 '세계 문화 다양성 선언'뿐 아니라, '문화적 표현의 다양성 보호와 증진 협약'(2005, 이하 '유네스코 협약')을 통해, "문화 다양성이 인류의 중요한 특성"이며 "인류 공동의 유산"으로서, 이러한 다양성은 "인류를 구성하는 각각의 집단과 사회의 독특함과 다원성 속에서 구현된다"라고 천명하고 있다.[4]

유네스코에서 문화 개념은 몇 단계의 변화 · 발전 과정을 거치면서 문화 다양성 개념과 불가분의 관계 속에서 형성되었다. 제2차세계대전 이후 1950~1960년대에 걸쳐 유네스코는 그 이전에 주로 예술 작품으로 이해되던 문화의 개념을 문화 정체성이 포괄될 수 있는 방식으로 확대했다. 여기에는 식민지 국가들의 독립, 냉전 체제하에서 행해진 강대국의 지배와 이념적 제국주의에 대한 저항과 같은 역사적 맥락이 작용했다. 1970~1980년대에 문화 개념은 발전 담론과 연계되었다. 1980~1990년대에 들어서는 소수자 · 토착민 · 이주민이 겪는 차별과 배제 현상에 주목하면서 민주주의적 열망이라는 맥락에서 문화의 문제를 논의했다. 1990년대 이후 현재에 이르는 시기엔 풍부한 문화 다양성에 기초한 문화·문명 간의 대화가 문화와 관련한 중점 이슈로 제기되고 있다.[5]

문화가 다양하다는 것은 일단 주어진 사실이라고 볼 수 있는데, 그렇다고 해서 그냥 두어도 그저 고정불변한 것으로 유지되는 것은 아니다. 생태계에 다양한 종이 존재하지만 생태 환경의 변화로 멸종 위기에 처한 것들이 생겨나고 종의 다양성을 보존하기 위해 각별한 관심과 노력이 필요하듯이, 문화의 다양성 역시 유지하고 보존하기 위해서는 노력이 필요하다.[6] 그런데 문화의 다양성이란 것은 지켜야 할 긍정적인 가치인가?

2) 문화 다양성과 동질적 국민국가 정체성

일찍이 다민족·다인종 사회로 존재해온 국가들 중 문화 다양성을 인정해서는 안 된다는 주장이 득세한 경우가 종종 있다. 이들의 논거는 언어·관습 등 다양한 문화를 인정할 경우 특정 집단의 게토화를 조장할 수 있으며, 전체 공동체가 지니는 공동의 가치를 파괴하여 하나의 국민국가로서의 정체성 및 동질적 문화 형성이 불가능해지고, 이로 인해 사회 통합이 어려워진다는 점이다. 이러한 배경에서 프랑스의 공화주의는 프랑스 혁명 이래 바스크족을 비롯한 소수민족들의 문화적 정체성을 억압해왔으며, 최근 독일을 비롯한 서유럽에서 이민자들을 통해 유입된 이슬람 문화에 맞서 기독교를 중심으로 하는 주도적인 주류 문화(Leitkultur)를 지켜야 한다는 목소리가 높다.

이러한 주장은 다음 두 가지 측면에서 문제가 있다. 첫째, 바스크 족의 자치 혹은 독립 투쟁이 현재까지 진행되는 데서도 볼 수 있듯이, 소수민족의 문화적 정체성을 억압함으로써 동질적 문화를 이루려는 시도는 원래 의도한 사회 통합과는 정반대 결과를 가져온다는 점이다. 킴리카는 소수민족들의 문화적 권리를 정치적으로 인정하는 것을 골자로 하는 '다문화주의'를 주창하면서 그 이유로 사회 통합을 지적했다. 즉, 동화해야 한다는 압력이 저항을 부추기는 반면, 문화적 다양성을 인정하면 오히려 소수민족들의 자발성에 기초한 사회 통합이 가능하다는 것이다.[7]

둘째, 동질적 민족문화가 실제 존재할 수 있는 것인가 하는 문제다. 한국에서는 꽤 오랫동안 단일민족이라는 이데올로기가 지배해왔으며, 현재 다문화 담론이 진행되는 데서도 원래 단일민족이었던 한국이 최근 이주자들의 급증으로 다인종·다문화 사회로 변화해가고 있다는 주장이 흔하게 제기된다.

엄밀히 따져보면, 단일문화 사회란 존재하지 않는다. 한국만 하더라도, 수천 년 역사 속에 상이한 문화를 지닌 국가들이 있어왔고 지역에 따라 지방색이 존재했다. 한반도 주변의 다른 민족들과의 교류도 적잖았으며, 타민족의 지배하에 있었던 적도 있었고, 주변 국가로의 이동도 활발했던 편이다. 또한 신분 혹은 계급에 따라, 직업에 따라, 성별·연령·종교에 따라 상이한 하위문화들도 존재해왔다.

한 사회가 단일민족으로 구성된 단일문화 공동체라는 주장은 이러한 다양성을 가리고 지배적 문화 하나만을 그 사회의 문화로 인정하려는 억압적 성격을 띤다. 가부장적 유교 문화를 단일한 한국 문화로 규정한다면, 페미니즘적 문화는 한국적인 것이 아니게 되며(한국 문화의 외연으로부터의 추방), 한국의 문화적 정체성을 위협하는 요소로 부각될 수 있다. 사실 민족주의와 페미니즘의 갈등은 제3세계 여성운동이 거의 공통적으로 경험하는 것으로서, 제3세계 대부분의 민족주의 담론은 페미니즘을 서구적인 것으로 치부하여 그 사회의 문화에서 배제하려 함으로써 페미니즘을 억압한다.[8]

3) 인권으로서의 문화권

문화 다양성을 존중하는 것 혹은 정치적 권리로 보장해줄 것을 주장하는 사람들이 가장 흔히 제시하는 근거는 문화와 개인간의 관계론에 기초한다. 문화의 상징적 기능, 즉 의미와 가치를 창조하고 재창조하는 기능을 통해 인간은 개인으로서 고유의 정체성을 형성하고 (personalisation) 자신을 인정하고(auto-reconnaissance) 주체가 된다 (subjectivation)는 것이다. 이러한 개인은 상징적 산물(production symbolique)로서 이는 인간의 존재 방식에 관여한다.[9] 문화의 상징적 기능은 문화 상품에도 반영된다. 유네스코의 문화 다양성 선언 제8조는, 문화 상품과 서비스가 "정체성·가치·의미의 담지자라는 점에서 다른 상품과 구별되는 특수성"을 갖고 있다고 설명한다.

따라서 문화 다양성을 인정하는 것은 개개인이 자신의 정체성을 형성하기 위한 기반의 인정이며, 인간 존엄성을 존중하는 것에서 분리할 수 없다(문화 다양성 선언 제4조). "문화에 대한 억압은 구체적 개인들에게는 자기 인정과 상호 인정을 위한 근본 조건에 대한 침해다. 여기서 구체적 개인들이란, 언어·기억·신념·가치와 같은 상징적 요소의 여러 가지 조합에 의해 규정되는 주체들을 의미한다."[10] 이런 점에서 문화권은 곧 인권의 핵심 요소가 된다(문화 다양성 선언 제5조).

문화권은 토착민·이주자·소수민에 대한 억압 혹은 강제적인 동화 정책이 일종의 인권침해라는 인식에 기초해 논의되어왔으며, 개인적인 측면과 집단적인 측면을 모두 포함한다. 이 권리는 '세계인권선언' 제27조와 '경제·사회·문화적 권리에 관한 국제규약' 제13조 및 제15조에 명시되어 있는데, 특히 모어로 자신의 작품을 창조하고 배포할 자유, 문화 다양성 존중을 위한 양질의 교육과 훈련을 받을 권리, 자신이 선택한 (집단의) 문화적 생활에 참여하고 문화적 실천을 행할 권리를 포함한다.

4) 창의성과 발전의 원천으로서의 문화 다양성

더 나아가 문화는 다른 문화와 만나서 서로 소통하고 교류함으로써 더욱 풍성해진다. 각각의 문화 전통은 창의성의 원천으로서 보존되어 후대에 전달되어야 하며(문화 다양성 선언 제7조), 또한 다른 문화 전통과 교류될 수 있어야 할 것이다. 여기서 유의해야 할 점은, 첫째, 문화 다양성이란 서로 다른 여러 문화가 정태적으로 그저 조용히 병존하는 상태가 아니라는 점이다. 문화가 서로 접촉하면서 위계적 권력관계가 형성될 수도 있고, 경우에 따라서는 차이, 차별 혹은 다른 요인으로 인해 갈등이 발생할 수도 있다. 아니면 갈등까지는 아니더라도 상이한 문화에 뿌리박은 관점 혹은 관념간에 경합이 벌어질 수도 있다. 드 베르나르는 '다양한'이라는 말의 라틴어 어원인 '디베르수스(diversus)'가 대립·불일치·모순 등의 의미를 가졌음을 상기하면서, "고정된 결과나 상태", 혹은 "신사적이고 온화한 합의"보다는 "투쟁 속에서 생겨나

는 운동"이라는 의미를 살리자고 제안한다.[11]

둘째, 문화 다양성이 다양한 문화유산을 보존하는 데 머물러서도 안 될 것이다. 문화 다양성이 문화유산 목록에 불과할 때, 문화의 역동성과 문화 다양성이 가진 투쟁적 생동성 및 창조성이 사라진다. 문화 다양성은 서로 다른 문화가 서로를 알게 되고 대화하고 씨름하면서, 자신을 새로운 거울에 비춰보면서, 좀 더 나은 삶의 가능성을 추구할 수 있는 자유와 그 자유를 실현하고자 투쟁하는 힘을 줄 수 있을 때 그 의미가 살아나는 것이다. 그러자면 무엇보다도 자기의 문화유산을 거의 반사적으로 옹호하는 것을 거부해야 한다.[12] 자신의 문화를 다른 문화들이 제시하는 대안과 더불어 충분히 숙고한 후, 자신의 문화 전통과의 관계를 부정적으로든 긍정적으로든 새로이 정립해야 할 것이다. 이렇게 할 수 있을 때, 문화 다양성은 어느 문화에든 있는 억압적 요소를 극복하는 해방적 기능을 수행할 수 있을 것이다.

셋째, 이러한 논의들을 바탕으로 할 때 문화는 "온갖 종류의 세력, 즉 경제적 · 사회적 · 지역적 · 대륙적 힘들이 젠더 · 성 · 계급 · 국가 · 종교 등과 만나면서 투쟁, 혼종, 지속적인 초국가주의를 통과하며 복합적인 조건에 대한 창조적 혹은 강압적 반응을 겪어내는 온갖 존재 방식과 생활 방식이 얽힌"[13] 역동적인 과정이라 볼 수 있다. 따라서 문화는 정치와 분리될 수 없고, 문화의 현장은 곧 억압과 투쟁의 장과 얽혀 있다. 이 점을 간과한다면, 특색 있는 민속적 문화와 문화유산을 찬양하고 종교적 차이를 관용하면서도 계급과 젠더와 인종에 따른 억압, 식민주의적 차별이 문화적 다양성이라는 이름하에 이루어질 수도 있을 것이다.

3. 이주와 문화 다양성

세계화와 관련하여 문화 다양성을 논의하는 데서 이주 현상은 중요한 위치를 차지한다. 사실 이주란 인류 역사의 시작과 더불어 시작되었다고 말할 수 있을 만큼, 이 시대에 새로이 등장한 상황은 아니다. 그러나 세계화 과정과 맞물려 일어나는 최근의 이주 현상은 양적으로 질적으로 이전의 이주 현상과는 다른 성격과 사회적 함의를 지닌다.

2000년대 초의 통계에 따르면, 출신지 아닌 다른 나라에서 사는 이주민 수는 세계 인구의 약 3퍼센트인 1억 5000만 명에 달하며 매년 200만~300만 명이 움직이고 있다고 했다.[14] 1975년과 비교해볼 때 이주민 수는 25년 사이에 두 배로 폭증했다.[15] 질적인 측면에서 볼 때도, 신자유주의적 시장경제의 전 세계적 확산을 배경으로 한 노동력의 국제적 이동이라는 점에서 새로운 사회경제적 함의를 가진다. 또한 여성 이주민의 급격한 증가는 국제 성별 노동 분업 체계에서 가부장적 · 인종적 · 경제적 권력관계에 변화를 가져오고 있다. 최소 비용으로 최대 이윤을 창출하는 것을 지향하는 경제주의에 입각한 효율성, 파편화된 기능성, 경쟁 원칙이 근간을 이루는 '합리성'이 오늘날 인간 삶을 지배하며, 이는 인간성 자체에 변화를 주고 있다.[16] 세계화 시대 신자유주의적 인간형이 지배적인 사회 속에서 이주민들은 차별과 배제로 인한 고통을 피하기 어렵다.

한국에서도 2000년 이래 이주민 수가 급격히 증가하고 있고, 이에 따라 다문화 사회 및 이주민의 실태에 대한 연구가 늘어가고 있다. 또한 이주민들이 직면한 문제에 도움을 주거나 그들과 연대하고자 하는 시민 단체도 많이 생겨났다. 그러나 한국에서 이주민에 관한 보고들을 보면, 그들의 인권 상황은 지극히 열악하다. 문화 다양성 논의는 이러한 상황에 도움이 될 것인가?

이주민의 증가는 그 사회의 문화적 상황에도 변화를 가져온다. 즉, 이주 결혼의 경우처럼 어느 날 갑자기 맺어진 낯선 사람과 가장 친밀한 삶을 나누어야 하는 상황까지는 아니라 할지라도 낯선 이들과의 마주침, 만남, 같은 공간에서의 노동관계 등 이들과의 생활 관계가 형성되는데 이로써 타 문화의 존재가 가시화되고 타 문화와의 문화적 접촉이 불가피해진다. 이러한 타자 혹은 타 문화와의 만남이라는 상황은 어떻게 대처하느냐에 따라 주류 사회 구성원과 이주민에게 큰 축복이 될 수 있는 잠재력이 있다. 타 문화와의 만남이 그 사회에서 문화 다양성의 형성으로 이어질 때 그 사회는 훨씬 더 풍부한 문화적 자산을 보유하게 될 것이다.

1) 한국은 다문화 사회인가?

한국에서 이주민의 수가 전체 인구의 2퍼센트에 달하면서 한국도 이제는 다문화 사회가 되었다는 말을 종종 듣는다. 동시에 이주민에 대해 인종차별적 인권침해 사례가 적잖음을 지적하며 한국이 다문화 사회인가에 대해 회의를 표명하기도 한다. 다문화 사회인가 아닌가를 놓고 상반되는 의견이 존재하는 데는 일차적으로 '다문화 사회'가 무엇을 뜻하는지 그 개념이 명확하지 않은 데 기인한다.[17]

다른 여러 문화권에서 태어나서 살다가 한국으로 온 이주민이 늘어남과 동시에, 그들과 함께 여러 문화가 한국 사회에 유입되었다는 점에서, 즉 한국 사회에 여러 문화가 있다는 현상 기술적 측면, 현존하는 것의 측면에서 다문화 사회라는 개념을 사용한다면 한국 사회는 다문화 사회라고 말할 수 있을 것이다. 이 경우 다문화 사회란 다인종 · 다민족 사회가 실제로 지칭하는 바와 별로 다르지 않은데, 실제 인종 혹은 민족 단위로 단일문화를 상정하는 것이 앞에서 설명했듯이 많은 문제를 안고 있으며 현실을 설명하는 데도 적당하지 않다는 점에서 별로 정확한 개념이라 할 수 없다.

다문화 사회를 문화 다양성이 존중되어 여러 문화가 공존하고 상생하는 사회라는 의미로 사용한다면, 한국 사회가 다문화 사회에 도달하려면 한참 멀었다고 볼 수 있을 것이다. 그러면 문화 다양성의 존중이란 무엇을 의미하는가?

2) 문화 다양성 존중의 의미

문화간의 만남이란 문화를 대표하는 사람들의 만남이며, 다양한 문화간의 소통이란 여러 문화권에서 온 사람 사이의 소통이다. 낯선 문화와의 만남이란 곧 낯선 사람과의 만남이다. 문화 다양성을 인정하는 것은 무엇보다도 먼저 낯선 문화, 낯선 사람 혹은 이방인을 이해하는 데서 출발하는데, 이를 위해 '이방인의 해석학(Hermeneutik der Fremden)'을 발전시킬 필요가 있다. 여기서 첫 번째 과제는, '내'가 낯선 자로서의 타자를 만날 때 '내' 속에 흔히 무의식적으로 상정되어 있는 나와 타자의 관계가 어떠한지를 성찰하는 일이다.

동화주의적 사고방식의 근저에는 타자를 나와 같아야 하는 존재로 상정하는, 타자와 나의 관계를 A=A로 보는 동일성 논리가 전제되어 있다. 유럽의 역사 · 예술사 · 인류학 · 철학 · 소통 이론들을 연구하며,

그 속에서 유럽이 낯선 이들을 어떻게 만나왔는지를 유형화한 독일의 선교 신학자 준더마이어는, 동일성 원리의 극단적 원형을 식민주의적 타자관에서 찾는다. 콜럼버스가 '인도'를 향해 떠날 때, 그는 앞으로 만나게 될 '인도인'이 어떤 사람들인지, 어떠한 역사와 문화를 지니고 있는지에 대해서는 별 관심이 없었다. '인도인'들은 당연히 기독교인이 될 것이며 에스파냐 왕의 신민이 될 거라고 그의 마음속에는 이미 확정되어 있었다. 그들과 의사소통을 하는 데서도, 자신이 그들의 언어를 배운다는 생각은 꿈에도 하지 않았다. 그 대신 그들 중 몇몇을 에스파냐로 데려와 에스파냐어를 가르치고자 했을 뿐이다.[18] 유럽의 식민주의자들이 중남미 식민지 피지배인들을 대하는 태도는 흔히 둘 중 하나였다. 그들을 "가르치고 개화시켜" '나'처럼 인간이 되게 하든지, 아니면 인간이 아닌 사물로 분류하여, 사고팔 수 있는 노예로 만들어버린 것이다. 나와 다른 것에 대해선 인간으로서 생존할 권리조차 박탈해버린 것이다. 오직 A만을 살아남게 하는 사회, A와 다른 것이 존재할 수 없는 사회는 다양성이 아닌 획일성이 지배하는 사회이며, 주류의 폭력이 난무하는 사회다. 일제 식민지 정책으로서, 일본식 성명 강요, 조선어 금지, 신사 참배 강요 등이 이러한 동일성 논리에 입각했는데, 당시 피해자의 위치에 있었던 한국은 이러한 역사에서 무엇을 배웠는지 생각해볼 필요가 있다.

타 문화권에서 온 결혼 이주민 여성들에게 그들의 음식, 그들의 언어, 그들의 예절에는 전혀 관심도 없이 한국의 음식, 언어, 예절만을 강요하는 데는 이러한 동일성 논리가 깔려 있다. 《말해요, 찬드라》라는 책에는, 네팔어로 이야기하는 네팔인 여성을 정신이상자로 오판해 6년을 정신병원에 감금했던 실화가 소개되어 있다. 그 네팔 여성이 정신병원에 감금되기까지, 또 그곳에서 6년을 지내는 동안, 그녀와 접촉한 사람이 여럿 있었을 텐데, 그녀가 구사하는 언어가 정신이상자의 언어가 아닌 외국어일 수 있다는 사실을 아무도 생각하지 못했을까? 자신이 알지 못하는 언어를 들으면서 그 언어가 외국어일 거라 생각지 못하고 정신이상자의 언어라고 단정하게 한 사고방식은 무엇일까? 내가 아는 언어가 아니면 정상적 언어가 아니라는, 일종의 동일성 논리가 여기에도 은연중에 작용한 것은 아니었을까?

문화 다양성을 꽃피게 하려면, 첫째 동일성 논리에 입각한 사고방식을 청산하고 나와 다른 문화를 그것의 고유성 속에서 파악하고 인정할 수 있어야 한다.

둘째, 타 문화와 소통하는 데는 번역 문제가 뒤따른다. 각 문화마다 존재하는 문화적 기호 체계가 다르기 때문이다. 예를 들면, 베트남에서는 나쁜 기운을 타지 않고 무탈하게 잘 자라라고 아기 머리맡에 날카로운 칼을 놓아두는 풍습이 있다고 한다. 실제 충북의 한 마을에서 베트남 태생 며느리가 아기 머리맡에 칼을 놓았다가 경악한 시어머니에게서 정신이상자 취급을 당한 일이 있다.[19] 이 사건은 문화 번역이 이루어지지 않음으로써 발생하는 소통의 부재와 그로 인한 인간관계의 비극을 보여주는 전형적인 예다.

'아기 머리맡에 칼을 놓는 것'은 일종의 문화적 기호이고, 이 기호의 해석은 사회에 따라 다르다. 베트남에서는 축복인 것이, 한국에서는 위협 내지 저주로 해석되는 것이다. 사람이 다양한 외국어를 배울수록, 그가 소통할 수 있고 그에게 의미를 주는 생활 세계가 넓어지고, 지적 · 정신적 · 문화적 삶이 풍부해지게 마련이다. 이는 외국어라는 좁은 의미의 언어뿐 아니라, 문화적 기호를 포함하는 넓은 의미의 언어, 즉 문화 체계에도 해당된다.

문화적 기호가 본래의 문맥을 떠나 새로운 사회적 맥락 속에 놓이면 번역이 필요하다. 사람들은 흔히 낯선 자의 낯선 기호를 번역하는 데서 낯선 자를 객체화·대상화한다. 아기 머리맡에서 칼을 발견하고 며느리를 꾸짖는 시어머니는 이미 자기 나름대로 사태를 해석했으며, 이 과정에서 며느리는 해석 대상이다. 또 다른 예를 들자면, 말이 없는 아시아 학생들이 유럽의 대학에서 덜 똑똑하거나 자신감 없는 학생으로 흔히 간주되곤 한다. 이때 유럽인들은 '침묵'이라는 문화적 기호를 구두 소통이 소통의 중심을 이루는 자신의 문화에 입각하여 해석한 것이며, 이 과정에서 아시아 학생은 해석의 대상이 된 것이다.

이러한 예들은 이방인 혹은 낯선 이들을 문화적 해석 대상으로 삼을 때 올바른 번역이 나오기 어려움을 단적으로 보여준다. 문화의 번역은 '나'와 타자가 모두 함께 번역의 주체로 협력하는 상호 과정이어야 한다.[20] 왜 베트남 며느리가 아기 머리맡에 칼을 놓았는지, 왜 아시아 학생들이 말을 많이 하지 않는지, 주류 사회는 먼저 그들에게 묻고 그들의 말을 경청해야 한다. 그들을 해석의 대상이 아니라 해석의 주체로 인정하고, '나'와 대화를 통해 해석 작업을 진행해야 할 것이다. 그들을 단지 대상으로 삼을 때, 주류 사회는 새로운 것을 배울 기회를 놓친다. 베트남 며느리의 이야기를 경청할 때, 베트남 문화에서 의미하는 화와 복에 대한 관념을 배울 수 있을 것이며 이를 거울삼아 한국 민속에서 화와 복의 관념에 대해 생각해볼 기회가 될 수 있다. 아시아 학생들에게서 아시아 사회에서 침묵의 의미를 경청할 때, 유럽의 학생들과 교수들은 구두 소통과는 또 다른 차원의 침묵의 소통에 대해 배우는 기회가 될 것이며, 타 문화가 가지는 미지의 차원에 대한 감수성을 키우는 기회가 될 수도 있을 것이다. 문화 다양성을 키우자면 낯선 사람을 주체로 대해야 한다.

셋째, 문화 다양성을 존중한다는 것은 다른 문화를 인정하는 데서 그치지 않는다. 다른 문화, 다른 사람과의 만남은 나에게도 영향을 미치기 때문이다. 나를 다른 문화를 향해 열어놓다 보면, 다른 문화와의 만남과 대화, 부대낌을 통해 나 자신이 변할 수도 있다. 자신이 변할 수 있는 가능성을 차단하려 한다면, 만남은 만남으로서 충분한 의미를 가질 수 없다. 문화 다양성이란 목록이 늘어나듯 정태적으로 여러 문화가 덧붙여지는 상태가 아니다. 문화 다양성은 서로를 변화시키면서 각기 새로운 것으로 거듭나는 역동성을 뜻한다.

3) 베트남 동화 순회전

평화박물관 건립추진위원회는 2008년 8월부터 11월까지 서울·안산·춘천에서 〈엄마 나라 이야기〉라는 제목으로 베트남 동화 순회전을 개최한 바 있다. 이 행사는 베트남 어머니와 한국 아버지 사이에서 태어난 아이들이 자라나는 상황에서 일차적으로는 그 아이들에게 엄마 나라 문화를 접하게 해주려는 취지로 기획되었다고 한다. 문화 다양성을 촉진하는 측면에서 이 행사의 사회적 함의는 무척 크기 때문에, 여기서 소개해보고자 한다.

첫째, 다문화 정책이라는 이름하에 시행되는 많은 프로그램이 한국어·한국 요리·한국 예절 강습 등 이주민들이 한국 문화를 배우고 익혀 한국 사회에 적응하는 데 일차 목표를 둔 반면, 이 전시회는 베트남 문화를 한국에 알리는 것이라는 점에서 주목을 끈다. 이주민에게 한국 문화를 가르치려는 것이 한국에서 살아가야 하는 그들에게 실제적 도움이 되는 것은 분명하다. 그러나 여기에서 그쳐버릴 때 이주민을 우리에게 동화해야 할 대상으로 취급하게 될 수도 있으며, 이 경우 우리 사회는 단일 문화를 고수하려는 사회이지, 문화 다양성이 어우러지는 사회가 아니게 된다. 이주민이 우리와 다른 문화를 가진 주체, 우리와 상호 문화적 대화를 나누고 우리와 문화를 교류할 수 있는 주체이며 동반자임을 인식하면서 그들과의 만남을 계기로 그들의 문화를 배우고자 할 때 비로소 우리는 우리와 다른 타 문화를 우리 속에 수용하게 되며, 우리 사회의 문화를 다양화하는 길을 닦게 된다. 이런 점에서 이 전시회는 동화 정책이 아닌, 문화 다양성을 지향하는 기획이라 할 수 있다.

둘째, 베트남 동화 전시회를 위해 한국과 베트남의 화가들이 그린 삽화를 곁들인 베트남 동화책이 출판되었다.[21] 이로써 한국에서 읽을 수 있는 동화가 훨씬 더 많아지고 종류도 풍부해졌다. 한국 문화가 확장된 것이다.

셋째, 그동안 못사는 나라에서 왔다고, 한국말을 잘 못한다고 은근히 또는 노골적으로 베트남 아내를, 며느리를, 혹은 이웃 새댁을 멸시해온 사람들에게, 또 그렇게 멸시를 받아온 베트남 여성에게 이 전시회는 어떤 영향을 줄까? 베트남에 아름다운 문화가 있다는 것, 그곳 역시 기쁨과 슬픔, 노여움과 즐거움을 느끼며 사는 사람들이 있고, 역사가 있고, 그 역사를 기억하며 다음 세대인 어린이들에게 전해주는 문화가 있다는 것을 체험한다는 것은, 그동안 동등한 주체로 인정하지 않고 멸시해온 타자를 새롭게 인식할 기회가 될 것이다. 베트남 여성에게 이 전시회는 자신의 실체를 느끼고 의식하는 기회가 되어 적대적인 환경 속에서도 자존심을 지킬 수 있는 힘을 보태줄 수 있을 것이며, 무시당하는 엄마를 보며 커온 아이에게는 그 무시의 부당성을 조금이나마 깨달을 수 있는 계기가 될 수 있으리라 생각한다.

엄마가 자신의 모국어인 베트남어로 당당하게 읽어주는 동화를 듣는 것도 아이에게 또 주위 사람들에게 베트남 문화를 의식하는 계기, 베트남 여성을 새롭게 인식할 수 있는 계기가 될 수 있으며, '내'가 이해하지 못하는 언어를 들어보는 체험은 베트남 여성이 처한 불편한 언어 상황을 이해하는 데 조그마한 도움이 될 수도 있을 것이다.

넷째, 베트남의 역사·사상·예술·삶의 양식 등 문화를 엿볼 수 있는 계기는, 동시에 우리 자신의 문화를 비춰볼 수 있는 거울이 될 수도 있다. 이러한 비추어봄, 즉 반성을 통해 우리는 새로운 각도에서 우리를 재발견할 수도 있으며, 한국과 베트남 간의 대화를 시작할 수도 있다. 타자라는 거울을 통한 자신의 재발견, 그리고 타자와의 대화는 우리 자신의 정체성을 열린 방식으로 발전시켜가는 데 큰 도움이 될 것이다.

다섯째, 국제결혼이 늘어가는 상황에서 2세들은 부모로 대표되는 두 문화간의 교량 역할을 할 수 있는 잠재력을 갖춘 집단이다(세계화 과정에서 일어나는 여러 종류의 경계 넘기에 의해 하나의 국가를 단위로 하나의 문화를 생각하는 것은 더 이상 적절하지 못하다 할지라도, 국가간의 경계를 아주 해체하는 것 역시 현실을 설명하는 데 부족함을 노정한다. 여기서 부모로 대표되는 두 문화란 부모의 출신 국가 문화만을 뜻하는 것은 아니다).

두 문화간의 교량 역할을 하려면, 두 문화를 모두 잘 알아야 한다. 부부가 서로를 동등하게 존중하며, 서로가 서로의 문화에 대해 존경심을 갖고 있을 때 이들의 자녀는 두 문화 속에서 성장하며, 두 문화 속에서 건강하게 자신의 정체성을 형성해가는 것이 가능하다. 반면 한쪽이 다른 한쪽을 멸시할 때 아이는 자기 속에서 멸시받는 쪽을 완전히 억압하여 존재하지 않는 것처럼 취급하거나(예를 들어 자기 속에 엄마와 같은 베트남적 요소를 다 말살하고, 한국인으로서의 정체성만을 갖고자 하는 경우), 이 시도가 성공하지 못할 때 자기 분열을 일으켜 인격이 제대로 성장하지 못할 가능성이 있다.

최근 독일의 시골에서 한국인 어머니와 독일인 아버지를 둔 한 고등학생이 할머니를 포함하여 가족을 모두 살해하고 자살한 비극적 사건이 있었다. 자세한 사정은 알 수 없으나 주위 사람들의 말에 따르면, 문제의 학생은 자신의 외모가 다수의 독일인과 다르다는 점에 항상 큰 고통을 느껴왔다고 한다. 말하자면 그는 자신의 복수적 정체성을 받아들일 수 없었던 것이다. 다수의(독일적) 정체성을 자기 것으로 하자니 외모에서 나타나는 다름으로 인해 불가능했고, 결국 삶에서 출구를 못 찾은 채 자신과 가족의 죽음을 택한 것으로 보인다. 왜 그는 복수적 정체성을 형성할 수 없었을까? 독일 사회에(혹은 가족 내에) 은근히 존재하는 타민족, 특히 비서구권에 대한 차별, 도시보다 시골에 더 강한 이방인에 대한 폐쇄성이 그로 하여금 자기 속에 존재하는 어머니 문화에 대한 긍정, 그리고 그것을 바탕으로 어머니가 대표하는 한국적인 것과 아버지가 대표하는 독일적인 것을 통합한 자신만의 고유한 혼성적 정체성을 발전시키는 것을 저해한 것은 아닐까?

한 사회 속에 다양한 문화가 공존하며 상생할 때, 그 사회는 엄청난 창조적 역동성을 발휘할 수 있다. 문화적 다양성은 그 사회의 문화적 자산을 풍부하게 해줄 뿐더러 차이를 껴안고 함께 사는 것을 배우게 함으로써 사회를 성숙시킨다. 유네스코의 문화 다양성 선언에서도, "창조는……다른 문화와의 접촉을 통해서 풍성해진다"라고(제7조) 했을 뿐 아니라, 문화 다양성은 "발전을 위한 원천의 하나로서, 발전이란 단지 경제성장의 관점에서뿐 아니라, 지적·감성적·윤리적·정신적으로 좀 더 만족스러운 삶에 도달하는 수단으로서도 이해되어야 한다"라고(제3조) 밝히고 있다.

다른 문화와 공존하는 것은 또한 자기 문화의 한계와 문제성을 깨닫게 함으로써 일종의 자기 문화에서 해방할 수 있게 해주기도 한다. 다른 문화와 비교함으로써 자기 문화가 당연시하는 것들에 대해 문제를 제기하고, 자기 문화 속에서 절대화되었던 것들을 상대화할 수 있으며, 비판 의식을 발전시킬 수 있다.

남자 아이는 학교에서 돌아와 밖에 나가서 놀아도 되지만, 여자 아이는 어머니를 도와 집안일을 하는 것을 당연시하는 사회에서 자란 사람이 아들딸 구별 없이 놀기도 하고 필요하면 집안일도 함께 돕는 것이 당연한 사회를 알게 되었을 때, 어떤 일이 일어날까? 관습의 차이를 느끼는 순간, 최소한 이 차이에 대해 생각하게 될 것이다. 생각한 결과 자기 사회에서와는 다른 관습에 대해 긍정적인 평가를 내릴 수도 있고 부정적인 평가를 내릴 수도 있겠지만 최소한 자신의 문화를 다른 문화와 비교해보았다는 점에서 자신의 문화에 대한 무의식적 절대화에서 벗어나게 된다. 이 과정은 자기 문화와 벌이는 비판적 씨름의 기초가 된다. 자신의 문화를 당연시하면서도 무언가 불편함을 느껴온 사람이라면, 이러한 타 문화와의 만남은 그간 어렴풋이 느껴왔던 비판 의식을 명확히 할 수 있는 계기가 될 것이다. 이는 억압적 문화로부터 자신을 해방시키는 첫 걸음이 될 수 있다.

4. 문화 세계화와 문화 다양성

지켜야 할 중요한 가치로서 '문화 다양성'이 등장한 또 하나의 중요한 배경으로는, 신자유주의적 시장경제가 전 지구적으로 확산하는 틀 속에서 진행된 문화 세계화를 빼놓을 수 없다. 문화적 측면에서 세계화 과정을 평가하는 데는 다음 두 가지 극단적 관점이 존재한다. 하나는, 세계화로 말미암아 다양한 지역 문화가 국제적인 장에 등장·교류하게 되어 전 지구적 차원에서 다양한 문화가 공존하는 모습을 보일 것이라는 전망이다. 다른 하나는, 문화의 독점화와 획일화를 불러일으킬 것이라는 전망이다. 지난 20년 간 문화 영역에서 진행된 변화를 들자면, 이른바 '창의적 산업(creative industries)'을 위한 엄청나게 큰 시장이 전 지구적 차원에서 형성된 점이다.[22] 이 시장을 지배하는 회사는 주로 미국 출신의 몇 개 안 되는 기업들이다. 미국 할리우드 영화의 세계 시장 점유율이 70퍼센트를 넘고,[23] 세계에서 출시되는 음반의 80퍼센트가 단지 네 개의 기업에서 배급되고 있다고 한다.[24]

현실적으로 볼 때 일견 모순적으로 보이는 두 경향, 즉 지역적 문화의 국제화 현상과 미국 문화 산업의 독점적 팽창이 모두 존재하는데, 아무튼 무시할 수 없는 상황은 자본주의적 시장경제의 논리에 의해 문화의 상품화가 문화 전반으로 확장되어가며 문화 자원이 재편되는 점이다. 현재의 추세는 지역 문화의 국제화라는 경향을 감안한다면 문화의 미국화로만 단언하기는 어려울 수도 있겠으나, 시장 논리에 의한 획일화의 진행이라는 점은 부인할 수 없을 것이다.

이런 상황에서 상품으로 환원되어서는 안 되는 문화 영역이 있다는 인식하에, 이러한 영역을 보호할 필요성이 시급히 제기되었다. 아울러 획일화에 대항하여 다양성을 살려내고 지키는 노력이 국제적 차원에서 필요하게 되었다. 특히 "WTO 체제 출범으로 문화가 협상의 주 대상이 되고, 문화를 상품 교역의 대상에서 제외할 것을 주장하는 담론이 확산"되면서[25] 이러한 내용을 담은 국제 협약에 관한 논의가 구체화되었으며, 그 결과가 2005년 유네스코 33차 총회에서 '문화적 표현의 다양성 보호와 증진에 관한 협약'의 채택으로 나타났다. 이 협약은 초국적 문화 자본의 독점적 경제 논리 위협에 노출된 회원국의 문화적 자산 혹은 표현 양식을 보호하는 것을 국제기구 차원에서 제도화한다는 의미를 갖는다.

2001년 채택된 유네스코 '세계 문화 다양성 선언'과 비교해볼 때, 이 협약은 특히 선언문 제8조부터 제11조에서 다루는 내용, 즉 문화적 표현의 다양성에 집중한다. 여기서 문화적 표현이란 "문화 콘텐츠를 지닌 개인 · 집단 · 사회의 창의적 활동의 결과물"로서, 문화 활동, 상품 및 서비스를 지칭한다. 즉, 협약의 목적은 "모든 사람이 문화적 표현에 접근하고 향유하도록 지원하며 다채로운 원천으로 좀 더 거대해진 문화적 표현의 다양성에 관한 창작 · 생성 · 배포 · 보급을 촉진하는 조건들을 보장하고자" 하는 것으로서,[26] 특히 다음 세 가지 사항을 목표로 한다.

첫째, 문화 상품 및 서비스는 정체성 · 가치 · 의미의 전달 수단이라는 특성이 있는 점에서 일반 소비 상품과는 다르다는 점을 국제적으로 인정한다. 이는 국제무역 협상에서 문화 상품들이 단순한 상품 거래 대상과는 다른 위상을 갖는 것을 가능하게 해준다는 의미가 있다.

둘째, 문화 정책 수립에 관한 회원국의 주권을 확인한다.

셋째, 특히 국가 및 국제 차원에서, 문화 상품과 서비스 분야에서 창작·생산·보급을 위한 수단에 접근하는 것이 어려워서 고통을 겪는 모든 국가의 문화적 표현을 지원하기 위한 국제 협력과 결속을 강화한다.

이렇게 볼 때 이 협약은 "어떤 예외도 없이 문화의 완전한 개방과 교역을 주장하는 미국의 〔혹은 전 지구적〕'경제 논리'"로부터, "문화를 자유무역에서 예외적인 대상으로 간주할 것을 주장하는 유럽 및 제3세계 국가들의 '문화 논리'"를 지켜내고자 하는 노력으로 볼 수 있다. 한국에서는 '스크린쿼터제'가 이 협약에 따라 국제적 지지를 획득했다.

그러나 이 협약이 초국적 전 지구적 문화 자본의 위협에 직면한 민족문화를 보호하려는 의도를 정말로 현실 속에서 관철할 수 있는지를 생각해보면 많은 제약점이 있음을 알 수 있다. 먼저, 이 협약에 따라 지지를 받은 한국의 '스크린쿼터제'를 한국 정부 스스로 한미 FTA 협상을 차질 없이 수행하려는 의도로 축소해버렸다.[27] 이는 경제 논리가 문화 다양성 논리보다 우선한다는 사실을 명백히 보여준 것이다. 'FTA와 같은 무역 협상에서 문화 부문의 강력한 개방 요구를 차단할 수 있는 법적 장치를 마련할 수 없다'라는 이 협약이 안고 있는 취약점을 감안할 때,[28] 글로벌 경제의 개방 압박에 대해 '문화는 다른 일반적인 소비 상품과 마찬가지 방식으로 거래 대상이 될 수 없다'라는 선언만으로 맞서기에는 너무 비현실적이 아닌가 하는 의문을 갖게 한다. 더 나아가 협약 자체가 문화를 상품화하는 자본주의적 경제 세계화의 논리를 수용하면서 출발하기 때문에, "국제 교역 정치의 문화화"의 한 형태로서, 기존의 전 지구적 자본주의 헤게모니에 도전하기는 어려울 거라는 지적도 있다.[29]

또한 이 협약은 국가와 민족 간의 문화를 보존하고 지키는 것 중심이어서 개인의 문화 활동에서 구체적 효과를 얻기에는 한계가 있다.

즉, 경제적 세계화가 몰고 오는 시장경제 논리의 일률적인 관철로서의 문화적 세계화에 맞서서 문화 다양성을 실현하려는 국제사회의 노력으로서의 유네스코의 '문화적 표현의 다양성 보호와 증진 협약'은 여러 제약을 안고 있다고 할 수 있겠다.

5. 맺음말

세계화가 급속히 진행되는 오늘날, 문화 다양성의 존중은 어느 때보다 절실한 시대적 요청으로 부각되고 있다. 유네스코에서 채택한 '세계 문화 다양성 선언'(2001)과 '문화적 표현의 다양성 보호와 증진에 관한 협약'(2005)은 이러한 상황을 국제기구적 차원에서 반영하고 있다.

문화가 본래적으로 다양한 것이라고 하나, 그렇다고 해서 문화 다양성이 저절로 발현되는 것은 아니다. 인간 삶의 방식으로서 문화란 온갖 종류의 권력이 인종·성별·계급·세대·종교·언어 등의 맥락과 얽히면서 경합과 투쟁, 억압과 저항이 벌어지는 장이기도 하기 때문이다. 오늘날 사회는 여러 문화의 접촉이 빈번해지고 한 사회 내에서도 점점 더 많은 상이한 문화가 공존해야 한다. 이러한 때 다양성과 차이를 차별과 갈등이 아니라 상호 존중을 통한 삶의 풍요로움으로 이끄는 길을 모색하고 실천하는 일은 이주민 수가 급증하고 문화 세계화 과정에 본격적으로 편입되어 있는 한국 사회에서 역시 중요한 과제다.

한국 사회에서는 다문화에 관한 논의가 활성화되고 있고, 시민사회의 활동에서나 국가 정책에서도 다문화 사회를 지향하려는 노력이 이루어지고 있다. 그러나 아직 다문화 사회가 무엇인가 하는 방향성이 정책 입안자나 일반 시민들에게 명확하게 의식되어 있는 것 같지는 않다. 이주민에 대한 심각한 차별과 인권침해 현상이 존재하는 것은 물론이려니와 이주민에게 호의적이라 할지라도 동화주의적으로 사회 통합을 이루려는 발상이 근저에 깔려 있는 것을 종종 발견하게 되기 때문이다.

다문화 사회에 대한 논의와 실천이 '문화 다양성'을 원칙으로 하여 그 지향점을 분명히 하려면, 즉 여러 문화와 함께 어우러지면서 새로운 열린 정체성을 모색하는 사회로 가려면 '문화 다양성'에 대한 논의는 더욱 활성화되어야 할 것이다.

이는 경제적 세계화와 맞물려 진행되는 문화 세계화 현상에 대해서도 좀 더 의식적으로 문화 다양성을 살리는 관점에서 검토하고 대처할 수 있는 가능성을 키우기 위한 바탕이 될 것이다.

2부
다문화 교육과 국제이해교육

5장
다문화 사회의 도래와
국제이해교육의 역할

김현덕 | 거제대학교 유아교육과 교수

1990년대 이후 한국 정부의 세계화 정책과 함께 국가적 관심을 받으면서 실시되기 시작한 국제이해교육은 사회 변화에 따른 교육적인 대안으로 주목받으면서 7차 교육과정에 반영되었고, 그 후 학교 현장에서 꾸준히 실시되면서 활성화되어왔다. 그러나 최근 한국 내의 혼혈 가정 및 이주노동자 가정의 수가 급속히 증가하면서 다문화 교육이 사회적 이슈로 대두되었고, 기존 국제이해교육과의 관계에서 개념적 혼란이 야기되었다. 이에 현장에 있는 교사들과 관련 학자들은 새롭게 등장한 '다문화 교육'이 '국제이해교육'과 무엇이 다르며, 교육 현장에서는 어떻게 차별화하여 실시해야 하는지에 대한 의문을 갖게 되었다.

'다문화 교육'과 '국제이해교육'의 관계를 대립적으로 보는 시각은 '다문화 교육'이 '국제이해교육'을 대신하게 되었다거나, '국제이해교육'이 '다문화 교육'을 흡수해야 한다는 주장을 편다. 그러나 이 두 영역은 발생 배경과 교육목표, 진행 과정을 역사적으로 고찰해볼 때 시대적 변화에 따라 서로 독자적인 영역을 가지면서 상호 보완적인 관계를 형성해왔다. 따라서 이 장에서는 한국 사회가 다문화 사회로 이동하면서 국제이해교육이 담당해야 할 역할과 과제가 무엇인지를 재조명해 보기로 한다. 이를 위해 먼저 한국 사회에서 다문화 교육의 전개와 개념 정립을 위한 과제들을 살펴보고, 기존 국제이해교육과 다문화 교육의 관계를 살펴본 후, 마지막으로 다문화 사회에서 국제이해교육의 역할과 과제에 대해 논의하고자 한다.

1. 한국에서의 다문화 교육 전개와 개념 정립을 위한 노력

1) 한국 사회에서의 다문화 교육 전개

(1) 배경

한국 사회에서 다문화 교육 논의가 시작된 직접적 계기는 이주노동자의 지속적 증가와 국제결혼의 증가다. 한국에 이주 후 이들은 자녀들과 함께 그동안 한국 사회에서는 볼 수 없었던 다문화 가정을 형성해왔다. 또한 다문화 가정의 아동들은 학교에서 말씨 · 피부색 · 문화 등의 차이로 인해 따돌림을 경험하고, 학습 결손과 부적응 행동을 보이는 등 학교생활에 적응하는 데 많은 어려움을 겪어왔다. 이러한 배경에서 최근 다문화 이해를 위한 교육의 필요성이 증대되었고, 이에 2007년도에 추가 · 보완된 개정 교육과정과 교과서에도 이에 대한 교육이 반영되어 있다.[1] 이와 함께 최근 1~2년 사이에 다문화 가정 자녀를 대상으로 한 연구와 정책이 급속히 증가했다. 또한 매스컴에서도 한국 사회의

'다문화'에 대한 논의를 주요 이슈로 다루어왔다.

따라서 한국의 다문화 교육은 그동안 꾸준히 증가해온 외국인 근로자와 최근 급격히 증가한 여성 결혼이민자들을 중심으로 이들 이주자들의 한국 사회 적응과 그들이 형성한 자녀들의 학교생활 적응을 돕기 위한 방안으로 비롯되었다고 할 수 있다. 최근 1~2년 사이에 마련된 정부의 교육정책을 살펴보면, 다문화 교육은 외국인 근로자 자녀와 국제결혼자 자녀에게 초점을 맞추고 있음을 알 수 있다.[2]

이렇게 국가 정책적인 차원에서의 교육적인 논의가 이루어지기 이전에는 주로 지역 NGO를 중심으로 외국인 근로자에 대한 교육이 이루어져 왔으며, 이들의 자녀를 위한 교육도 각 지역의 '외국인 근로자 센터'에서 주로 담당해왔다.[3] 1990년대 중반 이후 급증하기 시작한 외국인 근로자들을 위한 이들 단체들의 초기 활동은 주로 외국인 근로자가 근무하는 직장에서의 인권유린, 노동기본권의 침해 등에 초점을 맞추었다. 그러다가 가족 단위 이주노동자가 증가하면서 이들 자녀에 대한 교육적 지원 활동까지 담당하게 되었다.

최근 코리안 드림을 꿈꾸고 한국에 이주해 온 외국인 근로자의 수는 급격히 증가하는 추세다(2007년 기준으로 등록 외국인은 63만 627명). 1990년도에 전체 결혼의 1.2퍼센트를 차지하던 국제결혼은 2005년 전체 결혼의 13.6퍼센트에 이를 만큼 크게 증가했으며,[4] 이 숫자는 앞으로 더욱 증가하여 2050년에는 이민자와 그 자녀들의 숫자가 한국 인구의 21.3퍼센트에 이를 것이라는 전망이 나오고 있다.[5] 따라서 이들과 이들 자녀를 위한 교육이 국가적인 주요 정책으로 부상했으며, 이에 대한 대책으로 다문화 교육이 최근 한국 사회의 교육적 화두로 등장하게 되었다.

(2) 현황 및 특징

현재 한국 사회에서 진행되는 '다문화'에 대한 논의는 다문화 사회가 급속히 진전됨에 따라 기본 인프라의 조성 없이 비체계적이고 단기적인 차원에서 진행되고 있다. 이는 몇 년 사이에 봇물 터지듯 쏟아져 나온 정부의 다문화 가정 지원 정책에서도 살펴볼 수 있다. 즉, 최근에 비롯된 정부의 다문화 가정 지원 정책은 교육·복지·사회 및 문화 차원에서 시행되고 있으며, 교육인적자원부(현 교육과학기술부)·여성가족부(현 여성부)·문화관광부(현 문화체육관광부)·농림부(현 농림수산식품부) 등 정부의 여러 부처가 관여하여 주요 사업들이 중첩되어 실행된 경우가 많았다.

또한 다문화 사회에서의 다문화 교육도 주로 '누구를 대상으로 하는가'에 맞춰져 있으며, 그 대상도 외국인 근로자(외국인 이주노동자)와 국제결혼자(결혼이민자) 등에 한정되어 있다. 즉, 현재 한국의 다문화 교육은 노동이나 결혼을 목적으로 온 이주자를 중심으로 그 담론이 진행되고 있으며, 이에 따라 다문화 교육의 내용과 범주도 이들 소수자에게 집중되어 있다.

양영자에 따르면, 현재 한국에서 실시되고 있는 다문화 교육의 교육 내용은 '소수자 적응교육', '소수자 정체성 교육', '소수자 공동체 교육', '다수자 대상의 소수자 이해 교육'으로 분류하고 있다.[6] 먼저 '소수자 적응 교육'은 새로운 이주자가 기존 주류 사회에 적응하도록 하는 교육을 말하는 것으로, 주로 한국어와 한국 문화 교육에 치중되어 있다. 이는 현재 한국의 다문화 교육의 주류를 이루는 교육으로 주류 사회에 동화(assimilation)하는 데 초점이 맞추어져 있다. 즉, 이들 이주자들이 한국 사회와 학교에 성공적으로 적응하도록 돕는 기초 학습 능력과 한국 문화 및 한글 능력 향상 등이 주된 내용으로 구성되어 있다.

한편, '소수자 정체성 교육'은 주류 사회에 이주하여 살고 있는 소수자의 정체성 함양에 초점을 맞추어 이들의 문화에 대한 자부심을 기르는 데 주력하고 있다. 이러한 교육 내용은 한국 사회에 동화하는 데 초점을 맞춘 것이 아니며, 이들이 자신감을 갖고 한국 사회에 적응하는 것을 돕는 차원에서 이루어지고 있다. 그러나 현재 이러한 내용을 다루는 한국의 다문화 교육은 많지 않으며, 일부 대안학교에서 소수자의 정체성 문제를 강조하는 교육을 실시하고 있다.

또한 '소수자 공동체 교육'은 소수자 집단 내에 존재하는 다양한 문화와 출신 국적들 간의 갈등 극복을 주목적으로 하고 있다. 즉, 소수 집단을 하나의 집단으로 보기보다 이들 내에 존재하는 문화적 다양성에 대한 이해를 통해 소수집단의 화합과 공존을 돕도록 하는 교육이다. 이들 소수집단이 한국 사회에 적응하려면 이주자 집단 내에 존재하는 출신국에 따른 갈등이 해결될 필요가 있지만, 이를 위한 교육적 장치는 마련되어 있지 못한 실정이다.

마지막으로 '다수자 대상의 소수자 이해 교육'은 소수집단을 대상으로 한 교육이 아니라 이들과 함께 살아가는 주류 사회를 대상으로 한 교육이다. 즉, 한국 사회의 일반인과 학생들을 대상으로 소수자에 대한 편견과 차별을 없애고 이들과 더불어 살아갈 수 있도록 하는 것이 이 교육 영역의 목표다. 최근 개정된 제7차 교육과정과 교과서에 이러한 요소들이 일부 포함되어 있다.

이상의 다문화 교육 내용은 최근에 들어와 주목을 받기 시작했지만 이에 대한 교육적 논의는 이전부터 있어왔다. 문민정부가 출범한 1990년대 초 정부의 교육개혁안에는 다문화 교육에 대한 내용이 포함되어 있었는데, 당시 세계화를 지향하던 문민정부의 시책에 따라 다문화 이해 교육은 국제이해교육의 한 분야에 포함되어 다루어져 왔다. 이에 따라 제7차 교육과정 이후 국제이해교육 시범학교로 지정된 일선 초·중등학교에서는 국제이해교육의 일환으로 다문화 이해 교육을 실시해왔다. 또한 2001년 유네스코 아시아·태평양 국제이해교육원이 제안한 국제이해교육과정에서도 다문화 이해가 세계화·인권·평화·지속 가능한 발전과 함께 교육의 주요 영역으로 명시되고 있다.[7]

이에 따라 국제이해교육의 일부분으로 다문화 교육을 이해하고 있던 일선 교사들은 최근 사회적·교육적으로 주목을 받게 된 다문화 교육이 기존의 다문화 이해 교육과 어떤 차이가 있는 것인지 개념적 혼란을 겪게 되었다. 이 두 분야의 개념을 명확히 하는 것은 앞으로 우리 사회가 다문화 사회에 성공적으로 대응하면서 동시에 국제화·세계화도 달성해야 하는 과제를 안고 있기 때문에 매우 중요하다고 할 수 있다. 이를 위해 다음에서는 한국 다문화 교육의 개념 형성과 관련된 문제점과 과제를 먼저 살펴보고, 국제이해교육과의 관계를 비교 고찰해보기로 한다.

2) 한국 다문화 교육 개념 형성과 관련된 문제들

(1) 개념의 혼란 및 혼용

한국에서의 다문화 교육은 그 개념 정립이 명확히 이루어지지 못한 상태에서 교육이 이루어지고 있다. 현재 한국에서 실시되는 다문화 교육 사례를 살펴보면, 다문화 교육은 매우 다양한 의미를 갖고 있으며, 교육 내용과 교육 대상 측면에서 많은 혼란을 보인다.

먼저 다문화 교육은 '다문화 가정의 자녀를 대상으로 한 교육'으로 이해되는 경우가 많다. 이 경우 다문화 교육은 외국인 근로자 자녀나 국제결혼자 자녀를 주요 대상으로 하며, 교육 내용은 한국어 및 한국 문화에 대한 교육이 중심을 이루고 있다. 또한 일부 교육실천가나 교육정책자들 사이에서는 다문화 교육을 한국 문화를 세계에 알리는 것으로 이해하고 있으며, 같은 맥락에서 또 다른 일부에서는 세계화 시대에 국제경쟁력을 강화하는 교육으로 다문화 교육을 바라보기도 한다. 나아가 기존에 국제이해교육을 실시해오던 시범학교 교사들은 다문화 교육을 국제이해교육의 일환으로 보기도 하며, 일선 학교나 시도 교육청에서는 다문화 교육을 '귀국자 자녀 교육'과 혼동하기도 하는 등 제각기 다른 시각에서 다문화 교육을 바라보고 있다.[8] 한편 호주 등의 나라에서는 다문화 교육을 국가 통합, 국민 통합을 위한 교육으로 해석하는 데 반해, 한국과 같은 전형적인 단일민족국가에서는 다문화 교육을 국가를 해체하고 국민을 분열시키는 것으로 이해하는 경향도 있다.[9]

이러한 개념상의 혼란은 다문화 교육의 교육 대상, 교육목적 및 교육 내용, 또는 다문화 교육 프로그램이나 교육과정 개발에 커다란 걸림돌이 되고 있다. 그동안 다문화 교육 담론은 주로 필요성에 치중되어왔으며, 개념 정립에 대한 학문적인 고민은 생략된 채 정책 수립과 실행에 몰두해온 감이 있다.

(2) 국제이해교육과의 관계

'다문화 교육(multicultural education)'이란 용어는 우리 사회의 변화에 따라 대두된 것으로서 아직 그 개념이 뚜렷이 정립되어 있지 않다. 또한 기존의 국제이해교육과 어떤 관계에 있으며, 구체적 내용에는 무엇이 포함되어야 하는지에 대해 합의된 것도 없다. 사실 앞서 지적한 바와 같이 1990년대 문민정부가 시작되면서 세계화가 강조되었으며, 이것이 정부의 교육개혁안에 반영되어 일선 학교 현장에서는 '국제이해교육(global education, international education, education for international understanding)'이라는 이름으로 다문화 이해 교육이 함께 시행되어왔다.

그러나 우리 사회에 새롭게 등장한 '다문화 교육'의 개념이 뚜렷이 정립되지 않음으로써 기존의 국제이해교육과 어떤 관계에 있는지에 대해 교사를 포함하여 이 분야에 종사하는 많은 사람이 의문을 갖게 되었다. 일부에서는 다문화 이해 교육이 '국제이해교육' 분야에서 일부 실시되어왔기 때문에 '다문화 교육'이 '국제이해교육'에 포함되어야 한다고 하기도 하고, 또 다른 일부에서는 다문화 사회의 도래에 따라 '국제이해교육' 대신에 '다문화 교육'이 강조되어야 한다고 주장하기도 한다. 또 어떤 이는 다문화 교육의 개념적 혼란이 국제이해교육에서 다문화 교육의 개념·내용·방법을 대부분 차용해오고 있기 때문이라고 보고 있다.

(3) 교육 내용의 성격

다문화 교육의 세부 교육 내용이 소수자가 주류 사회에 적응하도록 하는 동화주의에 머물러 있다는 점도 한국의 다문화 교육의 문제점이라 하겠다. 즉, 다문화 교육을 한국화 교육으로 오해함으로써 교육 내용 대부분이 이를 중심으로 편성되어 있다. 예를 들어 교육 현장에서의 프로그램들을 보면 외국인 근로자, 국제결혼자, 그리고 그들의 자녀를 대상으로 한국어, 한국 문화 교육, 상담 프로그램 운영, 다문화 가정의 지역 문화 체험, 다문화 가정과 일반 가정의 결연 활동에 집중되어 있다. 또한 각 시도 교육청에서 열리는 다문화 가정 자녀 교육의 내용도 지역 문화 유적지 탐방, 전통 예절이나 한국의 '효' 사상 교육 등 한국의 문화와 정신 교육에 치중되어 있다.[10]

　　교육 내용과 관련된 또 하나의 문제점은 다문화 교육을 단일문화적인 관점에서 바라본다는 것이다. 즉, 한국인의 관점에서만 다문화 교육을 바라볼 경우, 우리가 갖고 있는 다문화적 관점이 소수집단에게 강요되어 진정한 의미의 다문화 교육이 훼손될 수 있다. 즉, 소수집단이 갖고 있는 다문화적 관점은 우리의 것과 다를 수 있으며, 그들의 관점에서 보는 한국 문화는 상당히 다를 수 있을 것이다. 따라서 다문화 교육은 서로의 공존을 위해 우리만의 관점이 아닌 그들의 관점도 수용하여 교육 내용에 반영해야 할 것이다. 다문화 사회인 미국의 경우 오랫동안 유럽계 미국인의 관점으로만 다문화 교육이 접근되어 사회 통합에 걸림돌이 되었다는 비판이 있어왔다. 이와 함께 다문화 교육은 소수집단을 동질의 집단으로 간주하는 우를 범하지 말아야 할 것이다. 예컨대 한국에 와 있는 동남아 이주노동자들의 경우 이들의 문화를 동일하게 취급하지 말고 이들 문화간의 차이도 인지하도록 하는 교육이 필요하다.

(4) 교육 대상자의 문제

　　한국의 다문화 교육은 인종적 소수자 대상을 중심으로 이루어져 왔다. 즉, 외국인 근로자나 결혼이주자를 그 주요 대상으로 삼고 있다. 그런데 현재 한국에 거주하는 이주자 중 상당수는 중국에서 온 재외 동포이고 북한에서 넘어와 남한에 정착한 새터민도 많이 있다. 그럼에도 외국에서 온 재외 동포(재입국 재외 동포)나 새터민을 위한 체계적인 교육정책은 미비한 상태다.[11]

이러한 이유로 먼저 한국 다문화 교육의 대상은 소수집단을 인종적 소수자에만 제한하지 말고 한국적인 특수 상황을 고려하여 조선족이나 새터민들을 포함한, 국내에 재입국하는 동포들을 대상으로 하는 교육으로 확대해야 한다. 또한 다문화 교육 대상의 범위는 전 국민이라는 점도 고려해야 한다. 다문화 교육은 소수 이주민 집단을 배려한 특별 교육이 아니라 한국 사회의 모든 구성원이 변화하는 사회에 적응하여 살아갈 수 있는 능력을 신장시키는 교육이어야 한다.

3) 한국 다문화 교육의 개념 정립을 위한 과제

(1) 다문화 교육의 철학적 지향점 확립

한국 다문화 교육이 지향할 수 있는 교육의 방향으로 크게 세 가지를 들 수 있다. 첫째, 주류 사회에 새로 이주한 사람들이 우리 문화에 동화 및 적응할 것을 강조하는 동화 혹은 주류화의 방향이다. 현재 한국에서 진행되는 다문화 교육의 방향이다. 이러한 교육은 이주자 자녀 교육과 여성 결혼이민자(혹은 결혼이주여성)의 자녀 교육 등이 중심이 되고 있다.

둘째, 다양성을 인정하는 다원화의 방향이다. 즉, 새로운 이주자들의 문화 및 정체성을 그대로 인정하고 이를 함양하도록 하는 데 초점을 맞출 필요가 있다. 이는 주류 사회의 다수집단과 새로운 이주자 집단을 있는 그대로 인정하고 나란히 가는 다원화를 강조하는 다문화 교육이라고 하겠다.

마지막으로 '우리' 안에 한국인과 사회 소수자를 융합하는 다문화 교육이다. 이러한 방향에서는 이주자들이 그들의 정체성을 인정받으면서 한국에 적응하도록 독려하고 이들의 사회 참여를 촉진하고자 적극적인 재정적·법적 지원을 하는 한편, 사회의 주류 집단인 한국인들도 이주자들에게 적응하면서 단일민족 중심적인 사고를 완화하는 방향이라고 할 수 있다. 즉, 그들도 변하고 우리도 그들에게 맞춰 어느 정도 변화를 모색하는 가운데 사회의 주류와 소수자를 모두 통합하는 교육이라고 하겠다.

앞으로 한국의 다문화 교육이 어느 방향으로 나아가야 할지 결정하는 일은 다문화 교육의 내용과 프로그램을 개발하기 이전에 먼저 이루어져야 할 과제다. 이러한 문제에 대해 유럽이나 미국은 이미 많은 고민과 논쟁을 한 경험이 있다. 한국의 다문화 교육은 앞에서 언급한 철학적 지향성의 세 번째 방향인 소수자와 다수자의 통합을 지향해나가야 할 것으로 보인다. 이러한 방향으로 나아가려면 앞으로 다문화 교육의 내용도 소수자 적응 교육 차원을 넘어 이들의 정체성 함양 교육과 함께 주류 사회의 다수자를 대상으로 하는 소수자 이해 교육에도 초점을 맞추어야 할 것이다.

(2) 다문화 교육의 대상 집단에 대한 논의

다문화 교육의 다양화와 발전을 위해서는 교육 대상을 명확히 하는 것이 필요하다. 교육 대상을 누구로 하는가에 따라 다문화 교육의 내용에도 많은 변화가 있을 것으로 예측되기 때문이다. 현재 진행되는 한국의 다문화 교육은 새로운 이주민 집단을 대상으로 그들이 한국 사회에 잘 적응하고 정착해서 살 수 있도록 도와주는 동화교육이 핵심을 이루고 있다. 그러나 최근 '2007년 개정 교육과정'을 보면 소수자에 대한 차별이나 편견을 극복하는 다문화 교육이 학교교육 차원에서 도입되고 있다. 이러한 시도는 다문화 교육의 대상을 소수집단에서 일반 집단으로 확대하는 것으로, 교육 내용의 다양화를 가져올 것으로 예상된다.

따라서 관련 전문가들은 앞으로 다문화 교육의 주요 대상을 지금과 같은 한국 사회의 소수집단 중심으로 진행할 것인가, 만일 이들을 주요 대상으로 한다면 지금과 같은 동화교육에 초점을 맞출 것인가, 아니면 소수집단의 정체성 교육뿐 아니라 이들의 평등과 권익 보호를 위한 교육으로까지 발전시킬 것인가에 대해 진지한 고민을 해야 할 것이다.

또한 한국의 다문화 교육은 한국 사회의 주류층을 대상으로 다문화에 대한 이해를 증진시키고 소수집단에 대한 편견을 없애고 관용을 가르치는 것이 주목적인가, 아니면 평등의 관점에서 사회 내의 다문화 소수집단의 자아정체감과 자존심을 높이고 소수집단의 사회 참여를 촉진하기 위해 적극적으로 지원하는 것이 주목적인가에 대한 논의와 합의도 이루어져야 할 것이다.

이러한 교육 대상자에 대한 고민과 함께 다문화 교육에서 다루어야 할 집단의 범주에 대한 논의도 이루어져야 할 것이다. 즉, 인종·민족 집단의 기준만 적용할 것인가, 아니면 좀 더 확장하여 성·사회계층·종교·장애 집단까지 포함해야 하는가에 대해서도 전문가들 사이에서 토론이 이루어져야 할 것이다.

사실 다문화 교육(multicultural education)에서 다문화

(multicultural)는 단순히 다양한 인종이나 민족 집단만을 의미하는 것이 아니라 다양한 소수집단을 의미한다. 즉, 어떤 학자는 집단의 기준에 인종·민족·성의 요소가 포함되어야 한다고 하며, 또 어떤 학자는 이 세 가지 요소 외에도 언어·사회계층·장애 등의 요소가 포함되어야 한다고 주장한다.[12] 따라서 우리나라 상황에 맞는 다문화 교육에서 다룰 소수집단은 어떤 기준에 따라 분류한 집단이어야 하는가에 대해서도 논의되어야 할 것이다.

(3) 기존 국제이해교육과의 협력(연계) 관계 형성

'다문화 교육'에 대한 논의에서 반드시 다루어야 할 중요한 논점 가운데 하나는 기존의 국제이해교육과의 관계에서 어떤 상호 관계를 구축하는가 하는 문제다. 이러한 상호 관계의 구축은 앞으로 다문화 교육의 방향을 정립하는 데 매우 중요하다. 다문화 사회의 여러 문제점을 해결하려면 때로 국제이해교육적인 관점이 필요할 수 있고, 국제이해교육도 세계시민 교육에 필요한 다양한 관점을 다문화 교육에서 발견할 수 있다. 또한 서로의 교육목표가 다르긴 하지만 교육 자료를 상호 공유함으로써 교육의 효과를 증대시킬 수도 있다. 서로가 자기만의 영역을 고집하여 자신의 영역에서 모든 문제를 해결하고자 할 때 교육의 비효율성이 초래될 수 있다.

인종과 문화가 다양하게 공존했던 유럽이나 미국에서는 제2차세계대전 이후 인종간·문화간 대립이 주요한 사회 이슈로 대두되었을 때 이를 해결하고자 '다문화 교육'을 실시했다. 또한 국가간 상호 관계가 더욱 긴밀해지고, 인종간·문화간 갈등이 증가함에 따라 '국제이해교육'이 세계적 차원에서 다양한 인종간의 공존 필요성을 교육하게 되었다. 그러나 이 두 분야는 인종간·문화간 갈등이라는 동일한 주제에 대해 서로의 문제 해결 방식이 더 우월하다는 입장을 취했고, 따라서 교육적 관점에서 상호 배타적인 태도를 보이기도 했다. 그러나 현시점에는 서로의 시각을 존중하면서 상호 접점을 찾는 노력을 진행하고 있다.

따라서 비교적 최근에 이 두 교육 분야에 대한 논의가 시작된 한국의 현실에서는 처음부터 이에 대한 논의를 통해 이 두 영역의 개념과 관계를 명확히 정립하는 것이 필요하다. 또한 이를 통해 상호 협력 체제를 구축하는 것이 필요하다. 이를 위해 다문화 교육과 국제이해교육의 발생 배경과 개념의 차이를 살펴보기로 한다.

2. 다문화 교육과 국제이해교육의 비교 이해[13]

1) 발생 배경 비교

'다문화 교육'과 '국제이해교육'은 발생 배경이 서로 다르다. 먼저 다문화 교육은 한 국가 안에서 발생하는 민족 간의 갈등 해소와 공존을 위한 교육에서 시작되었다.[14] 다문화 교육은 때때로 다인종 교육이라는 용어로도 불리는데,[15] 그것은 다문화 교육이 다인종 사회인 미국과 유럽에서 시작된 교육이기 때문이다.

이들 국가들은 초기 소수 인종이 이주를 시작하던 시기에 이들을 대상으로 동화정책을 실시했다. 그러나 이주민들로 하여금 자신의 전통문화를 버리게 하고 주류 문화에 편입시키려고 한 이 동화정책은 평등 · 정의 및 다양성 인정이라는 민주주의 원칙에 위배된다는 점에서 소수집단뿐 아니라 주류 집단 내에서도 반론이 제기되었고, 이에 따라 다문화 교육이 새롭게 등장하게 되었다.[16] 다문화 교육은 사회 구성원들이 인종적 · 계층적 · 민족적으로 다양화되면서 다양한 구성원의 다양한 욕구를 충족시키기 위한 교육을 목표로 발전되어왔다.

반면 국제이해교육의 발생 배경은 세계화와 깊은 관련이 있다. 국제이해교육은 제2차세계대전 이후 세계 평화와 협력을 강조해온 유네스코가 중심이 되어 시작되었다. 1974년 유네스코는 제18차 총회를 열어 인구 · 식량 · 자원 · 환경 · 에너지 등의 전 지구적인 문제에 대한 교육적 대안으로 "국제 이해, 협력 및 평화와 인권 및 기본적 자유에 관한 권고(The Recommendation Concerning Education for International Understanding, Cooperation and Peace and Education Relating to Human Rights and Fundamental Freedom)"를 채택하고 이를 국제이해교육의 기본 방침으로 제시했다.[17] 이 권고문은 특히 전 지구적인 문제를 해결하려면 국가간의 협력 차원을 넘어 세계 공동체 의식이 중요함을 강조했다.

이렇게 세계 공동체 의식을 강조한 국제이해교육은 20세기 후반부터 급속히 발전한 정보통신과 교통의 발달로 국가간의 경계가 무너지고 세계화가 가속되면서 주목을 받게 되었다. 특히 민주주의와 시장경제 체제가 전 세계적으로 더욱 보편화되고 사람 · 자본 · 기술 · 상품 · 서비스 등의 국가간 이동이 지속적으로 증대됨에 따라, 세계의 상호 의존성에 대한 이해의 필요성을 강조하는 '국제이해교육'은 여러 나라에서 큰 관심을 받게 되었다.

이와 같이 국제이해교육과 다문화 교육은 서로 다른 배경과 동기에서 시작되었다. 국제이해교육의 배경을 세계화의 진행에서 찾는다면, 다문화 교육은 한 지역이나 국가의 다인종화 또는 다문화화에서 찾을 수 있다. 즉, 국제이해교육은 국경이 초월하여 전 세계인이 하나의 공동체적 시각을 갖고 세계 문제를 이해하고 해결해가는 방법을 찾는 교육이라면, 다문화 교육은 특정 지역에서 서로 공존하는 여러 문화권의 사람들이 조화롭게 살아가기 위한 교육이라고 하겠다.

2) 개념적 비교

이 두 교육 분야의 차이점은 다음과 같은 개념 비교를 통해서도 살펴볼 수 있다. 먼저 국제이해교육 개념은 시대적 발전에 따라 그 내용이 조금씩 수정되거나 추가되면서 발전되어왔다. 국제이해교육의 정의를 가장 먼저 구축하고 이 분야의 학자들에게서 가장 많이 인용되는 로버트 한비의 정의는 국제이해교육에서 강조해야 할 세계적인 시각의 다섯 가지 구성요소로서, 시각의 중요성에 대한 자각, 지구 상황에 대한 인식, 문화간 이해, 세계의 역동 체제에 대한 지식, 그리고 인간의 선택에 대한 인식을 강조하고 있다.[18]

이후 국제이해교육의 개념은 우리 삶의 다양한 분야에서 세계화 현상이 더욱 심화되면서 세계의 상호 의존성을 강조하거나, 지구 공동체 의식, 세계시민 의식 등을 강조하는 등 그 개념적 범위를 확대해왔다.[19] 전 세계 국제이해교육 전문가들을 대상으로 합의된 국제이해교육의 개념 도출을 시도한 타이 교수는 그의 연구 결과를 바탕으로 다음과 같은 국제이해교육의 정의를 제시하고 있다. "국제이해교육은 세계 여러 나라가 공통으로 겪는 세계 문제나 세계 이슈에 대한 학습과 경제,

환경, 문화, 정치, 그리고 기술적으로 상호 연결되어 있는 세계 체제에 대한 학습이며 문화간 이해 증진을 위한 학습으로써, 다른 나라 문화를 이해하고 인정하는 학습뿐 아니라 타인의 관점에서 세상을 바라보며, 다른 나라 사람들도 우리와 똑같은 욕구와 필요를 가지고 있음을 인정하는 세계적 시각에 대한 교육이다."[20]

반면 다문화 교육은 사회 구성원들이 인종적 · 계층적 · 민족적으로 다양화하면서 다양한 구성원의 다양한 욕구를 충족시키기 위한 교육을 목표로 발전되어왔다. 즉, 다문화 교육은 이들 다양한 집단간의 차이점이나 공통점에 대한 이해보다 이들의 개성과 독특성을 존중하는 교육을 실시하여 평등(equality), 다양성 내의 통합(unity within diversity), 정의(justice for all)를 중시하는 민주주의적 교육의 실천에 목표를 두고 인종 · 성 · 사회계층 간의 차별을 없애려는 교육을 지향해왔다.[21] 다문화 교육은 추구하는 목적, 교육 현장, 그리고 교육을 주관하는 집단에 따라 다양한 정의가 내려지고 있지만, 학교에서 실시되는 다문화 교육은 기본적으로 인종의 다양성을 긍정적으로 수용하고, 학생들의 인종적 정체성을 존중해야 한다는 가정에 근거한다.[22]

따라서 다문화 교육학자들은 다음과 같은 다문화 교육의 포괄적 정의에 동의한다. 즉, "다문화 교육은 인종 · 성 · 민족, 그리고 사회계층 간의 차이에 대한 이해와 자민족 중심적인 사고와 편견을 극복하고 불평등을 창출하는 사회적 · 역사적 · 경제적 · 심리적 요인에 대한 이해를 통해 학생들이 자신의 개인적인 배경뿐 아니라 국내에 거주하는 다른 집단의 배경까지 이해하도록 돕는 교육"이다.[23]

이상의 개념적 비교를 통해 다문화 교육과 국제이해교육의 차이점을 종합적으로 고찰해보면 다음과 같이 정의할 수 있다. 다문화 교육은 다양한 사회계층 · 성 · 인종 · 문화 집단에 소속한 사람들이 차별받지 않고 평등한 학습 기회를 가질 수 있도록 학교 체제를 바꾸려는 '개혁 운동'이라 할 수 있으며, 국제이해교육은 세계의 상호 의존성에 대한 이해를 증진하고자 세계적 관점의 교육, 문화간 이해에 대한 교육, 세계 문제 및 이슈에 대한 교육, 그리고 세계 체제에 대한 교육을 포함하는 '세계시민 교육'이라고 할 수 있다.

3. 국제이해교육과 다문화 교육의 상호 의존성[24]

미국의 경우는 다문화 교육과 국제이해교육의 역사가 개별적으로 진행되어 각자 서로 다른 영역을 구축해왔다. 역사적으로 볼 때 미국의 다문화 교육과 국제이해교육은 그 교육 내용과 교육 주도 세력에서 큰 차이를 보인다. 먼저 다문화 교육은 아프리카계 미국인들이 주도가 되었으며, 특히 시민운동 · 평등 · 사회정의 · 유색 아동의 학업성취도 향상에 관심을 가진 몇몇 사람의 노력으로 시작되었다. 이러한 다문화 교육은 소수민족의 다양성과 평등을 강조했다. 반면, 국제이해교육은 제2차세계대전 이후 외교정책, 지역 연구, 교육의 국제적 교류 등에 뿌리를 두고 있다. 따라서 국제이해교육은 미국 학생들이 새롭게 형성되고 있는 세계 체제에 대한 이해와 세계 여러 나라 사람들과의 상호 관련성을 이해하는 것을 돕기 위한 것으로 유럽계 미국인에 의해 실시되었다.

　이와 같이 서로 다른 배경에서 출발한 두 영역은 서로의 관점을 인정하지 않고 근 20년 동안 서로 반목하는 관계를 형성해왔다. 다문화 교육은 국제이해교육이 국내문제에는 관심이 없고 국제문제에 너무 몰두하여 현실적이지 못하다고 한 반면, 국제이해교육은 다문화 교육이 국내문제에만 몰두하여 편협한 시각을 가졌다고 했다.

이를 좀 더 구체적으로 살펴보면, 일부 다문화 교육학자들은 국제이해교육이 미국 학교와 지역사회에서의 다양성과 평등에 대해 교육할 수 있도록 교사들을 준비시키지 못했으며 유색 아동의 교육의 질 향상을 위해서도 거의 노력을 하지 않았다고 비판했다. 반면, 국제이해교육 학자들은 다문화 교육이 미국 소수민족 계층의 지위 향상을 위한 노력에만 초점을 맞추어 교사들을 교육시키고 있다고 비판했다. 또한 미국 사회를 구성하고 있는 모든 문화에 대한 교육이나 미국 내의 다양성과 평등의 문제를 전 세계의 정치 · 경제 · 환경 · 사회적 불평등 및 다양성과 연결시키지 못하고 국내문제로만 한정하고 있다고 비판했다.[25] 이러한 서로간의 반목은 재정적인 지원, 교사 교육 프로그램에서의 교육과정 확보, 그리고 사범대학 내에서 지위를 확보하려는 경쟁으로 계속 이어졌다.

이와 같이 다문화 교육과 국제이해교육의 관계는 1990년대 중반 이후부터 미국 내 주요 이슈가 되어왔다. 그런데 최근 서로 다른 목표를 지향하는 이 두 교육 영역 간에 새로운 관계를 모색하려는 노력이 일부 학자들에 의해 시도되고 있다. 이들 학자들이 발견한 가장 중요한 사실은, 이 두 교육의 개념과 목표가 이론적으로는 서로 다른데도 교실 현장에서는 이러한 차별화가 명확히 이루어지지 않고 교육이 실시된다는 점이었다.

먼저, 교실 현장에서 이 두 교육은 모두 논쟁이 심한 사회적인 이슈를 다룬다는 사실과 비판적 사고(critical thinking)를 고취시킨다는 점에서 공통점을 보였다.[26] 또한 기본적인 교육목표의 차이가 있음에도 실제 교육 현장에서 서로가 상대방의 교육 내용에 접근하는 교육을 실시하는 사례가 많이 발견되었다.[27] 즉, 다문화 교육을 실시하는 교사들은 국내적으로 매우 민감한 사항인 다인종 간의 다양성 존중 및 평등 문제를 다루는 것이 부담스러웠던 반면, 좀 더 멀리 떨어져 있는 아프리카 국가나 일본의 문화적 다양성 문제는 훨씬 다루기 쉬웠던 것이다. 이러한 성향으로 다문화 교육을 하는 교사들도 실제에서는 국내의 인종차별주의, 불평등 문제보다 다른 나라의 문화 이해나 정의를 다룸으로써 국제이해교육에 좀 더 근접하는 교육을 실시하게 되었다.[28]

이와 같이 이론적인 관점과 달리 학교 현장에서 다문화 교육과 국제이해교육이 통합된 관점에서 시행될 수 있었던 것은 국내문제가 다루기 힘든 주제였던 것 이외에도 현대사회의 급속한 변화에서 그 원인을 찾을 수 있다. 사실 최근까지는 다문화 교육은 한 사회 내에 살고 있는 소수집단의 교육에만 관심을 가졌다. 그런데 세계화가 급속히 진행되면서 지구 상의 모든 국가가 생태 환경·핵무기·인권·자원 부족 등의 세계적인 문제에 대처해야만 했고, 이에 다문화 교육도 세계적인 관점의 교육까지 포함하게 된 것이라고 볼 수 있다. 이런 맥락에서 일부 학자들은 '세계 다문화 교육(Global Multicultural Education)'이라는 신조어를 사용하기도 한다.[29]

다문화 교육과 국제이해교육은 교육 이념과 목적에서 공통점이 많이 발견된다. 즉, 두 교육 모두 다양성 존중, 관용 증진, 상호 의존성의 이해, 갈등 해결, 문화 이해, 학제적 접근법 사용, 소수집단의 권리 보호 등의 목적을 공유한다. 또한 21세기에는 문화적 다원주의가 지역사회·국가·세계적 차원에서 보편적인 가치관으로 자리 잡게 될 것이기 때문에 이 두 분야는 상호 밀접한 관계를 갖고 발전할 가능성이 높다.

따라서 한국에서는 그동안 국제이해교육 관련 연구를 실시했던 연구자나 교육자들이 다문화 교육에 동참할 경우 두 교육은 '더불어 사는 세상 만들기'라는 공동의 교육적 목적을 추구하는 데서 협력 관계를 구축하는 계기를 마련할 것이다.

4. 국제이해교육에서의 다문화 교육

앞에서 언급한 바와 같이 1990년대 초 정부의 교육개혁안에는 국제이해교육의 한 분야로서 다문화 교육에 대한 내용이 포함되어 있었다. 이에 따라 제7차 교육과정 이후 국제이해교육 시범학교로 지정된 일선 초·중등학교에서는 다문화 이해 교육이 실시되어왔다. 그러나 당시에는 다문화 사회에 대한 인식이 적었기 때문에 사회 내 소수민족을 대상으로 한 다문화 교육이 아니었으며, 주로 일반 학생을 대상으로 한 다문화에 대한 이해(multicultural understanding) 교육이 중심을 이루었다.

2000년대 들어와 다문화 사회에 대한 인식이 증가하면서 국제이해교육의 주요 내용에는 다문화 교육이 특히 강조되기 시작했으며, 2001년 유네스코 아시아·태평양 국제이해교육원이 제안한 국제이해교육과정에서도 다문화 이해가 세계화·인권·평화·지속 가능한 발전과 함께 교육의 주요 영역으로 명시되었다(유네스코 아시아·태평양 국제이해교육원, 2003). 그렇지만 다문화 교육은 국제 이해라는 큰 틀에서 인권·평등·정의 등의 주제를 다루는 것이었으며, 여전히 다문화 이해를 통한 타 문화 수용 및 존중 태도의 함양을 교육의 주요 목표로 했다.

국제이해교육에서의 다문화 교육이 다문화 사회에서 역할을 하려면 현재 교육 내용의 한계를 뛰어넘을 필요가 있다. 즉, 다문화 이해(multicultural understanding)에서 한 걸음 더 나아가 문화간 이해(cross-cultural understanding) 교육으로 발전해야 한다. 다문화 이해가 서로의 문화가 다름을 이해함으로써 타 문화의 수용을 강조한 것이라면, 문화간 이해는 차이점보다 상호 공통점을 발견하는 것을 강조한다. 따라서 문화간 이해는 문화간 차이보다는 문화의 보편성을 더 강조한 것으로,[30] 다문화 사회에서 상호 공존을 모색하는 데 큰 역할을 할 수 있다.

또한 다문화 사회에서의 국제이해교육은 이질 문화에 대한 이해와 함께 문화간 이해라는 관점에서 우리 문화를 바라보는 보편적인 시각을 함양하도록 해야 할 것이다. 즉, 우리 문화를 이해하는 데서 우수함만을 강조하기보다 타 문화와 교류하는 관점에서 공통점과 유사점을 이해해야 한다. 가끔 세계화 시대를 맞이하여 각 지역마다 우리 문화의 '우수성'을 알리는 행사가 개최되는데, 우수성만을 지나치게 강조하거나 우리 것만 우수하다고 주장하는 태도는 다문화 사회에 알맞은 태도가 아니다.

국제이해교육은 열린 자세로 있는 그대로의 한국 문화를 세계에 알리는 태도를 갖도록 교육해야 한다. 그럼으로써 외국인에게 반감을 줄 수 있는 자민족 중심적인 사고와 태도에서 벗어날 수 있을 것이다.[31] 따라서 세계화 시대에 불필요한 우월감 같은 요소는 완화시킬 필요가 있으며, 우리 문화에 대한 객관적 시각을 갖는 것이 중요하다. 이러한 측면에서 다문화 시대의 국제이해교육은 문화간 보편성의 이해에 초점을 둔 문화간 이해에 좀 더 강조점을 두어야 한다.

그동안 우리나라 학교 문화는 과도한 민족주의적 지향성을 보여왔고, 따라서 자문화 중심적인 요소가 학교 교육과정 곳곳에서 발견된다. 이러한 자문화 중심적인 교육과정은 새롭게 우리 사회에 편입한 다문화 가정 아동들의 기본적인 교육권 및 생존권을 배려하지 못하고 있다. 또한 최근 새롭게 실시되고 있는 다문화 교육 프로그램도 많은 부분은 다문화 가정 아동들을 한국 사회에 동화하는 데 초점을 맞춘 분리 프로그램의 성격을 갖고 있다. 이러한 교육은 다문화 가정 아동들에게 기회 균등과 공정성을 보장하는 교육이 된다고 할 수 없다. 반면, 고학력 전문직 외국인의 자녀는 한국 문화에 동화하라는 압력 없이 그들만을 위한 특별 엘리트 교육을 받고 있는 실정이다. 따라서 한국에 거주하는 외국인 자녀들의 교육은 이원화되어, 엘리트 백인 이주민 자녀를 위한 특별 엘리트 교육과 이주노동자 자녀를 위한 동화교육으로 나누어져 있다고 할 수 있다.

분리적이고 이원화된 다문화 교육은 앞으로 문화간 이해라는 국제이해교육의 목표 아래 통합되어 모든 계층을 아우르는 융합 프로그램으로 거듭나야 한다. 즉, 국제이해교육의 틀 안에서 실시되는 다문화 교육은 이주노동자 자녀, 엘리트 백인 이주민 자녀, 그리고 한국인 자녀를 대상으로 공평하고 다양성을 존중하는 교육으로 나아가야 한다. 특히 그동안 국제이해교육이나 다문화 교육에서 배제되었던 한국에 살고 있는 백인 전문직 자녀를 대상으로 해서도 문화간 이해를 도모하는 교육을 실시하여 문화적 우월감의 문제점을 인식하게 해야 한다. 앞으로 다문화 교육의 문제는 소수 관련자 집단의 문제만이 아니라 우리 사회 구성원 모두의 문제로 인지하고 이에 대한 교육 프로그램을 개발해야 한다. 또한 학교교육 과정에서도 다원주의적 요소를 삽입해야 한다. 예를 들면 우리 사회를 구성하는 다양한 문화의 가치를 인정하고 다문화 가정 아동들에게 자기 문화에 대한 자존감을 길러주도록 교육과정을 재구성해야 한다. 또한 혈연을 강조한 민족주의적인 서술을 지양하고, 한국사에서 배제된 다양한 민족과 문화적 소수자의 존재를 발굴하고 이들의 공헌에 대한 서술을 교과서 내용에 삽입·수정해야 한다.

한편 국제이해교육을 통해 가장 한국적인 것도 여러 문화가 상호 교류한 결과물이라는 것을 가르치는 것이 중요하다. 즉, 단일문화인 듯한 한국 문화에도 세계 여러 나라의 문화적 요소가 함께 존재한다는 것을 가르치고, 이러한 문화간의 상호작용·교류·역동성이 세계를 형성해왔다는 것을 학생들에게 교육해야 한다. 또한 이주민들의 다양한 문화가 한국 문화의 형성에 기여한 역사도 가르쳐야 한다. 이를 통해 역사적으로 여러 문화가 서로 접촉·교환·상호 의존을 되풀이하며 끊임없이 존재해왔고 오늘날 세계 문화 형성에 기여했다는 점을 강조함으로써 잘못된 문화적 우월주의나 배타적 문화순혈주의를 불식할 수 있을 것이다.

한편 현재 우리나라 다문화 이해 교육은 서구 문화에 편향된 경향이 많다. 이러한 서구 문화 편향성은 현재 우리나라 학교에서 사용되는 교과서에서도 살펴볼 수 있다. 특히 초등학교 예체능 교과서를 분석한 박철희는, 양적·질적 측면에서 서양의 미술 작품·음악·게임이나 표현활동이 다른 지역의 것들보다 지나치게 많다고 지적하면서 비서양 지역의 비율을 늘릴 것을 제안한다.[32] 즉, 문화적 다양성을 추구하는 것이 자칫 선진국의 언어와 문화를 지향하는 방향으로 가는 것을 경계하는 것이다. 그런데 국제 이해를 증진하려면 서구 문화 중심에서 벗어나 비서구 세계의 문화 소개 비중을 늘리는 것도 중요하지만, 외국 문화나 우리나라 문화를 소개하고 문화에 대한 이해를 증진하고자 할 때 자민족 중심적인 시각이 아니라 세계적인 시각으로 해석하는 것을 가르칠 필요가 있다. 즉, 다양한 관점의 존재를 인정하고 다른 관점에서 사물을 볼 수 있는 능력을 지도하는 것이 중요하다.

이러한 교육을 위해 국제이해교육에서는 다른 관점이나 시각으로 쓰인 문학작품이나 역사책을 읽고 토론하게 할 수 있다. 또한 우리가 일상생활에서 접하는 책이나 미디어 등의 많은 정보에 숨어 있는 기본 가설·편견·문화적 기준·가치관 등을 조사하게 함으로써 세계적인 시각을 증진시킬 수 있다. 이 밖에도 지역사회나 국내 또는 국외 소외 집단들의 시각도 세계적 시각을 증진시키려는 학습에 활용될 수 있을 것이다. 최근 늘어나고 있는 결혼이주여성의 한국 사회 부적응 현상은 무리하게 조선 시대 며느리상을 요구하거나 한국화를 강요하면서 야기되는 것이라 볼 수 있다.[33] 이러한 문제를 해결하려면 결혼이주여성들의 다른 관점을 인정하고 그들의 문화 정체성을 유지하도록 하는 것이 한 가지 해결 방안이 될 수 있다는 것을 이해시킬 필요가 있다. 또한 이들도 우리와 똑같은 욕구와 필요를 가진 사람들로 인정해야 하며, 나아가 학교교육 과정에서도 소수 인종 집단의 관점이나 경험에 배치되지 않는 내용이 다루어져야 할 것이다.

최근 한국 사회에서 이루어지는 다문화 교육 프로그램은 주로 이주민을 대상으로 이들의 인권침해나 소수자 권리 보호 사업에 집중되어 있다.[34] 또한 학교의 다문화 가정 자녀 지원 프로그램도 다문화 가정 아동의 부적응 문제에 집중되어 있으며,[35] 이들을 일반 한국 학생들과 구별하여 도움을 주어야만 하는 대상으로 간주한다. 그런데 이러한 도움은 다문화 가정 아동들에게는 자신들이 일반 학생들과 다른 존재임을 확인하게 하는 계기가 됨으로써 의도와는 달리 때로는 다문화 가정 아동들에게 상처가 되기도 한다. 현재 진행되는 다문화 교육의 문제점 가운데 하나는 개발도상국의 국민을 '가난하고 불결하고 도움이 필요한 존재'로 인정하면서 이들에 대한 부정적인 정체성을 형성한다는 것이다. 특히 결혼이주자와 그 결혼에서 출생하는 자녀들의 경우, 법적 지위는 한국인인데도 이들을 분리하여 동화시키려고 하면 오히려 차별을 강화할 소지가 있다. 따라서 인권 차원에서 이주자 본인의 출신 문화를 상실하지 않으면서 한국 내에서 차별받지 않을 권리를 부여하고, 이들의 자녀도 부모 양쪽의 문화를 모두 존중하고 향유하도록 해야 할 것이다.

개발도상국의 국민을 차별화하는 다문화 교육의 문제점을 시정하려면 국제이해교육에서 강조하는 타 문화 수용과 존중의 태도, 세계인과 더불어 조화롭게 살아가는 세계시민 의식의 양성이라는 요소를 다문화 교육에서 강조해야 한다. 즉, 다문화 가정 아동들은 한국 아동보다 여러 가지로 능력이 떨어진 아이들로 보기보다 한국 아동들이 가지고 있지 않은 새로운 능력을 가진 아동들로 인정하고 이들이 자신의 능력을 십분 발휘할 수 있는 환경을 조성하는 데 노력을 기울여야 할 것이다. 더 나아가 아프리카나 아시아의 문화가 우리와 다른 재미있는 문화라는 것을 알려줌으로써, 부정적으로 차별화하기보다 공존과 존중, 평등, 정의를 강조하는 세계시민 교육을 다문화 교육 실시의 주요 과제로 삼아야 할 것이다. 과거 국경을 경계로 한정되어 있던 시민권의 개념을 전 지구적 차원의 세계시민권으로 확장시키는 것은 그야말로 국제이해교육 안에서 이루어질 수 있는 적극적인 다문화 교육의 방향이라고 할 수 있다. 이러한 교육을 통해 사회 내의 소수자가 다수와 동등하게 시민사회를 향유할 수 있을 것이다.

5. 다문화 사회에서의 국제이해교육의 역할과 과제

최근 국제이해교육에 대한 논의가 다문화 교육에 묻히는 현상은, 다문화 사회로의 이동이라는 새로운 이슈가 우리 사회에 던지는 큰 파장과 함께 이질 문화의 이해라는 측면에서 두 분야의 교육 내용이 유사하다는 데에서 그 원인을 찾을 수 있다. 따라서 본 절에서는 현재 우리나라에서 다문화 사회의 도래와 함께 논의의 초점이 되고 있는 국제이해교육의 역할과 다문화 교육과의 상호 협력 방안에 대해 논의하고자 한다. 유사하게 보이는 국제이해교육과 다문화 교육은 지향하는 바에서 분명 차이가 있으며, 유사점과 함께 그 차이점을 인식하는 것이 앞으로 다문화 사회에서 국제이해교육의 역할과 방향을 정립하는 데 중요할 것이다.

먼저 다문화 교육과 국제이해교육은 역사적으로 다른 배경에서 출발하여 그 목적과 교육 내용에서 차이를 보인다. 다문화 교육은 다민족 사회 내의 갈등 해소와 공존을 위한 교육에서 시작했고, 특정 지역 사회 구성원의 문화적 차이에 대한 극복을 주요 교육 내용으로 한다.[36] 이에 반해 국제이해교육은 제2차세계대전 이후의 세계화 진전과 밀접한 관련이 있다. 전후의 세계는 국가간 관계가 더욱 긴밀해졌으며, 정치 · 경제 · 사회 · 문화 · 환경 등 다양한 측면에서 상호 의존적인 관계로 발전했다. 이러한 배경에서 국경을 초월한 공동체적 시각을 함양함으로써 세계적 문제를 해결하고자 등장한 것이 국제이해교육이다.[37]

다문화 교육과 국제이해교육은 교육목표에서도 서로 차이가 난다. 다문화 교육은 다문화에 대한 이해를 목표로 하고 이를 통해 동일한 사회 내의 인종간 편견을 없애고 조화로운 사회를 지향하려는 교육인 반면, 국제이해교육은 '다문화'가 아닌 '타 문화' 및 국가간 문제에 초점을 맞추며 세계시민으로서의 자질 함양을 목표로 하는 교육이라고 할 수 있다. 따라서 다문화 교육과 국제이해교육의 근본적인 차이점은 다문화 교육이 국내에 거주하는 소수민족에 초점을 두는 반면, 국제이해교육은 이들을 포함한 '타 국가의 문화'에 초점을 맞추고, 국제적 이슈나 세계 문제의 해결을 지향하는 국제화·세계화 교육이라고 할 수 있다.[38]

이와 같이 다문화 교육과 국제이해교육은 그 발생 배경이 다르며 교육목표에서 차이를 보인다. 그렇지만 다른 문화에 대한 이해라는 측면에서 두 교육 분야는 그 필요성에 대한 인식을 같이한다. 즉, 두 교육 분야 모두 이질 문화에 대한 이해가 편견을 없애고 조화로운 관계를 형성하는 데 핵심적인 요소임을 강조하고, 다양성과 관점의 차이 존중, 인간과 문화의 상호 의존성 이해 등을 교육의 주요 목표로 설정하고 있다. 다만 차이가 나는 측면은 다문화 교육이 같은 사회 공동체 구성원의 다양한 문화를 대상으로 하고 있으며, 국제이해교육은 세계 각국의 문화를 포괄하고 있다는 점이다. 그렇지만 이 둘의 관계는 상호 보완적일 수 있다. 그것은 세계 각국의 이질 문화를 이해하는 것은 국내 소수인종의 문화를 이해하는 데 도움이 될 수 있으며, 마찬가지로 국내 소수 인종에 대한 이해는 추상적일 수 있는 타 문화에 대한 이해의 깊이를 심화할 수 있기 때문이다.

또한 다문화 교육과 국제이해교육은 상호 보완적인 관계를 통해 서로의 한계를 극복할 수 있다. 역사적으로 보아 미국에서 이 두 교육 분야가 한때 심한 반목 관계를 형성했던 것은 다문화 교육이 국내문제에만 집착하여 편협하고, 국제이해교육은 국내의 현실과 무관한 세계 문제에 더 집중함으로써 현실성을 잃었다는 상호 비판 때문이었다.[39] 그러나 국내문제가 국제문제로 발전하고 국제문제가 국내문제와 밀접한 관계를 갖는 양상이 확대됨에 따라, 이 두 교육 분야는 서로의 관점을 수용함으로써 스스로의 한계점을 극복하고 상호 보완적인 관계로 발전해갈 수 있을 것이다. 특히 환경·인권·평화·빈곤 등의 문제는 국내문제가 국제화되고, 국제 이슈가 국내화될 개연성이 매우 높기 때문에 양 측면에서 함께 접근할 필요성이 늘어날 것이다.

따라서 국제이해교육과 다문화 교육이 상호 배타적인 관점을 갖는 것은 바람직하지 않다. 오히려 서로의 영역을 인정하고 발전해가면서 공통의 주제를 발견하여 보완해나가는 노력이 학교 현장에 더 부합하며, 두 교육을 더 효과적으로 실시하는 데 도움이 될 것이다. 이러한 맥락에서 앞으로 두 분야의 교육이 발전되어가는 과정에서 서로의 특성이 유지되고 공통점이 강조되는 연계 프로그램의 개발이 필요할 것이다.

한편 국제이해교육과 다문화 교육을 함께 강조하여 교육과정을 개발하는 과정에서 역사에 대한 다원적 시각의 함양, 세계적 시각과 문화 간 이해의 개발, 인종주의적 편견과 차별의 불식을 위한 지식과 기술의 습득, 지구 상황에 대한 이해와 세계의 역동 체제에 대한 인식 증진 등의 핵심적 요소들은 교육 내용에 반드시 포함될 수 있도록 해야 할 것이다.[40] 이러한 주제들은 국제이해교육과 다문화 교육이 상호 보완적인 관계를 형성하는 데 필수적 요소이며, 국내적 접근과 국제적 접근이 동시에 필요한 분야라고 할 수 있다.

이제 세계는 상호 관계가 밀접해지고 교역이 더욱 증가하면서 세계인들의 교류도 점점 빈번해지고 있다. 이에 지구 상의 어느 국가도 다문화 사회로 진전하는 데서 예외일 수가 없게 되었다. 과거 단일민족 국가임이 강조되었던 한국 사회도 급속하게 다문화 사회로 이동하고 있으며, 최근 지역사회에서도 다양한 언어와 인종을 쉽게 볼 수 있는 환경이 되었다. 이렇게 다양한 인종과 문화가 지역사회에서 만나게 되면서 문화간의 이해와 문화적 약자에 대한 보호 장치가 어느 때보다 절실하게 요구된다. 따라서 과연 한국 사회가 이들 다양한 문화권에서 온 주민들이 차별받지 않고 편안하게 생활할 수 있는 지역인가에 대해 진지하게 생각해보아야 할 시점이 되었다고 할 수 있다.

한 국가의 이미지는 매우 중요한 역할을 하게 되었다. 그런데 한국인들은 외국인을 동료·친구·이웃으로 받아들이는 데에는 비교적 수용적 태도를 보이나, 이들 외국인들을 가족이나 국민으로 받아들이는 데는 매우 소극적이고 배타적인 태도를 보인다.[41] 이러한 태도는 다문화 가정 아동 교육에도 영향을 미친다. 즉, 다문화 가정 자녀들을 미래 한국 사회에 공헌할 잠재력을 가진 존재로 인정하여 이들에게 공헌할 기회를 주려고 노력하기보다는, 일반 한국 아동보다 능력이 부족하여 교육시켜야 할 대상으로 정형화하는 것은 바람직하지 않다. 이러한 부정적인 태도는 아시아 지역 내뿐 아니라 세계적인 차원에서도 한국을 세계화·국제화 수준이 낮은 국가로 머물게 하고 있다. 앞으로 국내 이주민의 문제가 해결 과제로 남아 있는 것은 타 문화에 대한 이해와 관용이 중요하며, 이는 국제이해교육이 기여해야 하는 영역이 점차 넓어져 감을 보여주는 것이라 할 수 있다.

또한 다문화 사회에서 추구하는 다문화주의의 개념적 범주를 확대해야 한다. 즉, 다문화주의는 인종간의 문화적 다양성만을 의미하는 것이 아니며, 이들 다문화 출신들 사이에서도 언어·계층·종교 등에 따른 다양성을 고려해야 한다. 이러한 모든 계층이 포함된 다문화 교육의 실시는 국제이해교육의 틀에서 더욱 효율적으로 실시할 수 있을 것이다. 그것은 국제이해교육의 대상이 다문화 가정뿐 아니라 다양한 사회계층·종교·성·언어 집단들까지 포함하기 때문이다. 따라서 앞으로 다문화 교육은 국제이해교육의 관점을 흡수하여 교육 대상층을 확대해야 하며, 하위문화 계층의 다양성을 고려하여 다층적으로 접근해야 할 것이다.

앞으로 세계는 더욱더 상호 의존적으로 되어갈 것이다. 이에 따라 21세기에는 과거 폐쇄적인 민족주의적 사고보다는 적극적이고 개방적이며 세계적인 시각이 필요하게 되었다. 따라서 세계화는 한국의 고유한 전통문화와 이질적인 문화 요소들간의 통합을 요구한다. 앞으로 한국 사회에서 이주 인구의 장기적인 증가가 예측되는 상황에서, 이들을 분리하고 동화하려는 교육은 오히려 차별을 강화할 여지가 많다. 따라서 이들이 한국 사회에서 위계적인 공존이 아닌 평등한 공존을 향유할 수 있도록 평등·존중·공존·정의를 강조하는 세계시민 양성이 국제이해교육의 중요한 목표가 되어야 할 것이다. 즉, 한국 사회를 구성하는 모든 시민을 대상으로 한 세계시민 교육을 통해 지구촌화되어가고 다문화화되어가는 사회에서 국제이해교육의 역할이 지속적으로 유지·확대되어나갈 수 있을 것이다.

6장
문화 다양성과 문화이해교육[1]

유철인 | 제주대학교 철학과 교수

1. 세계는 점점 같아지는가

코카콜라와 맥도날드는 미국을 상징할 뿐만 아니라 소비의 세계화 또는 문화의 세계화를 나타내는 상징이 되었다. 전세계적으로 200여 개국 사람들이 마시고 있는 코카콜라는 자사의 인터넷 홈페이지에서 "당신이 코카콜라를 즐기는 미국의 학생이든, 홍차를 마시는 이탈리아 여성이든, 주스를 원하는 페루의 아이든, 함께 조깅한 후 생수를 사는 한국의 연인이든, 우리는 당신의 곁에 있다"고 선전하고 있다. 그러면서 생각, 행동, 종족적(ethnic) 배경 등이 다양한 소비자들을 코카콜라를 마시는 하나의 범세계적인 사람으로 만들겠다고 선언하고 있다.

맥도날드 역시 120여 개국 소비자들에게 제품과 서비스가 언제 어디서나 동일할 것이라는 확신을 심어주기 위해 노력하고 있다. 어느 맥도날드 매장의 햄버거를 먹든 다른 맥도날드 매장의 햄버거와 같을 것이며, 다음주 또는 내년에 먹을 햄버거도 오늘 먹은 햄버거와 같을 것이라고 말이다.

초국가적 상품인 코카콜라를 마시고 맥도날드 햄버거를 먹는 것처럼, 지구촌 사람들이 같은 것을 소비하는 현상은 점점 많이 나타나고 있다. 소비의 세계화와 함께 지구촌의 문화적 차이도 겉으로는 매우 좁아지고 있는 것처럼 보인다. 교통과 통신이 발달하고 자본주의가 지구 전체로 확산되면서, 세계는 점점 더 상호의존적인 세계로 좁혀지고 있기 때문이다. 그러나 문화의 다양성을 중시하는 인류학자들은 세계화의 영향 때문에 전세계가 주도적인 서구 모델로 동질화되어 간다는 일반적인 인식을 잘 받아들이지 않는다.

그렇다면 세계가 겉으로는 점점 같아지는 상황에서 어떻게 문화의 차이를 발견할 수 있을까? 조지 마커스(George E. Marcus)와 마이클 피셔(Michael M. J. Fischer)는 인간의 능력과 행동, 자아에 대한 생각, 감정의 표현 등의 기초가 되는 사람다움(personhood)이라는 개념이 문화적 차이를 잘 보여준다고 주장하였다.[2] 예를 들어, 인도네시아의 발리(Bali) 사람들은 모든 개성과 즉흥적인 감정이 체계적으로 억압된 채, 단지 비인격화된 역할을 수행하는 것처럼 행동한다.[3] 따라서 사람다움과 감성 구조에 대한 발리 사람들의 개념은 프로이트(Sigmund Freud)가 이야기한 유럽의 자율적인 자아와는 사뭇 다르다. 유럽의 자율적인 자아는 감정적인 압박이 한꺼번에 폭발하는 것을 막기 위해서, 그때그때 감정을 발산하거나 다른 데로 돌려야만 한다. 그러나 발리 사람들은 다른 사람들과 부드러운 관계를 가지려고 노력하기 때문에, 재난 중에나 가까운 친척이 죽었을 때조차 감정 없이 연극적인 자아를 내보인다.

문화적 차이를 보여주는 사람다움은 테크놀로지를 사용하는 방식에도 드러난다. 카리브 해안의 트리니다드(Trinidad)에서 인터넷이 어떻게 사용되는지를 다룬 한 민족지는 인터넷이라는 전세계적이며 범문화적인 영역에서 '트리니다드 사람다움'이 어떻게 드러나는지를 보여주고 있다.[4] 트리니다드 사람들은 일상생활에서 잡담을 나누거나 어슬렁거리기를 좋아한다. 이들이 사이버 공간에서 여러 가지의 인터넷 사이트를 돌아다니는 것도 트리니다드 사람들의 이러한 전통적인 사회성을 보여준다.

특히 이메일(e-mail)은 트리니다드 사람들에게 흔히 있는 지속적이고 당연한 일상의 잦은 접촉을 가능하게 해주고 있다. 트리니다드의 전통적인 대가족 구조는 점차 핵가족이라는 서구 모델로 바뀌고 있다. 동시에 외국의 대도시로 이주하는 사람이 많아져 국제적으로 이산가족의 형태로 사는 사람들이 많아졌다. 그러나 이렇게 공간적으로 떨어진 가족 구성원들은 이메일을 통해 전통적인 가족생활을 지속하고 있다. 트리니다드 사람들이 자연스럽게 생각하는 전통적인 가족생활의 모습은 서로를 적극적으로 돌봐주고 지원해주는 것이다. 현실 공간에서는 핵가족 구조를 보이지만, 사이버 공간을 이용해 전통적인 대가족 생활을 유지해가는 것이다.

사람다움은 심층적 의미체계이기에 우리가 사람다움의 문화적 차이를 쉽게 관찰할 수가 없다. 그러나 각국에서 맥도날드 햄버거와 감자튀김을 먹는 방식의 차이는 보다 쉽게 관찰된다. 미국 사람들은 햄버거를 먹을 때, 포장지를 벗긴 후 맨손으로 햄버거를 먹는다. 이에 반해 우리나라에서는 포장지에 싼 채 먹는 사람들이 많다. 그러나 감자튀김을 먹을 때는 미국 사람처럼 손으로 집어먹는다. 손에 기름이나 음식이 묻는 것을 싫어하는 독일 사람들은 맥도날드 매장에 비치된 나무로 만든 일회용 포크로 감자튀김을 찍어 먹는다. 또한 우리는 여러 사람이 같이 먹을 때 보통 각자의 감자튀김을 한곳에 모두 모아놓고 먹는다. 마치

밥상의 반찬을 여럿이 나누어 먹듯이, 각자 주문한 감자튀김을 다시 한 꺼번에 모아놓고 먹는 것이다.

2. 유네스코와 문화 다양성

각국의 소비자들이 자신들의 음식문화에 맞게 맥도날드 햄버거를 먹는 것처럼, 지구촌의 사람들은 같은 것들을 공유하면서도 지역마다 다양 하게 살아가고 있다. 그렇지만 세계가 겉으로는 점점 같아지는 상황은 문화 다양성을 위협하고 있다. 이와 동시에, 사람다움과 사회적 관계의 속성에 대한 생각과 감정에 뿌리 깊게 자리 잡은 문화적 차이는 문화간 이해를 필요로 하고 있다.

이에 따라 유네스코는 2001년 10월 〈유네스코 세계 문화 다양성 선언(UNESCO Universal Declaration on Cultural Diversity)〉을 채택하였 다. 이 선언은 서문에서 현재의 세계를 "새로운 정보 통신 기술의 급속 한 발전에 따른 세계화 과정이, 문화 다양성에 대한 도전이자, 문화 및 문명 간의 새로운 대화를 위한 조건을 형성"하고 있다고 보았다. 선언 에 나타난 유네스코의 문화 개념은 기본적으로 집단의 생활양식이라는 근대 인류학의 문화 개념을 따르고 있다. 선언은 서문에서 "문화는 사 회와 사회구성원들의 독특한 정신적 · 물질적 · 지적 · 감성적 특징의 총체로 간주되어야 하며, 문화는 예술 및 문학뿐 아니라 생활양식, 함 께 사는 방식, 가치체계, 전통과 신념을 포함한다는 것을 재확인"한다 고 이야기하였다.

문화 다양성에 대한 담론 및 유네스코 문서들을 검토한 〈유네스코와 문화 다양성 이슈 : 검토 및 전략, 1946-2000〉이라는 연구보고서에 따르면, 유네스코의 문화 개념은 네 가지 단계를 거쳐 진화하면서, 발전의 개념과 민주주의의 가치까지 포함하게 되었다.[5] 첫 번째 단계에서는 문화를 예술 생산의 관점에서 다루고, 국민국가를 단일한 실체로 간주하였다. 두 번째 단계는 문화의 개념이 정체성 그 자체를 표현하는 개념으로 확장된 시기였다. 이 단계는 냉전 시기라는 맥락에서 등장한 강대국들의 지배와 이념적 제국주의에 대한 저항이 증대되던 시기와 일치한다. 세 번째 단계에서는 문화의 개념이 발전과 연계되기 시작하였고, 가장 최근의 단계에서는 문화를 민주주의와 연계시켜, 문화 다양성의 개념이 모든 관련 문제들과 의미들을 포괄할 수 있도록 확장되었다.

가장 최근에 유네스코가 생각하는 문화의 개념은 〈세계 문화 다양성 선언〉 제2조에서 민주주의와 창조성을 강조하는 문화 다원주의의 개념에 잘 나타난다. "문화 다원주의는 문화다양성을 정책적으로 구체화하기 위한 것이다. 민주 체계로부터 분리할 수 없는 문화 다원주의는 문화 교류와 공공의 삶을 유지하는 창조적인 역량을 풍성하게 하는 데 이바지한다"(제2조의 일부).

문화 다양성에 대한 논의는 특정 사회나 국민국가의 국경 '내부의' 문화 다양성에 대한 논의와, 국민국가들, 사회들, 그리고 문화들 '사이의' 문화 다양성에 대한 논의로 나누어 볼 수 있다.[6] '내부의' 문화 다양성에 대한 접근 방법으로는 대표적으로 절대주의적 시각과 다원주의적 시각이 있다. 절대주의는 문화 다양성이 다수와 소수, 주류와 비주류 문화간의 차이에서 발생한다고 보는 시각이다. 어떤 사회나 국가든 주류 또는 지배적 문화가 있다고 가정하고, '타자'로 통칭되는 소

수 집단, 토착민, 이민자 등은 지배적 문화를 받아들여야 한다는 것이 이러한 시각의 핵심이다.[7]

타자에게 다수 집단으로 완전히 편입할 것을 요구하는 이러한 동화 정책은 다양성과 타자성(otherness)을 파괴한다는 점에서 문제가 있다. 반면에 지배당하고 있는 타자가 차이를 주장할 때, 주류 사회와 권력 엘리트 집단이 엄청나게 생색을 내며 그러한 차이를 인정하는 경우에는 어떨까. 그럴 경우에도 정치적 영역의 완전한 시민의식과 경제적 재분배 정책이 수반되지 않으면, 문화적 차이는 곧 문화적 장벽이 되어, 주변화, 차별, 배제 등을 낳게 되는 문제가 있다. 이러한 문제는 제3세계의 다국적 기업이나 외국인 노동자를 고용하는 작업장에서 잘 볼 수 있다.

현대는 세계화라는 이름으로 자본주의가 전 지구적으로 확산되면서, 국가의 경계를 넘어 자본과 상품, 그리고 사람들이 이동하고 있다. 제3세계의 다국적 기업에는 경제적 보편 원리로 대표되는 서구 자본주의 체제의 문화와 그 기업이 운영되는 지역적 수준에서의 문화가 만나 상호작용이 일어난다. 어떤 상황에서는 본국의 문화와 현지의 문화가 구분되고, 또 다른 상황에서는 두 문화간의 차이가 무시되고 있다. 이렇게 문화간의 경계를 만들어내고 허무는 것은 초국가적 자본의 흐름을 원활하게 하기 위한 전략이라 할 수 있다.[8]

한국에 있는 일부 다국적 기업은 현지 고용인들이 본국의 경영 방식을 따르도록 요구한다. 경영자들은 이를 위해 본국과 현지인 사이의 문화적 차이와 민족성의 차이를 강조한다. 예를 들어, 한국 사람은 직장에서 윗사람이 자리를 비우면 금방 해이해지지만 미국 사람들은 그렇지 않다는 점을 들어, 한국 사람은 자율성이 없다는 식의 지적을 하는 것이다.

이에 대해 현지 고용인들은 자신들의 경제적 이익과 생존권을 위해 다국적 기업의 토착화를 비롯해 자신들의 문화적 특수성을 존중해주기를 요구한다. 고용주와 고용인 간의 권력·관계 속에서 힘이 없는 현지 고용인에게는 자신의 문화를 내세우는 것이 유일한 무기이기 때문이다. 이들은 특정한 방식으로 한국적인 것을 새롭게 개념화해서 자신들의 요구를 관철하는 데 이용한다. 그러나 이는 오히려 본국과 현지인 간의 문화적 차이를 '문명'과 '야만' 이라는 절대적인 차별로 만들어버리기도 한다. 즉, 현지 고용인들이 주장하는 문화적이라는 의미를 외국인 고용주는 일종의 보편적 자아가 되기에 부족하고 불완전한 상태로 이해하는 것이다.

외국인 노동자를 고용한 한국의 공장은 한국에 있는 다국적 기업과 정반대의 모습을 보여준다.[9] 다국적 기업에서는 한국 사람들이 야만인이 되지만, 외국인 노동자 고용업체에서는 외국 사람들이 야만인이 된다. 한국 사람들은 외국인 노동자들과 이야기할 때 잘사는 우리와 못사는 너희를 자주 대비시킨다. 한국 사람들은 외국인 노동자들이 어느 나라에서 왔든, 이들이 어떠한 문화적 배경을 갖고 있든 상관하지 않고 자신들보다 열등한 하나의 '인종'으로 취급하려는 경향이 있다. 한국인 고용주들이 인정하는 이러한 차이 때문에 고용주들은 이들에게 싼 임금을 지불하고, 노동조건을 지키지 않아도 무방하다는 생각을 하게 된다.

'내부의' 문화 다양성에 대한 다원주의적 시각은 흔히 '다문화주의'라 불린다. 전세계 국가들 중 최초로 1988년에 〈다문화주의법(Multiculturalism Act)〉을 제정한 캐나다에서 다문화주의는 대체적으로 세 가지 현상을 가리킨다.[10] 첫째, 다문화주의는 캐나다 사회가 인종, 종족, 문화적으로 다원화된 사회라는 인구학적 현상을 가리킨다. 둘째, 다문화주의는 문화 다양성을 긍정적으로 인식하고, 가치 있게 여기고, 존중하려는 사회적 이념인 문화적 다원주의를 말한다. 셋째, 다문화주의는 문화 다양성을 보호하고, 인종, 종족, 국적에 따른 차별과 배제 없이 모든 개인이 평등하게 기회를 가질 수 있도록 보장하는 정부의 정책과 프로그램을 가리킨다.

문화 다양성에 대한 다원주의적 접근 방식은 기본적 인권과 문화 민주주의의 가치에 따라 종족, 젠더, 언어, 인종, 성 정체성에 따른 모든 소수 집단들의 동등한 참여에 초점을 맞춘다. 다양한 집단의 역동적인 공존을 의미하는 다원주의가 추구하는 이상은 공적 영역에서 창조적인 접촉과 변화를 허용할 수 있는 조건을 만들어내는 것이다. 또한 다양한 문화 집단이 자신들의 정체성을 재창조할 수 있게 하며, 그러한 정체성이 시간의 흐름에 따라 창조적으로 진화할 수 있도록 하는 것이다.[11]

한국의 공장에서 일하는 외국인 노동자들 중 일부가 자신들을 열등한 '인종'으로 취급하는 것에 대응하는 한 양상을 보면, 다원주의가 긍정적으로 가져올 수 있는 모습을 어느 정도 상상할 수 있다. 예를 들어, 한국 사람들이 자기들만 깨끗한 문명인인 것처럼 말하면서, 손으로 밥을 먹는 것은 야만적이라고 생각하는 것에 대해, 한 스리랑카 노동자는 이렇게 말한다. 한국 사람들이 자신의 집 화장실은 잘 건사하면서도 공중화장실은 더럽게 사용하는 것을 보면, 사실 자기네들보다 더 지저분한 사람들이라고 말이다. 한국 사람들의 이중적인 처신을 비판하면서 자기네 문화의 순수성에 대한 자부심을 지키는 것이다. 이렇듯 외국인 노동자들은 한국 문화를 나름대로 비판하면서 자존심을 충족시키며, 자기 문화에 대한 정체성을 확립하는 것이다.

문화들 '사이의' 문화 다양성에 대한 대표적인 접근 방법은 상대주의적 시각으로 문화 다양성을 이해하는 것이다. 상대주의는 '내부의' 문화 다양성에 접근하는 방법의 하나이기도 하다. 문화 다양성에 대한 올바른 시각으로 창조적 다원주의를 주장한 글에서는 상대주의가 문화의 보편성—모든 인간은 문화적 존재라는 사실, 즉 인간의 행동은 자신이 속한 집단 내부에서 의미를 갖는다는 인식—을 극단으로 몰고 갔다고 비판하였다.[12] 상대주의에서는 문화간의 경계가 고정된 것으로 간주되며, 한 문화의 기준은 다른 문화에 적용될 수 없다고 본다는 것이다. 그러나 '내부의' 문화 다양성에 대한 다원주의적 시각, 즉 다문화주의 역시 문화를 고정된 사물인 것처럼 취급하며 문화간의 경계를 고착시킨다는 이유로 종종 비판을 받아왔다.[13]

따라서 상대주의가 더 많이 비판받고 있는 부분은, 어떤 한 가지 특성은 주어진 문화 속에서만 정당화되고 해석될 수 있다고 보는 시각이다. 이러한 시각에 따르면, 모든 문화는 다른 외부적인 어떤 것에 의해서도 판단될 수 없는 정당한 것이라는 것이다. 관용과 무관심을 특징으로 하는 극단적인 상대주의에 대한 이러한 비판은 문화 상대주의(cultural relativism)에 대한 올바른 이해로 해결할 수 있다. 인류학에서 강조하는 문화 상대주의는, 다른 문화에 대한 판단을 해서는 안 된다는 극단적인 상대주의가 아니라, 다른 문화를 그 사람들의 시각에서 이해하려는 방법론적 개념이다.

한건수는 여성할례라는 문화적 관습을 예로 들어 인류학의 문화 상대주의를 다음과 같이 설명하였다.[14] 문화 상대주의는 여성할례를 이슬람이나 아프리카 일부 지역의 문화적 관습이기에 맹목적으로 인정하거나 존중해야 한다고 주장하는 것이 아니다. 이러한 관습이 왜 이들 지역의 문화에서 만들어지고 유지되는가를 이해하는 도구로 문화 상대주의적 관점을 적용하자는 것이다. 문화 상대주의는 어린 여자 아이가 여성할례라는 의식을 거쳐 이들 사회에서 온전한 성인 여성으로 변화한다는 문화적 믿음이 어떻게 만들어지고 어떻게 내면화되는가를 이해하려는 것이다. 이러한 문화적 믿음이 만들어지고 내면화되는 과정을 이해할 때, 해당 문화 집단의 주류 세력이 자신들의 기득권을 옹호하고 재생산하는 방식을 밝혀낼 수 있다. 나아가서 문화 상대주의적 시각으로 특정 문화에서 행해지는 여성할례를 이해할 때, 모든 문화—특히 자신의 문화—에 존재하는 차별과 억압의 문화 요소를 찾아내고 개선할 수 있는 방법을 모색할 수 있다.

사람들이 문화간의 경계를 넘나드는 세계화 시대에 절대주의든, 상대주의든, 다원주의든 간에 문화간의 경계를 고정된 것으로 간주하는 시각으로 문화 다양성을 이해하려는 데에는 문제가 있다. 문화간의 경계를 넘어 다른 나라로 이주한 사람들의 삶에는 문화의 혼성화 현상이 일어나기 때문이다.

1997년 여름에 나는 중국에 사는 조선족의 생활문화를 조사하기 위해 요녕성을 다녀왔다. 조선족과 한족의 생활문화가 어떻게 만나는지는 조선족의 식생활에 뚜렷하게 나타나고 있다.[15] 조선족 음식은 콩기름이나 돼지기름으로 볶은 반찬과 고춧가루를 집어넣은 반찬이 대표적이다. 기름에 볶은 반찬은 한족의 영향을 받은 것이다. 그러나 기름에 볶은 야채볶음에도 대개는 볶아낸 후 다시 고춧가루에 버무린다. 고춧가루가 들어감으로써 조선 음식의 정체성을 확보하는 셈이다. 소의 천엽을 무치던 한 아주머니는 나에게 "고춧가루가 모자라요?"라고 묻기도 하였다. 조선족들이 한국 사람들에 비해서 고춧가루를 더 적게 쓰고 있지는 않는지 은근히 걱정이 되는 모양이었다.

해외의 한인동포들에게 한민족을 나타내는 대표적인 민족음식은 이주 지역의 음식문화에 따라 달라진다. 이는 음식이 소수 민족의 정체성 정치(identity politics)에 주요한 수단이 되기 때문이다. 이주민의 대표적인 민족음식은 이주민들과 함께 사는 다른 민족의 음식과 대비되거나 또는 유사성에 기반을 두고 나타난다. 말린 대구를 물에 담갔다가 무치는 대구무침은 미국 이민 초기에 하와이로 이민을 간 한인들의 대표적인 음식이었다. 그러나 이제는 참치를 무친 '아히 포키'(Ahi Poke 혹은 Ahi Poki)와 마찬가지로 대구무침은 하와이의 현지(local) 음식이 되었다.[16]

일본 오사카시[大阪市] 이쿠노구[生野區]의 제주 출신 재일동포 2세가 차례를 지내는 모습에도 문화의 혼성화 현상이 보인다. 1997년 2월에 내가 방문한 집에서는 설날에 일이 있기 때문에 설날 아침에 차례를 지낼 수가 없었다. 따라서 밤 12시가 지나 설날이 되자 바로 차례를 지냈다. 이는 제사 지내는 방식을 따른 것이다. 제주도에서 전문대를 졸업하고 일본어를 공부하기 위해서 마침 그 집에서 머물고 있던 오촌 조카는 나한테 제주도 같으면 상상도 할 수 없는 일이 아니냐고 귀띔을 하였다.

차례를 지내고 음복을 하면서 2세는 나에게 무엇이 가장 인상 깊었느냐고 물었다. 캔 맥주를 따서 제주(祭酒)로 올린 것이 가장 특이했다고 대답하였다. 장손인 3세는 돌아가신 아버지가 했던 대로 한 것뿐이라고 설명하였다. 차남인 2세는 맥주가 일본의 식생활에서 매우 친숙한 것이기 때문에 제주로 올리는 것이 아니겠냐고 반문하였다. 그러면서 미국에 사는 동포들은 콜라가 그들의 생활에서 매우 큰 비중을 차지하고 있기 때문에 코카콜라를 제주로 쓸 수도 있지 않겠느냐고 덧붙였다.

문화의 혼성화 현상이 활발하게 일어나고 있는 상황에서 유네스코는 문화들 '사이의' 문화 다양성을 주로 문화산업의 논리로 접근하고 있다. 유네스코는 문화 다양성을 국가간, 문화간의 문화 상품과 서비스의 균형 있는 교역의 필요성을 나타내는 원칙으로 본다.[17] 문화와 경제를 연계시키고 있는 이러한 접근 방식에 따라, 〈문화적 표현의 다양성 보호와 증진 협약(Convention on the Protection and Promotion of the Diversity of Cultural Expressions)〉이 2005년 유네스코 총회에서 채택되었다.

문화의 총체성에 바탕을 둔 〈세계 문화 다양성 선언〉을 구체적으로 실천하기 위해 채택된 〈문화적 표현의 다양성 보호와 증진 협약〉에서는 문화 다양성이 문화적 표현의 다양성으로 축소되면서, 문화 상품과 서비스를 생산·배포하는 문화산업에 초점을 맞추었다. 협약에서 사용된 문화 다양성의 정의는 다음과 같다. "'문화 다양성'은 집단과 사회의 문화가 표현되는 다양한 양식을 말한다. 이러한 표현들은 집단 및 사회의 내부 또는 집단 및 사회 상호간에 전해진다. 문화 다양성은 여러 가지 문화적 표현을 통해 인류의 문화 유산을 표현하고, 풍요롭게 하며, 전달하는 데 사용되는 다양한 방식뿐 아니라, 그 방법과 기술이 무엇이든지 간에 문화적 표현의 다양한 형태의 예술적 창조, 생산, 보급, 배포 및 향유를 통해서도 명확하게 나타난다"(제4조 제1항).

협약의 제4조 제1항에서 문화적 표현은 집단 및 사회의 내부 또는 집단 및 사회 상호간에 전해진다고 이야기했듯이, 협약은 '내부의' 문화 다양성에 대한 논의와 '사이의' 문화 다양성에 대한 논의가 상호배타적이 아니라는 것을 보여주었다.[18] 또한 협약은 전문에서 "민주주의, 관용, 사회정의, 그리고 사람과 문화간의 상호존중의 틀 안에서 번성하는 문화 다양성이 지방, 국가, 국제적 차원에서 평화와 안전을 위하여 필수불가결하다"고 적고 있다. 이에 따라 협약은 국가가 자국 영토 내에서 문화적 표현의 다양성을 보호하고 증진하기 위해 어떠한 조치라도 취할 수 있는 권리를 존중하는 동시에 문화들간 균형 있는 교류를 증진할 방안에 초점을 맞추었다. 세계화는 시장 원리의 강력한 확대 속에서 문화 갈등을 조장하는 새로운 형태의 불평등을 야기하고 있기 때문이다.[19]

3. 문화적 권리와 문화이해교육

트리니다드 사람들이 인터넷을 사용하는 것에서 볼 수 있듯이, 범세계적인 최첨단 기술도 실제로는 지역적으로 다르게, 문화적으로 해석되어 받아들이고 있다. 또한 한국의 다국적 기업이나 외국인 노동자를 고용하는 한국 기업의 경우에서 볼 수 있는 것처럼, 문화간의 경계를 넘나드는 현상이 일어나고 있는 곳에서도 자신들의 문화를 새롭게 만들어내고 있다. 문화간의 경계를 넘어서 해외로 나간 한인들의 음식과 의례에는 문화의 혼성화 현상이 일어나고 있다. 따라서 점점 전 지구적으로 통합되는 세계는 각 지역마다 같은 것들을 공유하면서 한편으로는 미묘한 차이를 나타냄으로써 여전히 나름대로 다양한 모습을 보여줄 것이다.

　문화의 혼성화 현상과 문화간의 경계를 넘나드는 현상이 일어나고
있는 전 지구적 상황에서, "인류 공동의 유산이며 현재와 미래세대를
위한 혜택"(《세계 문화다양성 선언》 제1조)인 문화 다양성을 어떻게 구현
할 것인가. 이를 위해서는 문화적 권리(cultural rights)를 보다 명확하게
규정하여, 모든 사람의 문화적 권리가 보장되어야 한다. 또한 문화적
권리를 인식하고 존중하며 실천하기 위해, 모든 사람에게 문화 교육 혹
은 문화 이해 교육(cultural education)을 실시하는 것이 필요하다.

　문화적 권리의 성격과 범위는 문화라는 개념에 따라 달라질 수 있
다.[20] 학자들뿐만 아니라 유네스코도 문화의 개념을 문학, 철학, 예술
등에 국한하지 않고, 독특한 특징, 사고방식, 생활양식 등을 포함해 폭
넓게 이해하는 경향이 있다. 나아가서 문화는 개인과 공동체가 가지는
정체성의 표현이기 때문에 문화적 권리는 문화적 정체성에 대한 권리
(right to cultural identity)까지 포함해야 한다고 주장하는 학자들도 있
다. 그렇다면 문화적 정체성을 어떻게 규정할 수 있을까?

　재미한인 대학생들이 한국어 수업에 참여하는 과정에서 드러나는
담론을 분석한 조혜영에 따르면,[21] 재미동포 2세들이 영어 화자가 되었
다는 것으로 미국화된 정체성을 보유하게 된다거나, 한국어를 배움으
로써 '한국적인' 정체성을 회복하게 된다기보다는, 다양한 언어 스타
일과 역동적인 언어 사용이 재미한인으로서의 복잡한 정체성을 구성하
는 한 요소로 작용하게 된다는 것이다. 즉, 재미동포 2세들을 하나의
정체성으로 규정하기가 어렵다는 것이다. 상황에 따라 종족적 정체성
(ethnic identity)이 선택될 수 있듯이,[22] 문화적 정체성도 상황에 따라
여러 모습으로 표현될 수 있는 것이다.

문화 다양성을 절대주의적 시각으로 바라보게 되면, 문화적 정체성에 대한 권리는 외국인 혐오, 국수주의, 동족 의식과 같은 긴장 상태를 조장할 수 있으며, 사회 내에서 그들만을 따로 떼어내서 특정 문화 공동체로 낙인찍을 수 있다는 비판을 받는다. 또한 주변 집단이나 소수 집단들이 문화적 정체성을 스스로 강조하는 것은 구조적 종속 특히 경제적 착취에서 오는 박탈감에 대한 문화적 대응전략일 뿐이라는 한계가 있다.[23] 예를 들어, 제주사람들의 생활방식이 상당한 정도로 '육지식'으로 바뀌고 있는 상황에서 제주사람이라는 문화적 정체성은 육지사람인 외부인과 경계를 지속하는 데 기여하는 장치로만 작용하고 있다.

　　문화적 정체성에 대한 이러한 비판과 소수 집단의 문화적 정체성이 갖는 한계 때문에 〈세계 문화 다양성 선언〉의 초안에는 문화 정체성을 광범위하게 정의하고 문화 정체성 존중에 관한 규정이 마련되었지만, 최종적으로 채택된 선언문에는 단지 문화적 권리의 중요성만 다음과 같이 강조되었다.[24] "문화적 권리는 보편적이고 분리할 수 없으며 상호의존적인 인권의 핵심 요소이다. 창조적 다양성의 번성은 〈세계인권선언〉 제27조와 〈경제·사회·문화적 권리에 관한 국제 규약〉의 제13조 및 제15조에 명시된 문화적 권리의 전적인 실천을 요구한다. 모든 사람은 자신이 선택한 언어로, 특히 모국어로 자신의 작품을 창조하고 배포할 자유를 누릴 수 있어야 하고, 문화 다양성을 전적으로 존중할 수 있도록 하는 양질의 교육과 훈련을 받아야 한다. 또한, 인권과 기본적 자유를 존중하면서 자신이 선택한 문화적 생활에 참여하고, 문화적 실천을 행할 수 있어야 한다"(〈세계 문화 다양성 선언〉 제5조). 〈경제·사회·문화적 권리에 관한 국제규약〉 제15조의 내용은 〈세계인권선언〉

제27조의 내용과 거의 같고,[25] 제13조에서는 교육에 대한 권리를 규정하였다.[26]

그러나 유엔에서 채택한 선언이나 국제 규약, 그리고 유네스코가 채택한 선언은 문화적 생활의 정의를 제공하지 않고 있다. 따라서 문화생활 참여권은 예술이나 문학과 같이 문화적 실체를 포함하는 생산물에 참여하는 권리로 해석되어왔다. 그러나 이러한 협의의 문화 개념에서 언어, 종교, 관습, 교육 등과 같은 과정적 측면을 포함하는 광의의 문화 개념으로 발전해가고 있다. 예를 들어, 〈경제 · 사회 · 문화적 권리에 관한 국제규약〉의 제27조는 종족적, 종교적, 언어적 소수 집단이 존재하는 국가에서 그러한 소수 집단이 자신들만의 문화를 향유하고, 자신들의 종교를 신봉하며 자신들만의 언어를 사용할 권리가 거부되어서는 안 된다고 천명하고 있다. 이렇듯 소수 집단의 입장에서 문화 향유권으로 문화적 권리를 좁혀서 생각한다면, 인권의 차원에서 문화적 권리는 중요해진다.

〈세계 문화 다양성 선언〉 제5조에서 강조하듯이, 문화적 권리를 인식하고 존중하며 실천하기 위해서는 모든 사람에게 문화 이해 교육을 실시하는 것이 매우 필요하다. 현대 인류학에서는 모든 개별 문화가 동질적이고 고정된 것이 아니라, 다양한 이질적 요소가 서로 경합하는 역동적인 것으로 설명한다. 문화 이해 교육은 다양한 가치와 규범이 갈등과 경쟁을 빚어내는 상황에서 우리가 삶을 영위하는 데 필요한 문화적 능력을 키워주는 교육을 말한다. 한경구는 이를 특수 적응적 문화 교육과 일반 적응적 문화 교육으로 나누어 설명하면서, 문화 교육은 기본적으로 국제이해교육의 관점에서 시행되는 일반 적응적 문화 교육이어야 한다고 주장하였다.[27]

특수 적응적 문화 교육은 특정한 문화에 적응하는 것을 목표로 하는 문화 이해 교육을 말하며, 어떠한 문화에서든지—특히 다른 문화에서—생활해갈 수 있는 기본적인 능력과 태도를 가르치는 문화 이해 교육은 일반 적응적 문화 교육이다. 한경구는 두 가지 문화 교육의 차이를 한국어의 존댓말에 대한 교육의 예로 다음과 같이 설명하였다.[28] 외국인 결혼이민자에게 한국어를 가르칠 때 특수 적응적 문화 교육에서는, 한국어는 존댓말을 사용한다는 것을 강조하고, 한국에서 잘 적응하려면 존댓말의 사용법을 익혀야 하며, 이어서 몇 가지 한국어 존댓말의 기본 원리와 실제 표현을 가르칠 것이다.

그러나 일반 적응적 문화 교육에서는 존댓말이란 과연 무엇인가, 존댓말이 없는 언어는 어떠한 방식으로 상대방과의 거리나 지위의 차이를 표현하는가, 한국의 젊은이들은 왜 한국어의 존댓말을 어려워하며 어떠한 실수를 자주 하는가, 존댓말은 어떻게 변하고 있는가를 가르치는 것이다. 이러한 교육에 외국인 결혼 이민자뿐만 아니라 한국인 배우자와 시부모가 같이 참여하는 것도 중요하다. 일반 적응적 문화 교육을 통해 한국인 배우자와 시부모는 외국인 결혼 이민자가 존댓말을 잘하지 못하는 것은 결코 무능력이나 무성의 때문이 아니며, 한국인들도 존댓말 사용에 어려움을 겪는다는 것을 인식할 수 있게 된다.

특수 적응적 문화 교육은 나의 문화와 다른 문화 사이의 문화적 차이를 강조하고, 다른 문화의 특징적 사실 및 그 문화에서 생활하는 데 필요한 지식과 행동을 가르치는 것이다. 이에 비해 일반 적응적 문화 교육은 문화란 무엇인가, 문화적 차이를 어떻게 이해할 것인가, 인권이란 무엇이며, 어떻게 더불어 살 것인가 등을 논의하고 성찰하는 기본적인 문화 감수성 훈련과 문화 경계 넘기 훈련에 중점을 두는 것이다. 이러한 일반 적응적 문화 교육은 문화간 이해를 증진하며 통문화적 능력 (cross-cultural competence)을 배양하는 것을 목표로 한다.[29] 따라서 일반 적응적 문화 교육은 문화간 이해 교육(intercultural education)이라 할 수 있다.

그동안 다문화 교육과 국제이해교육의 이름으로 시행된 교육도 문화에 대한 교육이다. 다문화 교육이 특정 사회나 국민국가의 국경 '내부의' 문화 다양성에 주목한다면, 국제이해교육은 국민국가들 '사이의' 문화 다양성에 주목한다. 다문화 교육이 내부의 문화 다양성에 접근하는 방식은 다양한 집단간의 차이점이나 공통점에 관심을 두기보다는 각 집단의 개성과 독특성을 존중하는 것이다.[30] 즉 문화 다양성에 대한 다원주의적 접근 방식에 따라 다문화 교육의 핵심은 평등, 다양성 내의 통합, 정의를 중시하는 민주주의 교육과 인종, 성, 사회계층 간의 차별을 없애려는 교육이다.

국제이해교육은 세계의 문화 다양성에서 출발하여 세계화와 상호 의존적인 세계체제에 대한 이해에 초점을 맞춘다. 세계화가 진전되면서 환경, 빈곤, 인권 등의 문제는 종전의 국가나 지역 단위에서 해결할 수 없는, 지구촌 전체의 운명과 직결되는 문제가 되었다. 또한 자본주의가 전 지구적으로 확산되면서, 국가의 경계를 넘어 자본과 상품, 그리고 사람들이 이동함에 따라 문화간 갈등이 증가하게 되었다. 따라서 국제이해교육은 문화간 이해, 세계화, 인권, 평화, 지속 가능한 발전 등 다섯 개 기본 영역으로 구성된다.[31]

국제이해교육의 기본 영역인 세계화 문제나 인권, 평화, 지속 가능한 발전의 가치관은 문화간 이해를 통해서 배울 수 있다. 다양한 집단의 역동적인 공존을 지향하는 다문화 교육의 기본도, 우리가 삶을 영위하는 데 필요한 문화적 능력을 키워주는 문화 이해 교육이어야 한다. 따라서 문화의 이데올로기적 측면과 문화 다양성에 대한 이해를 목표로 하는 문화 이해 교육이 우선적으로 잘 이루어질 때, 다문화 교육과 국제이해교육의 목표가 실현될 수 있다.

문화(간) 이해 교육의 핵심인 문화 감수성은 경험에 대한 자기 성찰의 노력으로 미묘한 문화적 차이를 알아내는 능력이다. 하나의 문화 속에서 성장한다는 것은 그 문화의 기본적인 가치나 여러 특징적 사실들을 너무나 자연스럽고 당연한 것으로 여기게 되는 것이기 때문에, 문화는 사회 구성원들 간에 '공유된 무관심'을 만들어낸다.[32] 따라서 국제이해교육의 핵심인 다른 문화에 대한 이해는 우리에게 낯선 것과 익숙한 것을 대비시키고 우리의 일상생활에서 당연하게 여기는 것들에 대해 거리를 두고 바라보게 하는 기회를 제공한다. 또한 다문화 교육의 일환으로 한 사회의 문화를 소수 집단의 눈으로 보면 그 사회의 문화를 더 잘 볼 수 있다. 권력을 갖지 못한 소수 집단에서 나타나는 여러 관념이나 의미는 그들이 속한 사회의 문화가 각인시킨 것이기 때문이다.[33]

우리의 일상생활은 생각과 행동이 다르지도 같지도 않은 다양한 다른 사람들과 더불어 사는 것이다. 다양성을 받아들이면서 다른 사람과 자신의 경험세계의 차이를 꼼꼼하게 되짚어 보는 훈련은 이 시대를 사는 우리 모두에게 필요하다.

7장

선망과 공포
한국 사회 이주여성의 시선

오현선 | 호남신학대학교 기독교교육학 교수

1. 머리말

한국 사회는 역사적으로 외부로부터 침탈·전쟁·이주 등 다문화적인 교류와 합류를 경험해왔으나, 국민들의 의식 저변에는 단일민족과 한 핏줄로 이어진 백성이라는 생각이 지배적으로 존재해왔다. 그러나 1990년대 이후부터, 즉 현재 이주민 100만을 넘은 사회가 되면서, 외국인과 다른 문화를 접하는 일이 개인 차원에서 사회 차원의 이슈로 확장되고, 다인종·다종교 이문화 상황에 대한 국민 생활의 변화나 인식의 방향을 제시할 담론 형성이 필요하게 되었다. 그뿐만 아니라 지금은 두 개 이상의 다른 문화적 집단이 공존하는 다문화 사회에서 어떻게 살아가야 하는가 하는 다문화 사회 시민교육이 절실히 필요한 시점이다.

　다문화 사회에 관한 담론을 형성하는 일도, 또한 다문화 사회를 만들어가는 시민교육도, 각 다른 인종·문화·종교를 가지고 살아가는 '나'와는 '다른' 사람들에 대한 수용적 태도와 이해의 경험을 확장해가는 것을 기반으로 해야 한다. 또한 동북아와 동남아 등지에서 우리 사회로 들어오는 남녀 이주노동자, 아프리카의 정치 · 사회 상황으로부터 도피해 들어오는 난민들, 그리고 결혼이주민으로 들어오고 있는 아시아의 여성들, 이 모두가 우리 사회의 다문화성과 그 논의의 중심에 함께 참여해야 할 주체들임을 인정하는 일에서 시작해야 할 것이다.

이 글은 이러한 시각에서 다문화 사회를 이루는 다양한 주체 가운데 특히 이주여성에 대한 한국인의 이해를 돕고자 한다. 이주여성들은 모두 한국 사회를 자신의 생존과 꿈을 이룰 수 있는 제2의 삶의 터전으로 기대하면서 한국 시민과 사회에 대한 '선망'의 시선을 가지고 이주해 오고 있지만 이주민에 대한 법 제도의 한계, 다수 시민의 소수 인종에 대한 차별, 임노동 관계에서 발생하는 경제적 착취와 가족 안에서의 비인간적 대우 등 여러 어려움을 겪으면서 스트레스나 두려움, 심지어 '공포'를 경험하고 있다. 서구 사회 대자본들의 세계화를 매개로 국가 간의 경계가 무너지고, 비서구 등 주변국으로 이전된 경제적 빈곤이 여성의 빈곤화, 이주의 여성화를 가속화하는 21세기의 시 · 공간은 이주여성들이 이주 사회에 대한 불명확한 '선망'과 항상적 '공포'를 경험하도록 몰아간다. 세계화의 끝없는 질주 속에 주변화된 이주여성들이 이러한 부정적 시선을 거두고 우리 사회에서 더불어 살아갈 수 있는 대안적 시선을 가지도록 공존의 노력을 기울여야 할 때다.

2. 한국 사회의 이주여성

1) 이주여성에 대한 이해

현재 한국 사회에서 함께 살아가는 이주여성은 다양한 집단을 이루고 있다. 이주여성 노동자, 결혼 여성 이주민, 난민 여성, 이주여성 청소년, 북한 이탈 여성 주민 등 그들 모두는 다양한 모습으로 우리 사회에 존재하는 사람들이지만 이 글에서는 이주여성 노동자, 결혼 여성 이주민, 그리고 난민 여성의 현실을 중심으로 소개하고자 한다.

먼저 이주여성 노동자들이 본격적으로 국내에 들어오게 된 것은 1991년 이후이며, 그 수가 지속적으로 증가하고 있다. 자신의 노동을 매개로 하여 경제적 빈곤과 어려움을 극복하려고 이주해 온 이주노동자들은 2005년도 통계에 따르더라도 50만에 육박하며, 그 가운데 여성 노동자는 전체의 38.7퍼센트에 달한다.[1] 결혼 여성 이주민의 국내 유입이 급증하는 가운데 이주여성 노동자의 증가 비율 역시 남성 노동자에 비해 증가 추세를 나타내고 있다. 한국 사회에서 이주여성의 증가는 세계적으로 나타나는 '여성의 빈곤화(Povertization of Women)'와 '이주의 여성화(Feminized Immigration)' 현상을 보여준다. 여성의 궁핍함이 더욱 가속화되고, 가난을 극복하려고 이들은 지리적 국경을 넘고 있다.

우리 사회에서 살아가는 이주여성 노동자들은 남성 노동자들과 같이 '비전문취업비자'를 가지고 들어와 지역 고용지원센터에 등록한 후 작업장에 지정되는 순서를 밟는데, 노동의 비전문성으로 인해 소규모 공장에 배치되어 열악한 환경에서 일하는 경우가 대부분이다. 또한 차별적 임금 때문에 항상적 생활의 궁핍과 불결한 주거 환경에서 불안한 삶을 살아가는 등 이주노동자라도 남성에 비해 훨씬 어려운 처지에 있다고 이해하면 된다. 남성들에 비해 평균 노동시간은 더 많고 월평균 임금은 더 적게 받는 실정이다. 예를 들면, 제조업에 종사하는 이주남성 노동자의 월평균 노동시간은 256시간이며 여성은 273시간으로, 17시간을 더 일하고, 한국 남성 노동자보다는 52시간, 한국 여성 노동자보다는 56시간을 더 많이 일하고 있다. 게다가 월평균 임금 역시 그렇게 장시간 노동을 하고도 75만 1000원을 받음으로써 노동자들 가운데 가장 적게 받고 있다.[2] 안산에서 만난 한 이주여성 노동자는 다음과 같이 자신의 처지를 설명했다.

> 일을 더 하고 싶어요. 지금 받는 월급으로는 고향에 돈도 부칠 수 없고, 한국에서 저 혼자 살기도 어려워요. 잔업을 해서라도 돈을 더 받고 싶은데 회사는 여자라고 잔업을 더 주지 않아요. 100만 원이라도 벌었으면 좋겠는데 80만 원도 벌기 어려워요. 돈이 부족하니까 싼 방을 찾게 되거나 공장 기숙사에 살아야 하는데 지저분하고 시끄럽고 무섭고 그래요.[3]

'3D', 즉 어렵고(difficult), 더러우며(dirty), 위험한(dangerous) 노동 현실 가운데 이주여성 노동자는 장시간 노동, 저임금 노동, 열악한 환경 조건하에 인권과 생존의 사각지대에서 살아가고 있다. 더욱이 최근 한국 사회의 다문화 정책이 결혼 여성 이민자와 다문화 가족을 중심으로 행사되고 있기에 이주여성 노동자들의 상황에 대한 관심과 지원이 절실히 필요한 상황이다.

둘째로, 결혼 여성 이주민들은 이주여성이 처한 또 다른 현실에 직면해 있다. 문화간 결혼(Inter-Cultural Marriage)의 경우 한국인 남성과 외국인 여성이 결혼하는 경우가 한국인 여성과 외국인 남성이 결혼하는 경우에 비해 세 배 정도 많다. 또 이러한 결혼 형태가 한국 전체 결혼의 13퍼센트를 차지하며, 전체 문화간 결혼의 72퍼센트를 차지한다. 숫자로 보나 비율로 보나 문화간 결혼이 우리 사회 내에서 일으킨 변화를 쉽게 감지할 수 있게 되었다. 결혼하고 싶고 가정을 꾸리고 싶지만 그렇지 못했던 한국 남성들에게 이주여성들은 그 소망을 이루어주는 선물과도 같은 존재이지만, 정작 결혼하려고 이주해 오는 여성들이 감당해야 할 현실은 그녀들이 기대한 상황과는 다른 경우가 종종 있기에 문화간 결혼이 가져오는 사회적 문제가 발생하는 것이 사실이다.

농촌 등지에 거주하는 미혼 남성이 결혼하여 자식을 낳아 사회적 재생산에 참여하고, 국내에서 배우자를 만나기 어려운 사람들이 가정을 꾸리고 가족을 만드는 기회가 문화간 결혼으로 가능해진 것은 분명 순기능적 측면으로 이해할 수 있다. 하지만 문화간 결혼이 이러한 긍정성을 가지고 있음에도 문화적 차이와 가치관 차이로 말미암아 외국인 아내와 남편, 시집 식구 사이에 생기는 갈등이 이주여성에 대한 일방적인 차별과 무시로 이어지고 있으며, 그 갈등이 때로는 갈등 수준을 넘어 생명을 위협할 정도의 폭력으로 발전하고 있어 문제다. 이주여성과 결혼한 가정 안에서 발생하는 문제가 극복되지 못하고 결국은 이혼으로 귀결되어 '문화간 결혼 가정의 이혼율 증가'라는 또 다른 사회현상으로 이어지고 있다. 또한 폭력과 이혼을 경험하지 않은 여성이라 하더라도, 한국 사회의 다른 문화적 가치에 직면하면서 갈등과 혼란, 의사소통 문제, 자녀 생산과 양육 문제, 한국 사회에 적응하는 문제 등으로 어려움을 겪고 있다.

현재 한국 정부가 문화간 결혼 가족의 정착과 적응을 돕는 데 관심을 두고 지원하고 있지만 그 대상을 주로 한국인 남성과 결혼한 여성 결혼 이주민으로 이루어진 가족을 중심으로 하고 있기 때문에, 국적이 같은 이주민 간의 결혼, 국적이 다른 이주민 간의 결혼의 경우 소외당하고 있다고 볼 수 있다. 특히 미등록 이주민(불법체류자)들이 결혼한 경우는 단속과 추방의 불안 속에서 살아가게 되며, 이들 사이에 자녀가 태어나는 경우 그 자녀 역시 불법체류자가 되므로 교육을 받거나 의료혜택을 받는 등의 기본권이 보장되지 않기 때문에 문화간 결혼 가족에 대한 포괄적인 정책과 지원이 절실하다.

셋째로는, 난민 여성의 경우다. 한국 사회에서 이주여성이라고 할 때 주로 이주노동자와 결혼이주민을 드는데 난민 여성의 경우는 또 다른 이주여성의 얼굴이다. "인종, 종교, 국적, 특정 사회단체 참여, 정치적 견해 등의 이유로 박해의 공포를 피해 조국을 떠난 후 귀환하지 못하거나 귀환하려 하지 않는 사람"[4]을 말하는 난민은 아프리카·아시아 등지에서 국내에 단기 체류 자격으로 이주해 온 후 난민의 지위 자격을 신청하지만 인정을 받는 경우는 매우 적다. 2007년까지 1233건이 신청되었으나 60인 정도만 난민 지위를 받았다. 난민 신청자들을 보호할 만한 관련 법과 보호체계가 없기 때문에 이들이 겪는 어려움 역시 심각한 수준이다.

난민 신청자들의 경우 남성이라고 해서 더 나은 형편은 아니지만 젠더 특수성에 따른 여성의 어려움은 항상 존재하기에 우리 사회에 함께 살아가는 이주여성으로서 난민 여성에 대한 관심이 필요하다. 케냐에서 온 난민 신청인 에스터(가명)는 남편이 죽으면 시형제에게 다시 시집을 가야 하는 부족 문화 때문에 한국으로 도주해왔으나 이주여성을 위한 쉼터를 찾기까지는 어려운 고비를 수없이 넘겨야 했다. 난민 신청자들이나 난민들은 그들을 위한 보호시설 · 의료 체계 · 거주 시설 등에 대한 지원이 전혀 없는 상황에서, 또한 난민 판정 등 공식 과정이 불확실한 현실 가운데 난민의 지위가 허락될 것을 막연하게 기다리며 불안한 삶을 살아가고 있다.

2) 이주여성의 성(Sexuality)

아시아인을 포함하여 최근에 유입되는 외국인의 국내 이주는 노동의 매매 관계에 의한 경제적 목적의 이주라 할지라도 그들이 국경을 넘는 순간 문화적 · 사회적으로 적응하는 데 여러 가지 어려움에 부딪힐 것임을 쉽게 짐작할 수 있다. 이주민들이 국경을 넘을 때 자신들이 지켜온 모국(home country)의 정서적 · 문화적 경계(emotional and cultural boundaries) 역시 건너야 함을 인식하고, 새로운 사회(second home country)[5]의 구성원으로서 겪어야 할 생활과 역할의 변화를 추측하면서 이주해 온다 할지라도 그들이 직면할 문제들을 예견하기란 매우 어려운 것이 현실이다. 언어소통의 문제, 문화의 차이에서 오는 생활상의 문제, 고용허가제의 제도적 한계에서 비롯되는 불안정한 사회적 지위와 경제적 빈곤의 문제, 가족의 이주가 아닌 개인의 이주에서 오는 고립감과 외로움 등의 심리적 문제, 노동 현장의 불평등한 인권과 노동권의 문제 등은 이주민을 만성적 불안과 어려움에 직면하게 하는 문제들이다. 더욱이 이주여성들은 여성이라는 이유로 노동 현장과 가정, 사회에서 더욱 차별받기 쉬우며 갖가지 성적 억압과 착취의 현실에 노출되어 있는 실정이다. 현 단계 한국 사회에 존재하는 이주여성의 성 문제에 대해 그 실태를 진단하고 문제를 파악하여 그들의 문제를 해결하는 일은 매우 어렵고 해결 과정 역시 극히 제한적인 수준에서 진행된다고 봐야 할 것이다. 이는 앞에서도 설명했듯이, 이주여성이 처한 사회적·경제적·성적 지위의 불안정성과 더불어 이주여성의 성 문제가 지닌 폐쇄성 때문이다. 이 폐쇄성이 작동하는 요인은 몇 가지로 요약할 수 있다.

첫째, 사회적·문화적 요인이다. 한국 사회에 이주해 오는 이주민 여성들은 고향을 등지고 낯선 타국에 와 있을지라도 자신과 가족의 빈곤을 극복하기 위해 희생을 자발적으로 결심하고, 경제와 노동 활동에 적극적 태도를 가진 사람들이다. 그런데 이러한 그들의 자세와 태도에 비해 이주여성들의 성 역할과 성에 대한 태도는 여전히 소극적이며 폐쇄적인 모습을 보인다. 이는 서구 사회 안에서 이루어지는 이주여성의 경험과는 다른 차별성을 보이는 측면이다. 즉, 문화화 또는 사회화 과정에서 "모든 면에서 남성이 여성에 비해 빨리 문화화하지만 성 역할(gender role)에서는 모든 세대에 걸쳐 여성이 빠르게 변화한다"[6]라고 한 이스핀(Espin)의 평가는 인종적 소수인 이주여성에게 미국 사회가 끼친 긍정성측면을 보여준다.

다른 문화적 환경에 적응해야 할 과제를 가진 이주여성에게 여성주의적 힘과 희망을 제공함으로써 사회적·문화적 적응을 도울 뿐 아니라 그들의 변화로 인해 다문화 사회 건설에 긍정적 역할을 기대하는 것이다. 그러나 이주여성의 모국 문화에 비해 여성에 대한 문화가 더 개방적이고 덜 가부장적인 서구 사회의 모습과는 달리, 한국 사회가 가진 여성에 대한 보수적 시각이 이주여성에게 자신의 문제를 개별화하고 은폐하도록 함으로써 우리 사회가 다문화 사회로 정착하는 데 부정적 요인으로 작용하는 것이다. 즉, 이주여성이 가진 성에 대한 인식과 문화적 태도에 상관없이 체류 자격의 제한성에서 오는 불안함, 한국 사회의 여성에 대한 보수성과 여성 비하, 거기에 여성을 성적 대상물로 여기는 등 비인간적 태도가 가중됨으로써 이주여성의 자존감에 손상을 주고, 그들이 경험하고 직면하는 성 문제를 더욱 은폐하게 하거나 사적으로 혹은 폐쇄적으로 처리하게 만들고 있다.

이주여성 노동자의 경우 고용주에게 강제 추행을 당했으나 언어 장벽의 문제, 제한적으로 제공되는 정보나 정보 차단으로 인해 도움을 청할 곳도 알지 못하고, 청할 수도 없는 상황에서 고용주에게 이의를 제기하려 해도 비자를 박탈당할까 염려되어 법적 구제 과정에조차 이를 수 없는 경우가 많다. 또 미등록 여성 노동자가 회사 동료에게 강간을 당했으나 경찰에 신고하면 강제 출국이 되는 상황이므로 두려워 고소하지 못한 사건이 있었다. 상담 과정을 통해 법적 보호를 받을 수 있다고 해도 고소와 동시에 자신의 신분이 노출되므로 사건이 종료된 후 강제 출국을 당할 것이 두려워 결국 고소를 포기했던 것이다. 이처럼 이주여성들은 여성이기 때문에 당하는 성적 억압과 고통을 자신들의 현실적 조건 때문에 드러내지 못하고 은폐하게 되는 현실에 처해 있다.

둘째로, 이주여성의 성 문제가 폐쇄적으로 다루어지는 또 다른 이유는 경제적인 문제다. 특히 미등록 여성 노동자의 경우 체류 자격이 불안정한 데다가 경제적으로 가난하기 때문에 혼자 힘으로 살 곳과 생활 조건을 마련하기가 어렵다. 송출 과정에 진 빚을 갚는 일과 고향으로 송금하는 일은 차치하더라도, 자신의 생활을 계속하기에도 어려운 경우가 많다. 이주여성 노동자들은 여성이기 때문에 남성 노동자들에 비해 더 낮은 임금을 받거나 노동의 기회에서도 훨씬 제한받는 것이 일반적이기에 이들의 경제적 조건은 매우 열악하다. 이러한 상황에서 주거 공간과 생활비의 일정 부분을 제공하는 남성과 사실혼 관계에 들어가는 경우가 발생하고, 이 과정에서 이주여성에 대한 성적 억압과 착취가 일어나고 있다. 하지만 이 역시 개인적인 상담의 수준에서 종결되는 경우가 많다.

이주여성 노동자만이 아니라 우리 사회의 문화간 결혼, 이른바 국제결혼의 증가로 인해 가시화되고 있는 문제 가운데 결혼 여성 이주민의 문제 역시 주목해야 할 부분이다. 아시아에서 혼인 동반 비자를 취득하여 한국 사회로 이주하는 여성들은 가난 극복과 생존의 한 방편으로 결혼이민을 선택하고 있다. 하지만 결혼하여 남편을 사랑하고 행복한 가정을 이루고 사는 꿈을 포기하고 오직 경제적 이유로만 결혼하는 것은 아니다. 그런데 이러한 이들의 꿈과 희망과는 달리, 이들과 결혼을 시도하는 한국 남성들의 경우 다수가 이주여성인 아내를 비하하고 자신이 돈을 주고 데려온 신부라는 생각으로 비인격적으로 대하고 있다. 또한 결혼과 성에 대한 무지로 인해 이주여성과의 결혼을 자신들의 억압된 성을 표출하는 성적 만족의 기회로 여기는 등의 문제가 발생하고 있다.

성이란 두 사람의 대등한 관계 속에서 나누어져야 하는 것인데도 여성의 성이나 요구 등에 상관없이 남성 중심적으로, 폭력적으로[7] 성관계가 진행되는 경우가 많다. 따라서 결혼 여성 이주민들이 성에 대한 부정적 인식을 내면화하게 되고, 성에 대한 자기 주체성을 포기하거나 박탈당하여 결국 이혼하거나 본국으로 돌아가는 등의 부정적 결과를 맺기도 한다. 예를 하나 들자면, 20세의 한 결혼 여성 이주민은 40대 중반의 한국인 남성과 결혼하여 도착한 날부터 과도하고 폭력적

성 관계에 시달렸고 결국 도주하여 본국으로 돌아갈 수밖에 없었던 일이 발생하기도 했다.

또한 결혼 여성 이주민의 성은 임신·출산·자녀 양육 등에서 자기 결정권을 박탈당한 성이라고 할 수 있다. 한국으로 결혼하러 온 여성들이 낯선 문화와 결혼 생활에 적응하기도 전에 남편과 남편의 부모에게서 임신과 출산을 강요당하는 경우가 보통이다. 아시아 여성과 한국 남성의 결혼 연령의 차이는 보통 20세 전후에 달한다. 오랜 기간 결혼하지 않은 상태로 있었던 남성과 남성의 가족은 자손을 기대하게 되고 결혼한 아내의 의사와 상관없이 아이를 낳는 조건으로 친정에 대한 경제적 지원을 약속하는 등 이주여성의 성 역할을 자손 생산과 관련하여 통제하고 있다. 한 예로, 50대의 한국인 남성이 18세의 이주여성과 결혼하여 그 여성의 의사 관계없이 결혼 초기에 임신하게 하여 그녀가 임신과 성, 출산과 자녀 양육에 대한 자기 고민과 준비 과정도 없이 불안한 임신 상태를 지속하면서 어려움을 호소한 경우가 있다. 또한 한국어를 잘하지 못할 뿐인데 언어소통의 제한성을 지적 수준이 낮은 것으로 치부하여 이주여성의 의사결정권이나 인격을 무시하는 경우도 있다.

결혼 여성 이주민들은 결혼 관계에서 발생한 부당한 대우와 성적 학대, 폭력을 경험하면서 생존의 어려움과 불안·공포·자기 비하 등 심리적 위기와 고통을 겪고 있다. 문제가 결혼 초기부터 발생하더라도 결혼 기간이 2년이 지나야 영주권·귀화권을 신청할 수 있는 상황이라 2년 안에는 어떠한 문제가 발생하더라도 이를 법적으로 호소하거나 문제를 해결하기 어려운 것이 이들의 현실이다. 우리 사회의 이주여성들의 성은 사회적·문화적·경제적 조건에 의해, 그리고 여성이라는 성적 조건에 의해 침묵해야 하고, 복종해야 하며, 자신이 결정할 수 없는 통제되는 성이다. 통제되는 부분은 단지 이주여성의 성 문제만이 아니다. 인간으로서 그들이 가진 다양한 욕구가 한국 사회에서 어떻게 표현되고 수용되는지를 살피는 일이 이주여성을 이해하는 데 중요한 과제가 된다.

3. 이주여성의 욕구(Needs)[8]

이주여성들이 자신의 고향을 등지고 낯선 땅으로 이주해 오는 것은 대부분 자신과 가족이 겪고 있는 가난을 면하려는 경제적 이유 때문이다. 먹을 것을 비롯하여 생존하는 데 근본적으로 필요한 자원이 부족한 자국 상황에서 경제적 신분 상승 또는 가난 극복으로 대표되는 이들의 욕구가 국경을 넘도록 한 것이다. 생존의 욕구로 대표될 수 있는 이주여성의 욕구가 여기에 그치는지, 아니면 또 다른 욕구가 있는지, 있다면 구체적으로 어떠한 모습이며 이러한 욕구들이 우리 사회에서 어떻게 진행되는지를 성찰해보고자 한다. 필자는 이주여성과 한 인터뷰에 나타난 이들의 희망과 꿈의 내용을 에이브러햄 매슬로(Abraham Maslow)의 욕구 영역의 내용과 상관성을 가지고 분석·성찰했다.

1) 경제적 욕구

이주여성에게 '돈'은 최대 관심사이고 돈을 모으는 일은 그들의 꿈이기도 하며 미래이기도 하다. 그들이 모으려는 돈에는 자신의 생존만이 아니라 고향에 남겨둔 가족의 생활이 관계되어 있다. 한 여성의 말이다.

내 꿈은 돈 버는 거예요. 아이도 잘 키우고 학교도 보내고 돈 많이 벌어서 식당하고 싶어요. 베트남에 할머니도 아파서 고쳐줘야 되고 오빠도 결혼했는데 돈 보내야 돼요. 아빠 농사도 잘되게 돈 보내야 돼요. 지금 8시간 일하고 70만 원 받는데 우리 회사는 잔업이 없어요. 잔업도 있었으면 좋겠어요. 그래야 돈 더 벌어요. 그러면 90만 원되니까. 방 값 내고 사장님이 내준 방 보증금도 갚아야 하고, 일해도 돈 없어요.⁹

이주여성의 현실에서 살펴보았듯이, 이주여성 노동자들의 노동은 장시간 저임금 노동으로 적절한 노동의 대가가 지불되지 않는 노동이다. 이주민, 여성이라는 신분상의 조건을 악용하는 노동 착취가 진행되는 것이다. 이주여성이 가지고 있는 생존을 위한 경제적 욕구가 비인간적 자본가의 착취를 통해 좌절되고 통제되고 있다. 이들의 욕구가 좌절되는 과정은 자본가의 착취를 통해서만이 아니다. 이들의 희생적 노동에 대해 고향의 가족과 그들의 국가가 가지는 태도나 현실에도 문제가 있다. 안산이주민센터 '블링크(Blink : Better Life in Korea)'의 여성상담소 소장 이해령 소장의 말이다.

이들이 온 목적이 무엇이냐 생각해보면 경제적 신분 상승이라고 할 수 있는데, 그것이 이 여성들 스스로의 것, 즉 나의 개인적인 것이냐, 가족의 것이냐 하는 부분도 분명히 말하기가 어려워요. 제가 보기에는 90퍼센트 이상이 가족의 경제적 신분 상승인데, 번 돈을 본국에 보내는데 가족이나 국가가 이들에게 무엇을 보장하고 있느냐는 거죠. 국제이주기구(International Organization for Migration)의 통계를 보면 스리랑카의 경우 어느 한 해에 벌어들인 외화의 50퍼센트가 이들에 의한 것이라는 거죠. 그런데 이들이 이렇게 해서 돈을 벌어서 보내면 돈은 있으면 쓰게 되고 그래서 가족이 그렇게 사용하는데, 나중에 이 여성들이 본국으로 돌아간 이후 무엇으로 살아가게 되는지 그것은 누구도 보장할 수 없는 문제죠. 그냥 그 자리로 돌아가죠. 가난의 자리⋯⋯.[10]

본국의 정부도, 가족도, 이주국의 현실도 이주여성들이 경제적 욕구를 만족하는 데 도움이 되지 못하는 실정이다. 노동자만이 아니라 결혼이민자의 경우에도 결혼을 통해 자신의 신체적 욕구를 해결하고 나아가 송금을 함으로써 본국 가족의 경제에 일부분을 책임지려고 하지만 결혼 이후 드러나는 남편과의 갈등에서 이 역시 어려움을 겪게 된다. 현재 베트남 여성이 문화간 결혼의 상당 부분을 차지하는데 이들의 70퍼센트 이상이 본국에 송금을 하고 있다고 한다. 결혼 여성 이민자들이 자발적으로 결단하여 결혼을 하고 이주해 왔지만 자신과 친정의 생활을 위한 경제적 나눔은 대부분 남편의 태도와 남편 가족의 이해 여부에 직접적 영향을 받기 때문에 이들이 가지는 경제적 욕구의 내용이 충족되기는 쉽지 않다.

2) 안전의 욕구

매슬로의 두 번째 단계는 안전의 욕구다. 이주여성들이 돈을 벌려고, 경제적 필요에 따라 이주해 왔지만 경제적 욕구 이외에 생존을 위해 최소한 기대되는 거주상의 안전한 장소, 체류상 신분의 안전, 노동활동을 위한 고용의 안전성 확보와 작업 환경의 안전, 여성으로서 자신의 몸을 지키기 위한 성폭력에서의 안전성이 확보되기를 원한다. 그러나 이주여성들에게 경제적 욕구가 충족되기 어려운 상황에 있듯이 생활을 위한 '안전'도 어느 것 하나 어렵지 않은 일이 없다.

이주여성에게 필요한 이 안전의 욕구는 상호 연관성이 매우 높은 것이 특징이라 할 수 있다. 이주민의 특성상 고용된 작업장과 거주지는 거의 동일하거나 근거리에 있을 수밖에 없는데, 체류 신분이 언제나 불안정적인 이유로 불안전한 고용 환경에 노출되기 쉽고 작업장 내의 환경이 열악하거나 착취가 심한 경우 산업재해의 위험이 높다. 따라서 작업장을 옮길 확률이 높아지고 그만큼 불법 체류화하는 경향도 높아진다. 더 나은 고용조건(주로 임금이 결정적 조건이 된다)을 따라 이주여성들은 국내에서도 이주를 거듭하게 된다. 합법 이주자로 노동을 하는 동안도 산재·저임금·해고의 위협을 늘 안고 살고, 불법체류자로 있는 동안 생존의 위협과 단속·추방의 두려움을 겪으면서 불안한 삶을 살아간다. 이러한 경향성은 이주여성만이 경험하는 것은 아니다. 남성 이주민 역시 같은 어려움을 겪다. 2007년 3월 발생한 '여수출입국관리소 화재 사건'은 이주노동자들에게 죽음의 위협을 가중시켰고, 과도한 단속에서 오는 불안감은 이주민들을 죽음으로 몰아가고 있다.

이주여성들의 문제에서 이주남성의 문제와 분명한 차별성을 나타내는 것이 성에 관한 부분이다. 성폭력 문제에서 자유로운 이주여성은 없다. 안산이주민센터의 한 공동체 담당자는 이렇게 설명한다.

신상의 문제가 남자와는 달라요. 보면 공장노동자들이 함께 지내기도 하는 것을 알게 되죠. 기숙사가 아닌 경우 방 하나에서 여러 명이 함께 지내죠. 자신의 본국의 문화는 성에 대하여 보수적이지만 서로가 한국에 와 있는 동안은 동거를 묵인하고 있는 듯이 보여요. '잠정적 이주'라는 불안전한 이주가 모든 것을 용인하고 있다고나 할까요? 여성 노동자들의 경우 그렇게 지내는 이유가 그렇게 살아야 다른 남자들로부터, 성적 위협으로부터 보호받을 수 있다고 생각하는 것 같아요. 굉장히 사적인 부분이라 쉽게 판단하기 어려운 조심스러운 부분이죠.[11]

'잠정적 이주'라는 개념은 현행 법체계에 따라 형성된 것이다. 즉, 법이 이주민에게 잠정적 기간 동안만 체류를 합법화하기 때문에 체류 기간, 신분의 합법성, 안전성이 모두 법의 직·간접적 통제하에 놓인다. 이주여성은 이와 같은 불안정한 노동 현장에서 외국인과 한국인 남성 모두에게 성적 대상으로 노출되어 있기 때문에 다양한 형태의 성적 위협과 위험성을 걱정하며 살아야 한다.

여성의 성적 안전을 위협하는 상황은 이주여성 노동자뿐 아니라 결혼 여성 이민자, 난민 여성 모두가 경험하는 부분이다. 결혼이주여성들은 결혼 동기에서 경제적 문제가 요인이 되어 이주한 사람들이기는 하지만 이 동기를 포함하여 자신의 미래와 삶에 대한 확신을 가지고 있는 사람들이라는 것이 한 연구에서 보고되었다. 즉, 가난한 상황에서의 탈피, 현지 가족과 불만족스러운 관계의 해소, 행복한 가정을 다시 꾸리고 싶은 욕구, 새로운 사랑, 현지 가족들에 대한 부양의 책임[12] 등 자신의 의지와 선택이 분명하게 나타나는데 이러한 의지가 결혼 속에서 폭력과 갈등에 의해 위협받고 좌절하게 된다. 따라서 이주여성들의 안전에 대한 욕구는 경제적 욕구와 마찬가지로 자발적 노력과 의지만으로 해결될 수 없는 타인과 구조와 문화에 의해 조절되고 억압받고 통제되는 욕구라고 볼 수 있다.

3) 사랑의 욕구

사랑의 욕구란 매슬로 욕구 단계의 세 번째에 해당하는 것인데, 여기서 사랑이란 수용 혹은 용납(acceptance)이라는 내용을 담고 있다. 한 인간으로, 인격체로서 사랑을 주고받으며 인간과 인간, 인간과 집단 간의 수용, 환대(hospitality)의 경험을 누리고 싶은 욕구다.

이주민이 국경을 넘어 우리 사회로 이주해 오는 것은 그들의 욕구만으로 가능한 일이 아니다. 한국 사회가 저출산 고령화 사회의 성격을 띠면서 노동 인력 부족 현상이 진행되고 앞으로는 더욱 심각해질 것을 우려하는 상황이다. 즉, 부족한 노동을 공급하기 위해 이주노동을 필요로 하게 되었고 이것이 아시아를 비롯한 개발도상국 사람들의 생존 및 경제적 욕구와 맞아떨어짐으로써 이주민의 국내 유입이 진행되는 것이다. 이렇게 쌍방의 욕구가 결합되어 이주 요인으로 작용하는 예는 노동의 경우만이 아니라 결혼이주자의 경우도 마찬가지다.

2006년 결혼 적령기인 한국인 남자 26~31세의 남녀 성비를 보면

여자 100명당 남자 102.6명으로 최근에 가장 낮아지긴 했지만 2012년 124명으로 높아질 것으로 예상된다.[13] 성비 불균형은 문화간 결혼을 증가시킬 것이며 결혼 여성 이주민의 증가를 지속시키는 요인이 된다. 사실 문화간 결혼으로 인해 결혼 기회를 갖지 못하던 국내의 남성들이 가정을 꾸리는 기회를 갖게 되었다. 그러나 이렇게 현실상 한국 사회와 이주자 간 쌍방의 필요성에 따라 양쪽의 욕구가 실현될 수 있음에도, 나아가 이주여성들은 그들의 주체적 노동과 결혼이민을 통해 한국 사회의 욕구를 만족시키는 엄연한 사회의 주체들임에도, 영원한 타자로 취급되고 있다. 여성상담소 블링크에서 지속적으로 상담을 돕고 있는 한 자원봉사자는 이렇게 설명한다.

> 상담을 하러 오는 여성들은 처음에 오면 사실(fact)만을 얘기해요. 문제해결이 중심이 되는 상담이라 임금 문제나 인권 문제, 결혼이주자의 경우는 문제 자체만 설명하고 이혼 신청을 요구하죠. 상담을 통해 이들의 삶을 돕고 마음의 상처를 돌보고 싶은데 일을 하다 보면 이혼 전문가가 되어가는 것 같아요. 우리 사회가 이 여성들을 도구화하고 있다는 생각을 해요. 이 여성들이 결혼하여 가정을 꾸리려고 왔는데 사랑받고 행복한 삶을 사는 게 아니라 이주를 통해 더 소수자가 되어가는 것 같아요. 업체를 통해 결혼해 왔을 때 남편들은 이 여성들을 배우자로 생각하여 인간적으로 대우하는 것이 아니라 내 아이를 낳을 사람, 섹스파트너, 부모를 봉양할 며느리로, 도구로 대하는 거죠. 여성들과 상담이 진행되면서 속 깊은 얘기를 하면 모두 심장이 벌렁거리는 증세, 분노, 슬픔, 억울함의 감정으로 불면·우울 등의 고통을 호소해요.[14]

이주여성들은 같은 인간으로 대우받고 이 사회 속에서 함께 살아갈 주민으로 여겨지는 것이 아니라 일정한 기능을 담당하는, 즉 노동자, 외국인 며느리로 인식되어 끝없이 타자로, 객체로 머물도록 통제·억압되고 있다.

4) 존중의 욕구

사람은 자신이 귀한 존재이며 존중받을 만한 존재로 인정받기를 원한다. 이주여성 역시 인격을 가진 사람들이며 자신의 존재가 인정받기를 원할 것이다. 인간은 존중받는 경험을 함으로써 자신의 자존감(self-esteem)도 형성할 수 있다. 그러나 반대로 존중받지 못할 때, 자존감을 키워나가기란 매우 어렵다. 사회나 집단 속에서 수용되지 못하고 이방인으로, 타자로 살아가는 사람들이 자신이 존중받는다는 경험을 하기는 쉽지 않다. 존중받지 못하고 무시당하고 소외당하고 멸시당하는 이들의 자존감이 건강하게 형성되기는 더욱 어렵다. 바로 그런 삶의 자리에 있는 사람들이 이주여성들이다.

이주여성들은 대부분 자기의식이 뚜렷하며 자신감도 있으며 책임감도 강한 여성들이다. 이 여성들의 본국과 가족의 사정이 모두 있지만 외부의 강요나 가족의 강압 때문에 이주해 온 여성들이 아니다. 결혼과 노동을 매개로 이주해 오지만 그것을 자신의 삶의 부분으로 선택하고 미래를 설계하려는 의지를 가지고 자발적으로 이주를 결심한 주체적인 여성들이다. 어려움이 있을 것이라 예상은 하지만 처음부터 인격적인 비하와 무시까지 기꺼이 이겨내리라고 생각하고 이주해 오는 것은 아니다. 성실하게 일하고 열심히 가정을 꾸리고 살면 좋은 날이 있을 거라고 기대하는 것이다. 이런 여성들이 자신의 의지와는 거리가 있는 현실에 직면하면서 마음의 병을 앓고 자신마저 비하하는 어려움을 겪는다. 코시안 자녀와 그 부모를 돕는 '코시안의 집' 원장은 다음과 같이 말한다.

결혼 여성 이민자로 국내에 들어온 여성들은 연애라는 기간을 통해 결혼한 건 아니지만 자신들의 선택에 자신감도 있고 주체적이라고도 생각할 수 있어요. 물론 어려운 상처를 가지지 않은 사람이 어디 있겠어요. 하지만 가정 안에서도 나름대로의 목소리를 내려 하고 가정도 건강하게 잘 지탱하려고 노력을 부단히 하죠. 하지만 미지의 땅에서 새로운 삶을 개척하겠다는 의지가 있어도 의지와 상반되는 현실에서 좌절하게 되죠. 사실 현지에서 적응하기도 전에 혈통을 이으라고 출산을 강요당하고……. 여성들의 문화에 대한 존중은 하지 않고 일방적으로 한국 문화에 적응·변화를 강요한다든지, 언어 소통이 어려운 것인데 인격이 없는 것처럼 대우한다든지……. 언어가 소통되지 않지만 인간은 자신이 존중받고 있는지 아닌지 비언어적 행동을 통해서도 충분히 알 수 있죠. 그래서 무시당하는 부분을 무척 힘들어해요. 여성 노동자들도 비슷해요. 자신의 능력이나 소질에 상관없이 우리 사회 최하위 바닥에서 일을 해야 하기 때문에 자신의 의지가 존중받거나 인정받으며 살아갈 수 있다는 느낌을 가지기는 어려운 점이 많죠.[15]

이주여성에 대한 시민·사회·가족의 비하 의식과 편견을 없애고 이들을 사회와 가족의 일원으로 받아들이며 존중하는 과정이 필요하다. 또한 이들을 피해자로만 인식하려는 동정적 시각 역시 극복해야 할 것이다. 이런 시각은 이주여성이 우리 사회에 정착하는 데 어려움을 가중시키는 요인이 되며, 이들이 느끼는 위축된 존재감으로 인해 또 다른 사회문제로 이어질 가능성을 배제할 수 없다. 이주민들의 국가가 가난하다고 하여 그들의 문화를 천시하고 비하하며 우리의 것만을 무조건 우위에 놓고 무시해서는 안 될 것이다. 또 한 가지 존중의 측면에서 주목해야 하는 것은 이주여성의 성에 관한 문제다. 그들의 성적 자기 결정권과 주체성을 존중하고, 부부간에 평등한 성적 관계를 이루어야 하며, 모성에 관한 권리 역시 존중되어야 할 것이다. 이주여성들은 노동 현장과 결혼 가정을 통해 부당한 대우와 성적 학대, 심지어 폭력까지도 경험하는 상황에서 생존의 어려움만이 아니라 불안과 공포를 경험하기 때문에 낮은 자존감과 자기 비하 등 심리적 위기와 고통을 겪고 있다.

5) 자기실현의 욕구

매슬로의 이론 체계에서조차 자기실현이라는 욕구는 만족에 이르는 것이 쉬운 일이 아니다. 따라서 가장 기본적인 생존의 욕구조차 확보하지 못하고 다른 여러 가지 욕구가 결핍되어 있고 조절 혹은 통제를 당하는 이주여성들에게 자기실현의 욕구는 이루어지기 어려운 요원한 꿈에 불과한 것일지도 모른다. 그러나 이들이 이런 꿈을 포기한 것은 아니다.

현재 난민 신청을 낸 케냐 여성 하나는 남편이 죽자 자신이 속한 부족에서 남편의 형제에게 재혼을 시키려고 하여 한국으로 온 경우인데, 지금은 공장에서 일을 하고 있다. 그녀는 자신의 꿈을 "언젠가는

UN 데스크에서 일하는 게 꿈이에요. 나와 같은 형편에 처한 여성들의 편에 서서 그들의 삶이 더 나아지도록 돕는 일을 하고 싶어요"[16]라며 힘주어 말했다. 자기실현의 꿈과 욕구를 가지고 살아가고자 하지만, 현실 속에서 그녀는 고향에 두고 온 두 아들에 대한 걱정, 하루하루의 고된 노동과 불확실한 신분, 예견할 수 없는 내일에 대한 불안, 그리고 스트레스로 인한 불면과 근육통증에 시달리고 있는 형편이다.

우리 사회에 이주해서 여러 모양으로 자신의 삶을 꾸려나가는 이주여성들이 자신의 희망을 포기하지 않도록, 차별적 현실 속에서 공포에 사로잡혀 건강한 삶에 대한 욕구를 포기하지 않도록, 한국 사회 안에서 다문화 시민으로 공존할 수 있는 대안을 마련해가야 할 것이다.

4. 이주여성과의 공존을 위한 대안 모색

1) '관여적 관점(Engaged Perspective)'의 모색

이주여성들은 피부색이 우리보다 검다는 이유로, 그들의 본국 경제력이 우리 사회에 비해 열등하다는 이유로, 한국말과 문화에 아직 서투른 사람들이라는 이유로, 가난을 극복하기 위해 우리 사회에 들어왔다는 이유로 끊임없이 통제되고 타자화되는 사람들이다. 그들이 가졌던 우리 사회를 향한 선망은 현실적 어려움 때문에 희석되고 억압되며 좌절에 이르고 있다. 이주여성의 삶의 자리(location)는 그들의 젠더와 인종적·계급적 특수성에 기인한 사회적·개인적 이슈들이 드러나고 있는 자리인 것이다. 한국 사회와 시민들이 이주여성에 대한 부정적 시선을 거두고 상호 공존의 사회를 만들어 가기 위해서는 새로운 가치가 필요하다. 즉, 그들이 다문화 사회의 주체들로서 함께 존재함으로써 한국 사회의 문화적 다양성과 배려와 소통의 시민 정신을 배양해갈 기회를 얻을 수 있다는 대안적 사고를 모색해야 한다.

세계화 과정에서 발생하는 어려움을 직접적으로 경험하는 이주여성을 단순히 사회의 주변적 '타자'로 머물게 하는 것이 아니라 '주인'으로 '주체'로 복원하는 사회적 과정이 마련되어야 한다. 자신의 현실적 상황을 '말하고' 이주여성들의 고유문화와 경험을 이주해 온 사회에서도 표현하며 살아가는 일이 가능하도록 해야 한다. 여성 문제에서 지역적 특수성과 계급적 차이를 간과하는 '보편적 페미니즘'의 한계를 극복하면서 이주여성의 문제를 보아야 한다.[17]

이주여성들이 자신의 문제를 개별화된 개개인의 문제로 축소하지 않고, 주변화되고 타자화된 여성들의 목소리로 인식하고 정치적·사회적 이슈로서 당당하게 말할 수 있어야 할 것이다. 한국 사회의 시민들 역시 이 일을 이주여성들만의 문제로 간과하거나 외면하는 것이 아니라 공존을 위한 사회적 연대의 노력을 해나가야 한다. 그 노력이란 이주여성의 상황과 다문화 사회의 변화에 대한 시민의 인식 노력을 말한다. 이주여성의 인종적·문화적·계급적 특수성, 그리고 젠더 특수성을 인식하고 또 이 여성들의 욕구가 굴절되고 통제되어가는 현실에 연대하면서, 그들의 삶의 정황에 함께하려는 '관여적 관점'을 훈련하고 실천해가야 할 것이다.

이 관여적 관점의 인식은 현실 상황에 억압적으로 존재하는 저항 주체, 즉 이주여성들과 연대하고자 하는 입장과 위치를 택하는 것이다.[18] 이 관점은 다문화 사회를 함께 구성해가는 시민 개개인이 가져야 할 이주민에 대한 시선이다. 이주여성에 대한 관여적 관점을 형성함으로써 이 여성들의 욕구가 무엇인지, 현실 세계에서 무엇 때문에 어려움을 받고 통제당하고 있는지를 알고, 이에 대해 시민이 담당할 과제를 습득해가야 할 것이다.

2) 다문화 교육의 다각적 방향 모색

다문화 사회의 건강한 발전을 위해 이주여성을 포함한 이주민의 한국 사회 내 적응 교육과 이들과 함께 살아가야 할 한국 시민을 대상으로 하는 다문화 교육의 다각적 실행이 필요하다. 이미 다문화 사회의 경험을 해온 서구 사회의 모습을 바탕으로 서구 사회가 밟은 전철을 되풀이하지 않고 이주민과 한국 시민 양자의 상처와 피해를 최소화하고 오히려 다문화성을 우리 사회의 풍부함으로 발전시켜갈 대안을 마련해야 할 것이다. 미국은 대표적 다문화 · 다인종으로 구성된 국가로서 다문화 사회의 전형이라 할 수 있다. 이러한 미국 사회가 다문화 사회의 변화에 구체적으로 응답하게 된 것은 제2차세계대전을 계기로 가시화된 인종적 갈등을 겪으면서다. 미국 사회가 실시한 다양성(diversity) 교육의 첫 흐름이라고 평가되는 '집단간 또는 문화간 교육(Intergroup education 또는 Intercultural Education)'은 인종적 편견과 몰이해를 감소하기 위한 것이었다.[19] 그동안 시행해온 교육의 방향은 지속적으로 변화를 거듭해왔다.[20]

처음에는 백인으로 대표되는 다수 집단에 속한 사람들과 생김새 · 언어 · 문화가 다른 소수 인종을 대상으로 교육한 "소수집단 지원 교육(Teaching the Exceptional and the Culturally Different)" 방안을 중심으로 교육했는데, 이는 현 단계 한국 사회가 실시하고 있는 모습으로 다문화 교육에서 가장 원시적 방법이라 할 수 있다. 즉, "소수 인종의 사람들을 '지배 집단의 공식 문화'에 적응하도록 그 적응 능력을 개발하는 교육으로 동화를 목적으로 하는 교육"[21]이었다. 이 교육은 다문화적 변화를 통해 나타나는 가난, 실직, 인종차별주의적 상황을 극복할 최선의 방식은 바로 '동화'라고 생각하는 것이다. 하지만 이 입장은 다문화 사회가 겪는 문제들을 해결할 대안이 될 수 없다는 것이 일반적인 평가다.

두 번째 흐름은 "관계적 접근 방식(Human Relations Approach)"으로서 인종간 혹은 다른 점을 가진 집단에 속한 사람들이 자신의 긍정성을 깨달음으로써 기존 사회가 가진 편견과 전형적인 틀을 해소해가고 사회의 연합과 인내를 증진하고자 하는 교육 방법이다.[22] 서로 다른 개인과 집단이 가진 긍정성을 인정하고 용납하면서, 각 집단간의 사회적 관계성을 개발하고 차이를 존중하는 자세를 발전시키려는 것이다. 따라서 교육 대상을 특정 집단에 속한 사람으로 제한하는 것이 아니라 사회 성원 모두를 대상으로 하고, 특정 집단을 비하하거나 소외하는 정책이나 실행 사항들이 진행되지 않도록 평화와 연합을 목표로 교육 구조가 마련되어야 한다고 생각하는 입장이다. 하지만 이 입장 역시 '소수 집단 지원 교육'의 입장으로부터는 누구에게도 실질적 도움을 주지 못하는 교육이라는 비판을 듣는다. 그리고 또 다른 입장으로부터는 교육을 통해 다른 집단의 정체성과 문화를 인식하는 일이 소수집단의 사람들이 사회 속에서 경험하는 차별과 가난 등에 관한 사회적 이슈를 해결하는 방식에는 한계가 있다는 비판을 듣는다.

세 번째 흐름은 "하나의 혹은 특정 집단 연구 방법(Single-Group

Studies)"이다. 이 방법론은 한 집단의 문화에 대해, 어떻게 그 집단이 희생당해왔는지를, 또 그 집단이 최근에 당면한 사회적 이슈들을 그 집단의 관점에서 바라봄으로써, 각 집단이 경제적 · 문화적 자원들을 통제하는 힘을 가지도록 지원하는 것이다. 사회적 계층화를 극복할 다문화 시민으로서의 의지와 지식을 증진시키는 데 관심을 두면서, 인종과 관련한 이슈에 대해 의사결정을 할 수 있는 역량을 개발하고 이 문제들에 대해 개인적 · 사회적 · 시민적 행동을 취할 수 있도록 돕는 방법이다.[23] 이 흐름에 대한 비판점들은 다문화 교육의 방향이 다양한 인종 집단이 가지는 사회적 기여도를 설명하는 것은 격려할 것이지만 억압에 대한 연구를 하게 됨으로써 연합보다는 긴장과 적대감을 악화하고 문화적 분리를 증진할 우려가 있다는 것이다.[24]

네 번째 흐름은 "다문화 교육(Multicultural Education) 방법"이다. 이 교육은 '문화적 다원주의'와 '평등한 기회'라는 두 가지 내용을 중요시한다.[25] 동시에 문화적 다양성의 가치와 장점을 증진하는 일, 서로 다른 사람과 인권을 존중하는 태도를 증진하는 일, 대안적인 생활의 모색을 시도하는 일, 사회정의와 모두를 위한 동등한 기회를 증진하는 일, 그리고 인종 집단간의 공정한 권력의 분배를 증진하는 일을 목표로 삼고 있다.[26] 교육과정에서는 비판적 사고를 기르도록 가르치며 대안적인 시각을 가지고 분석할 수 있는 능력을 갖도록 지원하려고 한다. 문화적 다양성을 지닌 사람과 소수집단에 속한 사람들의 경험과 배경을 고려한 교육과정을 형성함으로써 다원성과 참여를 지향한다. 다름과 다양성을 활용하는 다문화적 · 다원적 노력이 학교 환경과 구체적 프로그램에 반영되어 실시될 것을 강조하는 것으로 현재에도 실시되고 있는 흐름이다.

다섯 번째의 흐름은 가장 최근의 흐름으로서 "다문화적·사회재구조적 교육(Education that is Multicultural and Social Reconstructionist)"이다. 이 방법의 지지자들은 사회의 구조적 평등과 문화적 다원성의 증진을 사회적 목표로 제시하면서 교육을 통해 학습자들이 사회구조적 평등을 위해 적극적으로 활동하도록 준비하고, 문화적 다원성과 대안적 삶의 양식을 증진하며, 평등한 기회를 경험할 것을 교육목표로 삼고 있다.[27] 교육과정의 내용도 인종차별주의·계급 차별·성 차별·장애인 차별 등과 관련한 현대의 사회적 이슈에 대한 내용을 포함한다. 그리고 다른 집단의 관점과 경험을 근거로 개념을 재구성하고 억압적 상황을 분석하고자 학습자들의 삶의 경험을 교육의 시작점으로 사용하여 비판적 사고와 대안적 관점의 형성, 그리고 사회적 실천 교육과 그 역량을 강화하는 데 교육적 노력을 기울인다. 따라서 교육 방법 역시 민주적 의사결정 과정을 훈련하는 참여적 수업과 교육 내용으로 구성하고, 상호 학습의 원칙을 중요시하는 방법론이 모색된다. 학교교육의 경우에는 소수 계층의 부모 참여를 격려하고 지역공동체와 관련한 활동에 학교가 참여하기를 기대한다. 이 방법론은 개인이 변하면 사회가 더 좋아질 거라는 기존의 믿음에 이의를 제기하고, 사회적 변화를 통한 개인의 성숙을 기대하면서, 한 개인은 사회적 변화를 가져오기 위해 집단적으로 일하고 조직하는 것을 배워야 한다고 강조한다.[28]

다문화적 사회의 변화와 현실을 경험하면서 미국 교육계는 이 다섯 가지 접근 방식 중 어떠한 것을 선택하고 그 방법과 교육철학에 맞게 교육을 진행하고 있다고 볼 수 있다. 소수를 다수에 통합하는 것과 유색인종을 백인에 통합하는 것, 그리고 이주민을 미국인에 통합하는 것은 '동화'라는 기본 원칙하에 조금씩 변화를 더하면서 진행되어온 미국 다문화 · 다종교 교육의 일관된 방향이었다고 할 수 있다. 하지만 미국 사회 내에 가시적 · 불가시적으로 존재하는 다문화간, 다인종간의 갈등은 항상적 불안을 감지할 수 있을 정도로 현실적인 문제다. 그 현실 상황을 보는 관점도, 해결 방식에 대한 생각도 다양하다. 그렇기 때문에 교육학자들은 동화정책에 기초한 교육철학을 비판적으로 바라보면서 다섯 번째 방법을 지지하는 경향을 보이지만, 교육 관계자와 시민들이 어떠한 방법과 관점을 선택할 것인가를 고민하는 자체가 의미 있는 작업이라고 말한다.[29] 왜냐하면 자신이 속한 사회가 현상유지적 (status quo)으로 갈 것을 기대하고 거기에 부응하여 살지, 아니면 변화가 필요하다고 생각하고 변화를 위한 행동에 참여할지에 대한 선택 자체가 그 선택을 해야 하는 사람에게는 도전적 질문이 되기 때문이다. 그리고 이 질문은 한국 사회에서도 여전히 되짚어보아야 할 질문이다.

유럽 역시 다문화 사회의 역사를 지닌 지역인데, 그 가운데 독일의 '프랑크푸르트(Frankfurt)'는 다문화 · 다종교성을 띤 대표적인 도시 가운데 하나다. 이 도시는 전체 인구의 40퍼센트 이상이 이주민이며, 이주민 65만 명 가운데 미등록자(불법체류자)가 16만 명 이상으로 이주민 전체의 24.7퍼센트를 차지한다. 또한 175개의 각기 다른 나라에서, 유대교 · 기독교 · 가톨릭교 · 이슬람교 · 불교 · 힌두교 등 다양한 종교와 문화를 가지고 이주해 온 이주민들이 함께 살아가는 도시이며 이 각기 다른 이주민들은 바로 프랑크푸르트의 다문화성 · 다종교성을 이루는 주체들이다.

프랑크푸르트 지방정부는 1989년부터 '프랑크푸르트 모델'이라는 기획안을 가지고 다문화 · 다종교 사회를 위한 논의를 구체화하기 시작했다. '다문화 정부기관(Department of Multicultural Affairs)'의 기획안이 안고 있는 과제는 크게 이주자 공동체를 사회 속에 '통합(Integration)'해가는 것, 대중에게 이주자의 현실 상황을 알리는 것, 그리고 이에 관련한 정책과 프로젝트(Polity of Integration)를 개발하는 것 등으로 구성되어 있다. 이 과제를 이루어 내고자 시도하고 있는 방식은 그 과정에 이주 집단에 속한 사람들이 참여하도록 격려하고 그들의 역량을 강화하려고 노력하는 일, 그리고 각 집단 상호간의 네트워크를 형성하도록 지원하는 일, 이주민들과 함께하는 사회를 건설하는 일로 진행되고 있다. 이러한 노력으로 프랑크푸르트는 150개의 종교 공동체와 150개의 이주민 문화공동체를 형성하고 지원하는 거대한 다문화 사회로 발전하고 있다.

집단간의 상호 네트워크를 형성하고자 정부는 정책 입안자들과 미등록인들을 포함한 이주민들과 대화를 시도하고 있으며, 종교간의 대화(Inter-Religious Dialogue)를 지원하여 각 공동체 및 종교 집단의 리더십을 개발하고 네트워크를 형성해가는 것 자체가 건강한 다문화·다종교 사회 건설을 약속할 것이라고 믿고 있다. 베라 클링어(Vera Klinger) 정부 담당자는 "이러한 일을 하는 사람들의 인격(personality)이 중요하기 때문에 각 그룹이 올바른 방식으로 표현하도록 대표자 교육을 하고 있다"[30]라고 말하면서 교육의 중요성을 강조했다. 프랑크푸르트 정부는 특히 이주민들과 더불어 평화롭고 건설적인 방식으로 공존하는 사회를 이루려고 애쓴다. 이를 위해 다른 문화·종교·언어권에서 이주한 이주민 자녀들을 교육하는 일과 그러한 교육을 할 수 있는 교사의 증진, 그리고 시민들이 다른 문화의 사람들과 이주민 상황에 대해 인식하도록 하는 교육에 관심과 노력을 기울이고 있다.

미국과 독일의 경우 다문화 사회를 위한 교육이 결코 이주민에 대한 일방적 적응 교육에 그치는 것이 아니라, 오히려 동화적 관점을 극복하면서 상호 존중과 공존을 위한 상호 교육의 방향과 원칙을 가지고 진행되고 있음을 주목해야 할 것이다. 상호 존중의 태도가 준비되지 않은 채로 다문화 사회로 계속 나아간다면 집단간의 갈등과 반목만이 깊어질 것이다. 하나의 다수 인종 집단이 다른 소수집단을 다수 집단의 언어와 문화적 태도에 일방적으로 맞추게 하여, 다양성보다는 획일성을 추구하고 각자의 차이보다는 집단 내 동일성을 더 가치 있게 여긴다면 소수집단의 사람들은 결국 자기 정체성을 박탈당하고 타의적 · 억압적 동화 과정을 겪을 것이다. 이러한 방향으로 진행되는 다문화 사회는 갈등과 분쟁, 억압과 저항, 주체와 객체, 중심과 주변, 다수와 소수 등 이원론적 대립 구조와 차별을 생산하기 때문에, 양자가 평화롭고 평등하게 발전해갈 다문화 사회를 만들어가려면 다른 인종 집단간의 상호 이해와 소통을 전제로 한 교육적 대안을 모색해야 한다.

특히 소수집단 가운데서도 여성이라는 젠더 특수성으로 인해 더욱 상처받기 쉬운 이주여성들과 공존하려면 이들의 상황을 이해하고 이들이 우리 사회에서 살아가는 데 도움이 되는 교육적 지원과 소통의 장이 마련되어야 할 것이다. 이주여성들은 그들의 어려움이나 현실이 알려지길 바라며 선망과 공포 사이에 존재하면서 누군가 말을 걸어주길 기다리고 있다. 언어의 한계를 넘어 자신의 삶의 이야기를 들어주고 희망을 나눌 사람이 필요하다. 이들은 자신의 속마음을 털어놓고 말할 수 있는 대상을 필요로 한다.[31] 이주여성들은 자신들의 꿈과 희망이 이루어지길 두려움 속에서, 고난 속에서 기다리고 있다.

5. 맺음말

이미 시작되어 진전하고 있는 우리 사회의 다문화성은 다문화 사회를 구성하는 이주여성 등 다양한 소수집단의 상호 주체성을 인정하고 그들을 존중하는 가운데 성숙해갈 수 있다. 여기에서 이주여성에 관한 이슈는 현재 우리 사회의 다문화성을 받치고 있는 하나의 축이며, 사적인 영역의 경계를 넘나드는 사회적 · 경제적 · 심리적 차원 등 다차원의 문제를 드러내는 영역임을 분명히 인식해야 한다. 이들을 위한 포괄적이며 다각적 차원의 배려가 사회적으로 마련되어야 할 것이다. 특히 이주여성의 성을 둘러싸고 드러나는 문제들은 우리 사회의 여성에 관한 인식과 이주민에 대한 사회와 문화, 제도의 한계를 드러내기에 이 문제의 해결은 다차원의 공동적 노력 없이는 불가능해 보인다.

다차원의 공동적 노력이란, 첫째로, 인종적으로 다양한 유색인에 대한 인종적 이해와 수용적 자세를 획득하려는 노력이 진행되어야 한다. 다른 문화와 인종의 차이와 특성으로 말미암아 차별이 작동하지 않는 정책이 마련되고, 서로 존중하고 이해하는 가치와 태도의 변화를 불러올 다문화 교육이 시행되어야 한다. 둘째로, 여성과 몸, 성에 대한 여성주의적 교육이 시행될 교육적 · 제도적 장치가 마련되어야 한다. 최근 정부의 지원하에 전국적으로 실시되고 있는 결혼이주여성 지원센터가 이러한 측면의 교육과 더불어 이주여성을 지원하고 문제를 해결하고자 실천해가는 기관으로서 역할을 해내길 기대해본다. 셋째로, 노동권 · 인권 · 생존권 등 기본권을 위협하는 이주여성의 불안정한 사회적 지위 문제를 합법적으로 해결할 법적 · 제도적 장치를 마련하는 일이 시급한 과제다. 특히, 이주여성에게 가해지는 성폭력과 성범죄에 대해서는 이주여성들이 처한 사회적 지위의 합법·불합법 여부를 초월하여 처벌할 수 있는 관계 법이 마련되어야 한다. 넷째로, 다문화간 문화적 연대와 조화를 이루도록 서로 존중하는 문화를 경험할 문화 체험의 장을 확대해가야 할 것이다. 이러한 일에 참여하고 있는 학술 연구 기관, NGO, 종교 단체들에 대한 국가적 지원과 상호 협조가 이루어져야 한다.

이렇듯 다문화 사회에서 살아가는 이주여성에 대해 다차원의 공동적 지원이 수반되어야 하는 까닭은 계급·인종·성 등의 차이를 주목하고 고려하지 않아도 되는 동질적이고 차별화되지 않는 문제는 존재하지 않기 때문이다. 우리 사회의 이주여성들은 이주민으로, 노동자로, 결혼이민자로, 여성으로, 다중적 억압에 노출되어 있는 사람들이다. 그들이 국경을 넘으면서 꿈꾼, 좀 더 인간다운 삶이 이루어질 거라는 한국 사회를 향한 선망의 시선이 생존만을 위한 공포와 두려움의 시선으로 변해가지 않도록 모두가 손을 내밀어야 할 때다.

부록

유네스코의 문화간 교육[*]

편저자 | 유네스코 교육섹터 질적 교육증진국 평화인권교육과
번역자 | 서종남(경기도 다문화교육센터 부소장)

[*] 이 글은 2006년 유네스코 질적 교육증진국 평화인권교육과에서 편찬한 〈UNESCO Guidelines on Intercultural Education〉을 번역한 것이다. Intercultural Education은 '상호문화 교육', '문화간 이해 교육' 등으로 번역·사용된다. 여기서는 용어의 혼동을 피하고자 원어에 맞게 '문화간 교육'으로 통칭하기로 한다. 또한 'Interculturalism'은 '간문화주의'로 사용한다.(편집자 주)

서문

유네스코 집행이사회 회원국들은 "교육과 문화간 · 종교 간 이해 증진을 위한 자료 개발에서 그동안 유네스코가 보여준 주도적 역할을 지속적으로 강화해나갈 것"*을 요청해왔다. 이와 동시에 유엔이 발의하고 유네스코와 유엔인권고등판무관실(OHCHR)이 공동으로 시행하고 있는 인권 교육을 위한 세계 프로그램도 학교와 교육과정에 인권에 관한 원칙을 포함시킴으로써 세계 모든 사람들이 서로 관용하고 존중하는 것이 필요함을 강조한다.

이 책자의 모든 가이드라인은 문화간 교육을 둘러싼 각종 쟁점들에 대한 이해를 도우려고 작성된 것들이다. 이 가이드라인은 각종 주요 기준 문서들, 그리고 2006년 3월 유네스코 본부에서 개최된 전문가 회의와 같은 많은 회의의 결과를 종합하여 만든 것으로서 향후 문화간 교육 분야에서 행해야 할 활동과 정책 방향을 설정하는 데 필요한 개념과 쟁점들을 제시한다.

이 책자는 국제적 기준을 설정하는 기구로서, 그리고 다양한 문화

---

* Document 33C/5, Draft Report of the Commission II, item 3.1.

적 · 이데올로기적 시각을 총괄하는 기구로서 유네스코가 지닌 독특한
역할을 반영한다.

　이 책자가 교사, 학생, 교육과정 개발자, 정책 입안자 및 관련 기관
의 모든 관계자는 물론, 평화와 상호 이해 증진을 위해 문화간 교육의
발전을 바라는 모든 이에게 가치 있고 실용적인 자료로 쓰일 수 있기를
기대한다.

소개의 글

현재와 같이 급속한 변화 속에 문화적 · 정치적 · 경제적 · 사회적 격변으로 전통적 삶의 방식이 도전받는 세계에서 교육이야말로 사회 통합과 평화로운 공존을 증진시키는 중요한 역할을 담당한다. 예컨대 교육은 문화와 신념과 종교가 다른 학생들 사이의 대화를 촉진하는 프로그램을 통해 지속 가능하고 관용적인 사회가 될 수 있도록 이끄는 중요하고도 의미 깊은 기여를 할 수 있다.

문화간 교육은 모든 이에게 양질의 교육이 제공되어야 한다는 요구에 대한 응답이다. 이것은 세계인권선언(the Universal Declaration of Human Rights, 1948)에 담긴 인권적 측면에서 구상되었다.

교육은 인격의 완전한 발전과 인권과 기본적 자유에 대한 존중을 강화하는 데로 나아가야 한다. 교육은 모든 국가와 인종 또는 종교 집단 사이에서 이해, 관용, 우호 관계를 증진시키며 평화를 유지하기 위한 유엔의 활동을 촉진해야 한다.[1]

교육 분야에서 유네스코가 맡고 있는 임무는 범세계적인 교육정책을 이끄는 일로서, 오는 2015년까지 보편적 초등교육 달성을 목표로 한다. 그러나 여기에서 말하는 보편성이라는 뜻은 가변적이고 복잡하다. 그 이유는 정부가 공공의 삶과 사회생활에 공평성을 제공할 수 있는지, 그리고 국민들을 문화간 대화에 개방적이고 상대방의 존재와 사고방식에 관용적인 사람으로 교육할 능력이 있는지에 따라 그 정부가 다원적이고 민주적인 사회를 이끌어갈 통치력을 지녔는지 여부가 결정될 뿐 아니라 이와 같은 추세가 갈수록 심화되고 있기 때문이다.

일반적으로 교육, 특히 문화간 교육에 관한 유네스코의 활동은 이 분야에서 각종 기준을 제시하는 많은 문서와 자료의 범주 안에서 이루어진다. 유네스코 헌장에서 창설 회원국들은 "문화와 정의, 자유, 평화를 실현하기 위한 교육의 광범위한 확산"이 필수 불가결하다고 선언하고 있으며, "회원국 국민들 간 소통 수단을 발전시키는 동시에, 서로를 이해하고 서로의 삶에 대한 정확하고 온전한 지식 습득에 이용할 것"[2]을 약속하고 있다.

더 나아가 최근 들어 유네스코 회원국들은 문화와 교육 사이의 연관성에 더욱 주목할 필요성을 제기하고 있다. 일례로, 구체적이고 지속적인 노력을 통한 문화와 문명 간의 대화라는 주제로 개최된 라바트 회의(모로코 라바트 2005년 6월 14~16일)에서 채택된 라바트 협약(the Rabat Commitment)은 "이미 시행된 각종 연구, 간행물 및 시행된 사업 내용을 토대로 문화간 교육 가이드라인"[3]을 마련할 것을 권고하고 있다. 본 책자는 이 권고에 따른 것이다.

이 지침서는 문화간 교육을 둘러싼 주요 쟁점들을 종합하는 데 목적을 두었다. 유네스코가 추구하는 바와 같이 교육에 대한 간문화적 접근에 필요한 근본적인 원칙들을 제시하며, 모두 3장으로 구성되어 있다. 1장에서는 먼저 문화간 교육에 관한 주요 쟁점을 살피고, 문화간 교육의 목적과 기본적인 운용 원리를 개관한다. 2장에서는 문화간 교육의 규범적인 체계를 간략히 소개한다. 이 체계는 교육과 상이한 문화 사이에서 일어나는 여러 쟁점에 관계된 국제적 기준 문서의 분석 및 국제회의 결과에 바탕을 두고 있다. 3장에서는 주요 쟁점에 대한 국제적 입장을 종합하고 문화간 교육과 관련하여 향후 교육정책을 이끌어갈 세 가지 기본원칙을 제시한다.

1장
교육과 다문화주의

교육과 다문화주의(Education and Multiculturalism)에 관한 쟁점들을 다루면서 겪는 가장 큰 어려움은 상충되는 다양한 세계관을 중재할 때 어쩔 수 없이 생기는 근본적인 갈등 문제다. 그러나 한편으로 이러한 갈등이야말로 다문화 세계에는 다양한 가치가 공존하고 있음을 반영한다. 간혹 이들 갈등 가운데에는 한 번의 양자택일 방식으로 해결될 수 없는 것들도 있다. 그렇지만 상충되는 입장에서도 서로 활발하게 의견을 교환하면, 이는 교육과 다문화주의에 관한 토론을 한껏 풍성하게 만들 것이다.

　문화간 교육의 본질에서 발생하는 중요한 갈등 요소 한 가지가 있는데, 이 경우 문화간 교육의 본질이란 보편성과 문화적 복수주의를 모두 수용하는 것을 말한다. 이 현상은 한편으로는 인권의 여러 측면에 반하는 내용이 될 수도 있는 문화적 차이를 인정하면서도, 또 한편으로는 인권의 보편성을 강조해야 할 필요에서 두드러지게 드러난다. 차이와 다양성의 개념 역시 갈등을 유발할 수 있는데, 예를 들어 서로 다른 문화적·언어적 배경을 고려하여 다양한 교육과정을 제공하는 것과는

반대로 어느 특정 국가에서 모든 아이에게 일률적으로 한 가지 교육과
정만을 제공하는 경우 갈등이 유발될 수 있다. 달리 말하면 이 관계는
일반적인 형평의 원칙과 문화적으로 특정해지려는 교육제도가 지닌 특
성 사이에서 파생되는 갈등이다. 따라서 문화간 교육이 안고 있는 과제
는, 문화간 교육의 일반적 기준이 되는 보편적 원칙과 특정한 문화적
맥락이 요구하는 것들 사이에 균형을 이루고 이를 유지하는 일이라 하
겠다.

1. 주요 쟁점과 상호 관계

1) 문화

문화라는 말의 정의는 다양하다. 그중 하나로 문화는 "일정한 사
회의 구성원들이 서로 인정하고 알아보면서 자신들이 속한 사회의 구
성원들과 속하지 않는 구성원들을 분별할 수 있게 해주는 모든 형태의
표상"[4]이라고 정의된다. 문화는 또 "예술, 문학, 생활양식, 함께 사는
방식, 가치 체계, 전통과 신념 등을 포함하여 일정한 사회나 사회적 집
단이 지닌 특유한 정신적 · 물질적 · 지적 · 감성적 특징의 총체"[5]라고
일컬어지기도 한다. 문화는 개인적이거나 사회적인 정체성의 핵심으로
서 각 집단간 정체성을 조화시켜 사회적 통합의 틀을 이루는 중요한 요
소다. 문화에 대한 논의에서는 사회 구성원으로서 한 개인의 사고 · 신
념 · 감정 · 활동 방식을 정형화하는 모든 요소가 언급된다.

2) 문화와 교육

(1) 이해하기

교육은 "인간을 전인적으로 발달시키고 사회생활에 참여하게 하는 수단"[6]이다. 교육은 나이에 상관없이 가족, 공동체, 혹은 직장과 같은 다양한 집단의 활동을 통해 이루어진다. 또한 자연적인 주변 환경과의 상호작용을 통해서도 교육이 이루어지는데, 특히 이 상호작용이 사회적·문화적 목적에서 의도되었을 경우에는 더욱 그러하다.

이 중에서도 학교는 여전히 가장 두드러진 교육기관으로서 사회 발전의 중추적 역할을 담당한다. 학교는 지식을 전수하고 개인의 능력·태도·가치를 창조함으로써 학습자들이 사회생활을 할 때 필요한 잠재력을 갖추게 하는 데 그 목적이 있다.

(2) 상호 관계

문화와 교육의 두 개념은 본질적으로 서로 얽혀 있다. 문화는 교육 내용, 교육 운용 방식과 주변 환경도 만들어내는데 이는 문화가 우리의 준거 체계, 사고와 행동양식, 신념과 감정까지도 형성하기 때문이다. 교사와 학생, 교육과정 개발자, 정책 입안자, 지역 사회 구성원 등 어떤 형태로든 교육과 연관된 사람들은 그들의 문화적 시각과 포부를 가르칠 내용과 전달 방식에 쏟아 붓는다. 반대로 교육 또한 문화를 존속시키는 핵심 요소다. 오랫동안 축적되어온 역사적 현상의 하나로서 문화는 교육을 통한 지속적인 전수와 질적 향상 없이는 존재할 수 없다. 따라서 잘 짜인 교육은 바로 이러한 목적을 달성하는 데 그 목표를 두고 있다.

3) 문화와 언어

(1) 이해하기

언어는 인간 문화를 표현하는 가장 보편적이며 다양한 형식의 하나로, 어쩌면 이러한 형식 중에서 가장 중요한 것이라 할 수 있다. 정체성 및 지식의 기억과 전달에 관련된 쟁점의 핵심에는 언어가 자리잡고 있다.

따라서 언어 다양성은 문화 다양성을 반영하는 것이어서 정확하게 계량화하거나 분류할 수가 없다. 이중(二重) 언어나 다중(多重) 언어는 개인적으로나 전체적인 차원에서 볼 때 언어 다양성이 가져온 하나의 결과로서, 이는 일상생활에서 한 가지 이상의 언어가 사용되고 있음을 말해준다.

(2) 상호 관계

언어는 문화의 요체다. 각 언어들은 역사적이고, 공동 경험의 결과물로서 문화적으로 특정한 세계관과 가치 체계를 나타낸다. 오늘날 세계에서 사용되는 언어 6,000여 가지 중 절반가량이 사라질 위험에 처해 있음을 시사한 통계 수치[7]는 염려스러운 것이 아닐 수 없다. 왜냐하면 이들 언어가 사라진다는 것은 곧 그 언어 속에 들어 있는 지식 체계는 물론 그 언어들과 밀접히 연관되어 있는 문화마저도 소멸한다는 뜻을 담고 있기 때문이다.

언어 문제는 교육의 개념 설정에서도 핵심적인 사안이다. 언어 능력은 학업성취도를 좌우할 뿐만 아니라 다른 문화에 쉽게 접근할 수 있게 해주고 개방적인 문화 교류를 촉진하기 때문에 민주적 다원화 사회에서 개인이 능력을 발휘하는 데 결정적 요소로 작용한다.

4) 문화와 종교

(1) 이해하기

종교 교육이라 함은 자신의 종교나 영적 활동에 관해 배우는 것, 또는 타 종교와 다른 믿음에 관해 배우는 것이라고 설명할 수 있다. 이와는 대조적으로 종교간 교육은 다른 종교를 가진 사람들 사이의 관계를 적극적으로 설정하는 것에 목표를 두고 있다.

(2) 상호 관계

세상에 서로 다른 종교가 존재하고 서로 다른 믿음이 있으며 영적 존재에 대한 입장 역시 서로 다른 것은, 그것들이 공동체적이고 역사적인 산물임을 말해주는 것이다. 즉, "인간이 겪어온 경험이 얼마나 다양하며, 또 미래에 대한 기대와 도전, 그리고 불행에 대해 인간이 얼마나 다양한 방식으로 대처해왔는지를 반증해준다."[8] 이들 서로 다른 문화적 풍습과 가치가 상호작용을 함에 따라 교차 문화적(cross-cultural) 관계가 이루어지고 내면적으로도 다양해진 것이다.

"동질성과 이질성의 문화적 퍼즐"[9]이라고도 할 수 있듯이, 교육에 대한 문화간 접근 과정에도 역시 종교적 쟁점들이 나타나지만 그 쟁점들이 신의 영역 문제로까지 확산되면 그때부터 쟁점 자체는 쉽게 해결되기 어려운 특수한 상황으로 남아 있게 된다.

서구 사회에는 계몽운동 이래로 공공 생활에 미치는 종교의 역할을 실제보다 낮추어보는 경향이 있다. 그럼에도 현재에는 정치사상이나 정치 활동에서 종교적 · 정신적 신념이 점점 더 분명히 드러나는 추세다. 때로는 종교적 차이를 구실로 삼는 사회적 · 정치적 갈등이 증폭되고 있고 종교적 의미를 찾는 탐색의 방식도 새로워지고 있는데, 일부 어떤 지역에서는 종교적 의미를 원리주의에 입각해서 표현하는 경우도 나타났다. 학교 교실은 지금 다문화(multicultural) 상태일 뿐만 아니라 다종교(multi-faith) 상황이기도 하다.

민주 사회에서는 종교간 문제를 교육을 통해 다루는 것이 근본적으로 중요하다. 현재 전 세계적으로 많은 국가가 종교간 문제를 교육 과제에 포함시키고 있다. 그럼에도 문화간 교육 내에서 종교간 요소가 특수한 맥락에 있음을 주시하는 것은 중요하다. 정신세계(spirituality)에 관해서 볼 때 세속주의도 반론의 여지는 있지만 종교와 대등한 수준의 가치 체계이고, 학교를 종교적 상징과 교리로부터 자유로운 공간으로 분리시킨 일부 국가에서는 이 가치 체계가 하나의 규범으로도 되고 있다. 세속적 문화 환경을 지닌 학교에서는 신앙 문제가 학교생활에 큰 영향을 미치는 곳에서 만큼 종교간 교육(interfaith education)의 비중과 중요성이 높지 않을 수도 있다.

5) 문화 다양성과 문화유산

(1) 이해하기

문화 다양성이란 "집단이나 사회의 문화가 표현되는 다양한 방식"[10]이라고 정의되어왔다. 그것은 또 "지구상에 있는 생명의 다양성에 대한 명시적 표현"[11]이기도 하다.

문화유산은 일찍이 문화정책에 관한 세계대회(World Conference

on Cultural Policies)에서 다음과 같이 정의가 내려진 바 있다. "문화유산은 미술가·건축가·음악가·작가·과학자의 작품은 물론, 작자 미상 예술가의 작품, 인간 정신세계의 표현물, 삶에 의미를 부여하는 온갖 가치까지도 모두 포함한다. 문화적 유산은 언어, 각종 의식, 신앙, 사적지와 각종 문학, 예술 작품, 사료, 도서관 등처럼 인간의 창조력이 표현된 유형·무형의 모든 작품을 일컫는다."[12] 공공의 문화유산은 인간의 창조성과 발달, 그리고 부흥을 위한 유일한 원천이므로 없어서는 안 될 필수 불가결한 자원이다.

(2) 상호 관계

문화 다양성은 사회경제적이며 정치적인 환경의 일부를 구성하고 세계 문화유산의 요소가 인식되고 사회적으로 형성되는 방법에 영향을 미치는 권력 구조와 연관이 있다. 국가·민족 등의 인간 사회를 구성하는 다양한 문화 공동체들은 정치적·경제적 권력과 영향력에 동등한 접근성을 가지고 있지 않다. 다양한 문화 집단간의 갈등은 종종 경제적·정치적 요인과 연관되어 있고, 여기에서 문화적 차이는 꼭 인과적 요인이 아닐 수는 있지만 한 가지 특성일 수 있다.

더구나 21세기는 본질적으로 다문화 사회다. 하지만 현대사회에서 서로 다른 문화들이 갖는 생존 가능성이나 자기표현 방식도 각기 다르다. 정치적 갈등과 계속되는 환경 변화 속에서 어떤 것은 변화에 더 적극적으로 나서는가 하면, 또 어떤 것은 서서히 순응의 길을 간다. 이와 같은 현상으로 인해 그 밖의 다른 문화, 특히 비주류 문화는 좌절과 쇠퇴의 길에 노출되었다. 세계가 글로벌화 될수록 이들 비주류 문화의 가치와 구조도 약화될는지 모른다.

문화 다양성과 문화유산이 문화와 지식의 생존에 그토록 중요하다고 한다면, 간문화정책이야말로 문화와 지식의 활력을 지속적으로 유지시키는 데 중요한 역할을 할 것이다.

6) 주류 문화와 비주류 문화

(1) 이해하기

비주류 문화 또는 소수문화(minority culture)라는 용어는 "일반적으로 상이한, 그리고 지배적인 문화 이데올로기, 즉 '주류 문화'를 가진 다수 인구의 그늘에 가려 삶을 살아가는 소외 집단이나 취약 집단의 문화"[13]를 일컫는 말이다. 비주류 집단이 지배적인 위치를 점하지 못하는 이유는 항상 그 수적 열세 때문만이 아니라 때로는 그 비주류 집단이 지닌 특수한 문화적 · 사회경제적 특성과 관련된 질적인 차원에서 비롯되기도 한다. 소수집단의 이와 같은 특성 때문에, 좀 더 우월한 위치에 있는 사회 지배 계층의 가치 체계나 생활 방식과 매우 다르거나 심지어 공존이 불가능한 소수집단만의 가치 체계나 생활 방식이 생성되기도 한다.

'비주류'라는 말은 "서로 상이한 네 가지 범주의 집단을 지칭하기 위해 쓰이는 용어 인데, 여기에는 (1) 한 국가 안에서 토착 종족의 혈통을 이어받은 토착민……, (2) 일정한 영토 안에서 오랜 문화 전통을 이어오고 있는 소수자, 소수집단……, (3) 특정한 영토에 속하지 않은 소수자 또는 유목민, 소수집단……, (4) 이민자……"[14] 등이 포함되어 있다.

특히 토착민들은 정부의 경제 · 문화 · 통신과 교육정책에 영향을 받는다. 비록 처음에는 이들 정책이 좋은 의도로 마련되었다 해도 결국에는 토착민의 물질적 생활 기반을 훼손하는 데 일조를 해왔음을 알 수 있다. '토착민'을 한마디로 정의할 수는 없으나 그 용어 해석에 어김없이 동원되는 몇 가지 분명한 판별 요건이 있는데, 이를테면 다음과 같은 것들이다.

- 토착민이라 불리는 사람들이 지닌 특수한 사회, 문화 및 경제적 생활 상태[15]
- 이들의 신분과 지위를 규정해줄 수 있는 고유한 사회적 · 경제적 · 문화적 · 정치적 제도 및 관습과 전통의 존재 여부[16]
- 다른 사람들에게서 '토착민'으로 인식되느냐 여부[17]
- 스스로 자신을 '토착민'으로 인식하고 있느냐 여부[18]
- 특정 지역이나 영토 안에 속해 있느냐 여부 및 자연현상이나 토양과의 특별한 관계 여부
- 세계관

(2) 상호 관계

비주류 사회의 문화가 활력을 가질 수 있느냐 여부는 그 비주류 사회의 사회경제적 지위와 밀접히 연관되어 있다. 그것은 상이한 여러 공동체가 제각각 가지고 있는 나름대로의 문화 형태, 예를 들어 관습 · 신앙 · 생활 방식 등이 평가를 받고 그에 따라 위아래로 계층화되기 때문이다. 이 과정을 통해 어떤 문화는 지배적 위치로 올라서고 다른 것들은 변방으로 밀려난다.

오늘날에는 국가와 국가간, 그리고 도시와 농촌 간 인구 이동이 증

가함에 따라 사회의 문화적 구성이 복잡해지고 있다. 그래서 토착민이나 여타 비주류 집단은 일정한 지역에서 자신들이 지켜온 오랜 역사적 전통을 되짚어볼 수 있지만, 한편으로 오늘날의 인구 이동은 문화적으로 분열된 도시형 또는 준도시형 사회를 계속 만들어내는 추세다. 이러한 현상으로 인해 교육정책을 입안하는 데 많은 난제가 생겨난다.

교육제도는 기본적으로 이주민이나 토착민 등 모든 소수자가 안고 있는 특수한 교육적 필요성에 부응할 수 있어야 한다. 이를 위해 고려해볼 만한 것 중 하나는 학습자들의 문화적 소양과 생각에 맞는 효과적이고 적절한 교육 프로그램을 개발하고 이를 통해 비주류 사회를 문화 · 사회 · 경제적으로 활성화하면서 동시에 이들 소수자들이 더 큰 사회에도 적극 참여할 수 있도록 지식과 기술을 습득할 수 있는 길을 제공할 방법을 강구하는 일이다.

7) 다문화주의와 간문화주의(Interculturalism)

(1) 이해하기

다문화(multicultural)라는 용어는 그 자체로 인류 사회에 문화적으로 다양한 본질이 있음을 말해준다. 더 나아가 이 말은 종족이나 민족 문화를 형성하는 구성 요소들을 일컬을 뿐만 아니라, 종교적 · 사회경제적 다양성이라는 뜻도 내포한다.

간문화성(interculturality)이라는 용어는 아주 역동적인 개념으로서 문화 집단간에 생성되는 관계를 말한다. 이 말은 "다양한 문화가 실재하고, 그 문화간 공평한 상호작용과 대화와 상호 존중을 통해 공통적인 문화적 표현을 생성할 수 있는 가능성"[19]이라고 설명된다. 간문화성은 다문화주의를 전제로 한 것으로서, 지역적 · 국가적 또는 국제적 차원에서 이루어지는 문화간 교류와 대화의 결과로 생겨나는 것이다.

(2) 상호 관계

민주주의를 강화하려면 사회의 다문화적 특질을 고려하여 서로 상이한 문화 집단간의 평화 공존과 긍정적인 상호작용에 적극적으로 기여하려는 목표를 지닌 교육제도가 갖추어져야 한다. 이러한 목적을 달성하고자 전통적으로 두 가지 접근 방법이 추구되어 왔는데, 바로 다문화 교육(Multicultural Education)과 문화간 교육(Intercultural Education)이다. 다문화 교육에서는 타 문화를 학습함으로써 이들 타 문화를 수용하거나, 아니면 적어도 용인할 수 있도록 교육한다. 이에 비해 문화간 교육은 다문화 사회 안에서 서로 상이한 문화 집단간 수동적 공존의 범주를 넘어 상호 이해, 존중과 대화를 통해 더욱 발전적이고 지속적으로 함께 살아가는 방법을 모색하는 데 목표를 두고 있다.

2. 문화간 교육의 역할과 목표

문화간 교육(Intercultural Education)은 단순히 정규 교육과정에 '첨가되는' 수준에 그쳐서는 안 된다. 이는 학교생활과 의사결정, 교사 교육과 훈련, 교육과정, 강의 시 사용 언어, 교수법과 학생 간 상호 활동 및 학습 자료와 같은 세부적 차원에서 교육과정의 여러 측면은 물론 전반적인 학습 환경도 고려되어야만 한다. 이렇게 하려면 다양한 견해와 주장이 수렴되어야 한다.

사회 내부의 피지배 소수집단의 언어·역사·문화를 배우는 포용성 있는 교육과정이 나온 것이 이에 대한 중요한 실례다. 강의 시 사용 언어와 언어교육에 관한 문제는 문화간 교육의 효율성과 관련된 또 하나의 중요한 요소로서, 이에 관해서는 유네스코 교육정책 문서인 〈다중언어 세계에서의 교육(Education in a Multilingual World)〉[20]에 설명되어 있다.

문화간 교육이 추구하는 뚜렷한 목표는 '21세기 교육위원회(The International Commission on Education for the Twenty-First Century)'[21]가 '교육의 4대 기둥'이라는 표제하에 밝힌 내용으로 간추릴 수 있다. 이 위원회의 결론에 따르면, 교육은 다음에 열거된 네 가지 기둥에 널리 기초를 두어야 한다.

1) 알기 위한 배움(Learning to know)

"일반적으로 폭넓은 보편적 지식을 몇몇 프로젝트에 심도 있게 적용해볼 수 있는 기회를 충분히 가져서 아는 것을 이용하는 법을 배운다."[22] 위원회는 더 나아가 "일반 교육은 한 인간을 타 언어와 지식의 영역에 접하도록 이끌어서……의사소통을 가능하게 해준다"[23]라고 언급하는데, 일반 교육이 가져오는 이와 같은 결과는 일부 기본적인 기술들이 문화간 교육을 통해 전달될 수 있음을 보여주는 것이다.

2) 행하기 위한 배움(Learning to do)

"직업적인 기술만이 아니라 더 넓게 보아 다양한 상황에 대한 대처 능력과 팀을 이루어 일할 수 있는 능력을 습득하기 위해"[24] 행동하기를 배우는 것이다. 국가적·국제적 맥락에서, 행하기 위한 배움은 사회에서 개인이 자신의 위치를 찾는 데 필요한 능력을 획득하는 것을 포함한다.

3) 함께 살기 위한 배움(Learning to live together)

"다원주의 가치와 상호 이해와 평화, 그리고 문화 다양성을 존중하는 정신으로 다른 사람들에 대한 이해와 상호 의존성에 대한 인식을 높여, 공동 프로젝트를 시행하고 갈등에 대처하는 법을 익힘으로써"[25] 함께 사는 법을 배우는 것이다. 간단히 말해 학습자는 사회의 다양한 구성원과 집단 사이에 연대와 협동 정신을 키워줄 수 있는 지식과 기술과 가치를 습득해야 한다.

4) 존재하기 위한 배움(Learning to be)

"자신의 개성을 좀 더 발전시키고 더 높은 자율성과 판단력, 그리고 책임감을 가지고 행동할 수 있는 능력을 갖추기 위해 존재 방법을 배우는 것이다."[26] 이렇게 볼 때 교육은 문화적 잠재력같이 어떤 형태든 개인의 잠재력을 경시해서는 안 되며, 개인적으로 타인과 다른 차별성을 지닐 권리를 바탕으로 해야 한다. 이러한 가치는 학습자들의 인지 능력 향상에 도움을 줄 뿐만 아니라 개인적 정체성과 존재 의미를 강화한다.

2장
국제적 법체계

1. 국제 기준 문서

1) 세계인권선언

세계인권선언(The Universal Declaration of Human Rights, 1948)은 사회를 구성하는 개개인간의 관계를 다루는 데서 가장 기본적이며 핵심점인 국제 기준이 되는 문서 중 하나다. 이 문서는 교육이 기본적으로 담당해야 할 두 가지 기능을 부여하는데, 이 기능들은 문화간 교육의 개념 설정에도 중요한 요소가 된다. 즉, 세계인권선언은 "교육은 인간 개개인의 충분한 인성 개발, 인권과 기본적 자유에 대한 존중을 강화하는 방향으로 시행되어야 한다"라고 규정하고, 이어 "모든 국가, 인종이나 종교 집단간의 이해와 관용, 그리고 우의 및 유엔의 평화 유지 활동을 촉진해야 한다"라고 선언하는 것이다.[27]

이 중 두 번째 원칙은 "회원국 국민들간 소통 수단(means of communication)을 개발하고 증가시키며 상호 이해 증진을 위해 이 수단들을 활용한다"[28]라고 천명한 유네스코 회원국 결의 내용과도 일치한다.

이 두 가지 기본 원칙은 교육과 관련하여 국제적으로 기준이 되는 많은 문서의 핵심을 이루고 있는데, 어떤 문서는 그 내용을 그대로 인용하기도 하고 또 어떤 것은 두 원칙 중 하나 또는 두 가지 모두가 가진 이념을 더 발전시킨 내용을 담기도 한다.

이 원칙들을 표방한 원문의 문구들은 이후 유네스코 교육상 차별 금지에 관한 협약(UNESCO Convention against Discrimination in Education, 1960)[29]과 국제 이해 · 협력 · 평화를 위한 교육 및 인권 · 기본 자유에 관한 교육 권고(UNESCO Recommendation Concerning Education for International Understanding, Cooperation and Peace and Education relating to Human Rights and Fundamental Freedoms, 1974)[30]에서 다시 손질되었다.

이 밖에도 반드시 원문 문구가 그대로 사용되지는 않았지만 여타 많은 기준 문서가 이 원칙들의 하나 또는 두 가지 모두를 자세히 설명하고 있다. 예를 들면 모든 형태의 인종차별 철폐를 위한 국제 협약(the International Convention on the Elimination of All Forms of Racial Discrimination, 1965)[31], 경제적 · 사회적 · 문화적 권리에 관한 국제 규약(the International Covenant on Economic, Social and Cultural Rights, 1966)[32], 아동의 권리 협약(the Convention on the Rights of the Child, 1989)[33] 및 종교나 신념을 이유로 한 모든 형태의 불관용 철폐에 관한 선언(the Declaration on the Elimination of All Forms of Intolerance and of Discrimination Based on Religion or Belief, 1981)[34] 등이 이런 문서들이다.

2) 조약, 협약 및 규약

조약이나 협약 및 규약은 참가 당사국들에 대해 구속력이 있고 법적 의무를 지운다는 점에서 국제적인 법체계에서 매우 중요한 비중을 점하는 것들이다.

이들 중 많은 것이 앞에서 말한 바와 같이 교육은 인간 개개인의 발전과 상호 이해 및 평화를 증진하는 방향에 맞추어져야 한다는 세계 인권선언의 두 가지 기본 원칙을 반영한다. 그뿐만 아니라 그중 일부는 이런 원칙과 대등할 정도로 문화간 교육에 관련이 깊은 보충적 개념들을 정립하고 있다.

예를 들면 다음과 같은 것들이다. 경제적 · 사회적 · 문화적 권리에 관한 국제 규약에는 교육을 통한 각 개인의 사회적 능력 증대에 관한 중요한 규정이 하나 추가되어 있는데, 이 규정은 "교육은 모든 사람이 자유로운 사회에 효율적으로 참여할 수 있는 능력을 배양해주어야 한다"라고 적시하고 있다.[35]

또 직업기술교육 협약(the Convention on Technical and Vocational Education, 1989)은 교육 프로그램이 그 교육을 받는 학습 집단의 특성에 맞아야 한다는 뜻을 담고 있는데, "본 협약에 서명한 국가들은 관련 학습 집단의 교육, 문화, 사회적 배경 및 직업적 열망을 반영한 직업교육 프로그램을 개발하고 제공하기로 합의한다"[36]라고 밝히고 있다. 이 협약은 그 밖에도 교육 프로그램이 "인류의 공동 유산을 보존할 수 있도록"[37] 짜여야 한다는 이념도 제시하고 있다.

아동의 권리 협약(the Convention on the Rights of the Child, 1989)에는 교육이 떠안고 있는 복잡다단한 문화적 책임이 망라되어 있다. 이와 관련하여 협약은 이렇게 규정한다. "아동교육은 아동의 부모와 그들의 문화 정체성, 언어와 가치 기준에 대한 존중 및 그 아동이 거주하고 있거나 태어난 나라의 국가적 가치 기준, 그리고 자신의 것과 상이한 문명에 대한 존중……이러한 존중심을 배양시키는 방향에 맞추어져야 한다."[38]

모든 이주노동자와 그 가족의 권리 보호에 관한 국제 협약(the International Convention on the Protection of the Rights of All Migrant Workers and Members of Their Families, 1990)에는 이주노동자 자녀가 처한 상황과 관련하여, "모국어와 모국 문화 교육"[39]뿐만 아니라 "거주국 언어교육을 위해 거주국 교육제도에 동화하도록 촉진시켜야 한다."[40]라고 규정하고 있다.

그 밖에도 주권국의 토착민과 부족민에 대한 국제노동기구 협약 제169호(the ILO Convention No.169 concerning Indigenous and Tribal Peoples in Independent Countries, 1991)는 문화간 교육과 관련하여 다음과 같은 몇 가지 조항을 포함하고 있다.

- 교육 프로그램의 적절성 : "본 협약에 관련된 토착민과 부족민의 필요에 부응할 수 있고 그들의 역사, 지식과 기술, 가치 체계 및 사회적 · 경제적 · 문화적 열망을 구현할 교육 프로그램과 서비스를 발전시키고 시행해야 한다."[41]
- 아래 그들을 위한 교육 프로그램과 서비스가 개발되고 시행되어야 한다."[42]
- 사회적 능력 강화 : "본 협약에 관련된 토착민과 부족민의 자녀가 지역사회와 국가에 타인과 동등한 위치에서 완전하게 참여할

수 있도록 일반 지식과 기술을 가르치는 일이 이들을 위한 교육 목표 중 하나가 되어야 한다."[43]

- 토착민 및 부족민과 여타 집단간의 이해 증진 : "이들 토착민과 부족민을 배려하는 차원에서 혹시 여타 사회집단의 구성원들이 이들에 대해 품고 있을지도 모르는 편견을 해소시키기 위한 교육적 대책이 국가 차원의 모든 분야에서 시행되어야 한다."[44]

문화적 표현의 다양성 보호와 증진 협약(the UNESCO Convention on the Protection and Promotion of the Diversity of Cultural Expressions, 2005)은 그에 앞서 채택된 유네스코 세계 문화 다양성 선언(the UNESCO Universal Declaration on Cultural Diversity, 2001)에 담긴 구상을 한층 더 강화시켜, 문화 다양성은 "인류 공동의 유산"으로서 그것을 지키는 일이야말로 "인간 존엄성과 분리할 수 없는 윤리적 의무"[45]로 인식되어야 한다고 강조한다. 이 선언은 나아가 "문화 다양성은 인권과 기본적 자유가 보장된 때에만 보존되고 증진될[46] 수 있는 것으로, 이는 교육 프로그램을 통해 문화적 표현의 다양성 보호와 증진이 중요하다는 사실이 이해되고 촉진됨으로써만"[47] 가능해진다고 설명한다.

3) 선언과 권고

선언과 권고는 구속력은 없으나 국제사회의 일치된 의견을 대변하므로, 서명국들을 움직여 행동을 취하도록 하는 효력을 발휘한다. 유엔 청소년의 평화 이념, 국민 간 상호 존중과 이해의 증진에 관한 선언(the UN Declaration on the Promotion among Youth of the Ideals of Peace,

Mutual Respect and Understanding between Peoples, 1965)[48]은 국제적 차원의 평화 · 연대 · 이해와 협력을 촉진하기 위한 교육의 역할을 중시하면서 다음의 중요성을 강조한다.

- "(청소년들이) 인종, 피부색, 민족적 배경 또는 신앙에 대한 차별 없이 인류의 존엄성과 평등을 인식하는 일"[49]
- "세계 모든 국가의 청소년들을 단합시키기 위한 청소년 교류, 여행, 관광, 회합, 외국어 학습, 마을과 대학 간에 결연 맺기 등……이들과 유사한 활동"[50]

"모든 문화는 하나하나가 각기 특유의 존엄성과 가치를 지니고 있으며"[51] "모든 문화는 인류 전체가 소유하는 공동의 문화유산"[52]이라는 확신을 기초로 채택된 유네스코 국제 문화 협력의 원칙 선언(the UNESCO Declaration of the Principles of International Cultural Cooperation)은 교육 활동을 통한 국제적 문화 협력의 목표를 어디에 둘 것인지를 제시한다. 선언은 이러한 국제적 문화 협력이 "모든 문화를 융성하게 하면서"[53] "각각 개별적인 문화가 지닌 고유한 특성을 존중하고"[54] "민족 간의 평화적 관계와 우의를 강화해주는 한편 상대방의 생활 방식에 대한 이해를 증진시키고"[55] "누구든지 풍성한 문화생활을 향유하는 데 도움이 되는 지식을 습득할 수 있도록 해주어야 한다"[56]라고 명시하고 있다.

한편 '국제 이해 · 협력 · 평화를 위한 교육과 인권 및 기본적 자유에 관한 교육 권고'는 국제 이해와 평화 증진을 위한 방안으로 "다른 문화 공부하기"와 "외국어 가르치기"[57]의 중요성을 강조하고 일련의 교육목표를 제시하는데, 여기에는 다음과 같은 목표가 포함되어 있다.

- "모든 민족과 그들의 문화·문명·가치와 생활양식에 대한 이해와 존중", "국제 연대와 협력의 필요성에 대한 이해" 등 가치에 관한 인식 증진
- "다른 사람들과의 의사소통 능력"과 같은 소통 기술 전수
- "모든 수준 및 모든 형식의 교육에 대해 국제 차원과 세계적 시각에서 접근하는 것"과 같은 교육정책에 관한 일반 원칙들[58]

인종과 인종 편견에 관한 유네스코 선언(the UNESCO Declaration on Race and Racial Prejudice, 1978)은 인종차별 문제를 다루면서 "모든 국가뿐만 아니라 모든 관련 기관 및 교육 관계자들은 교육 자원이 인종차별 반대에 사용되고 있는지를 확인할 책임이 있음"[59]을 주장한다.

성인교육 개발에 관한 유네스코 권고(the UNESCO Recommendation on the Development of Adult Education, 1976)에는 문화간 교육의 개념에 관해 다음과 같은 몇 가지 내용이 담겨 있다.

- 성인교육은 "국가적으로, 또 국제적으로 풍습과 문화의 다양성을 이해하고 존중하는 정신을 고취해야 한다."[60]
- 어떤 교육 프로그램이든지 "성인 학습자가 속한 국가와 사회의 사회적·문화적·경제적·제도적 특성[61]에 맞게 구성되어야 한다."
- "학습자와 교사로서의 이중 역할을 수행할 수 있도록 해주는 문화 매개체[62]로서 학습자의 적극적인 역할"이 인정되어야 한다.
- 성인교육은 이주노동자, 난민 및 인종적 소수민의 문화 정체성,

그리고 그들이 정착한 국가에 적응하는 데 필요한 요건이 무엇인지를 고려하여 시행되어야 한다.[63]

　　민족 및 인종적·종교적·언어적 소수민에 속하는 사람들의 권리에 관한 유엔 선언(the UN Declaration on the Rights of Persons Belonging to National or Ethnic, Religious and Linguistic Minorities, 1992) 역시 소수집단을 인정하는 교육 내용의 필요성을 강조한다. "국가는 자기 영토 안에 거주하는 소수민족의 역사, 전통, 언어와 문화에 관한 지식 습득을 장려하기 위해 적절하다고 판단될 경우 교육 분야에서 필요한 조치를 취해야 한다. 소수집단에 속한 개개인은 사회 전반에 관한 지식을 습득할 적절한 기회를 가져야 한다"[64]라고 선언하고 있다.
　　이 밖에도 유네스코 세계 문화 다양성 선언(the UNESCO Universal Declaration on Cultural Diversity, 2001)은 문화적 권리를 둘러싼 문제들을 다루면서 "누구든지 자신의 문화 정체성이 충분하게 존중되는 양질의 교육과 훈련을 받을 자격이 있음"[65]을 들어 교육의 역할을 강조하고 있다.

2. 국제회의의 결과들

1992년과 1994년 국제교육회의는 문화간 교육에 불가결한 내용이 담긴 조항들을 채택했다.
　　먼저 1992년 회의가 문화적 발전에 대한 교육의 공헌(Contribution of Education to Cultural Development)과 관련하여 채택한 권고 사항 제

78호는 문화 발전을 실현하기 위해 문화간 교육이 중심적 역할을 해줄 것을 주문한다. 이 권고 사항은 문화간 교육의 일반적인 목적과 그 실행 요소를 교육적 측면에서 자세히 명시하고 있다.

1992년 국제교육회의(the 1992 International Conference on Education)의 최종 보고서는 문화간 교육의 목표를 다음과 같이 설정했다.

- 모든 형태의 배척 행위 축소
- 통합과 교육 성취도 촉진
- 문화 다양성에 대한 존중 증진
- 다른 이들의 문화에 대한 이해 증진
- 국제 이해 증진[66]

교육적 차원에서의 그 실행 방안에서는 다음 사항을 제시했다.

- 교육과정
- 교수 방법
- 교육 자료
- 언어교육
- 학교생활과 그 관리
- 교사들의 역할과 훈련
- 학교와 사회 간 상호작용[67]

제44차 세계교육회의에서 채택된 선언(the Declaration of the 44th

session of the International Conference on Education)은 평화와 인권과 민주주의를 위한 교육과 관련하여 문화간 교육이 담당해야 할 역할을 제시했다. 이 선언은 국제이해교육이 "문화 정체성의 다양함과 풍부함을 배우는 것"[68]과 다른 문화에 대한 편견 없는 열린 자세 및 인간의 차이점을 존중하는 데 기초를 두어야 한다고 명시하고 있다.[69]

이어 이 선언의 통합행동체계(the Integrated Framework of Action)는 평화 · 인권 · 민주주의를 위한 교육이 반드시 추진해야 할 사항을 다음과 같이 제시했다.

- 문화 다양성과 문화유산에 대한 존중 증진[70]
- "타 문화와 소통하고 공유하며 협력할 수 있는 능력"[71] 개발
- 어떤 상황이나 문제점에 대한 해석이든지 문화적 전통에 기초를 둔 것임을 수용할 수 있는 능력 개발[72]
- "국제적 차원의 시각을 가지고" "타 문화에 대한 지식 및 이해와 존중"[73]을 강조하는 교육과정의 개발
- "타 문화를 더욱 심도 있게 이해하기 위한 수단"[74]으로서 외국어 학습을 지원하는 일
- 교사와 학생들의 국제 교류 증진[75]
- 서로 다른 나라 관련 기관 간의 공동 프로젝트 시행 촉진[76]

그동안 교육과 관련하여 세계적으로 개최된 많은 회의와 포럼은 모두를 위한 양질의 교육을 실현하려는 목적에서 다문화에 관한 문제들이 안고 있는 중요성을 반복적으로 조명하고 있다.

일례로 1990년 좀티엔에서 채택된 모든 이를 위한 교육에 관한 세

계 선언(the 1990 World Declaration on Education for All)은 문화적 유산과 정체성을 강화하고 각 개인에게 사회적 능력을 부여하여 국제 평화와 연대에 기여하게 하려면 그들의 기본적인 학습 욕구를 만족시킬 수 있을 정도의 충분한 교육 기회가 제공되어야 한다는 점을 강조한다.[77] 선언은 이어 여기에서 말하는 기본적 학습 욕구라는 말은 문화적 배경의 특수성에 따라 그 정의를 달리할 수 있다고 설명하고 있다.[78]

1993년 델리 선언(the Delhi Declaration)은 교육이 "문화 다양성에 대한 존중을 증진시키는 뛰어난 수단"[79]이라고 강조한다.

또 최근 상황에 비추어볼 때, 1996년 암만 확약(the 1996 Amman Affirmation)도 문화적 연관성 및 간문화에 대한 이해와 관련하여 다음과 같은 몇 가지 교육적 측면이 중요하다는 점을 강조한다.

- 교육과정에 거주국 특유의 내용 포함
- 초기 교육을 위한 모국어 사용
- 교차문화적 학습과 상호 존중 강화[80]

한편 다카르 행동체계에 대한 확대 해설(the Expanded Commentary on the Dakar Framework for Action)은 이해와 관용과 평화 증진을 위한 교육의 중요성,[81] 그리고 무엇보다도 문화적 실상이나 커뮤니티 참여와 같은 국소적 요소들이 학교생활, 교육 내용 및 교육 방법과 관련하여 교육 분야에서 얼마나 중요한 중심적 역할을 담당해야 하는지를 잘 나타내고 있다.[82] 여기에서는 특히 거주국 언어의 역할이 크게 강조된다.[83]

이 밖에도 다른 여러 국제회의들이 간문화와 관련된 이슈들을 다루어왔는데 가장 관련이 깊은 것들을 꼽자면 다음과 같다.

- 유네스코 세계고등교육회의(the World Conference on Higher Education, 1998, 파리)
- 제5차 세계성인교육회의(the Fifth International Conference on Adult Education, 1997, 함부르크)
- 제4차 유엔 세계여성회의(the Fourth World Conference on Women, 1995, 베이징)

21세기를 위한 세계고등교육 선언(the World Declaration on Higher Education for the Twenty-first Century, 1998)에는 "문화다원주의와 다양성의 측면에서 국가적 · 지역적 · 국제적 · 역사적 문화들을 이해하고 해석하고 보존하며 장려하고 증진시키고 전파하도록 돕는"[84] 것이 고등교육이 해야 할 핵심 임무 중 하나라고 명시되어 있다.

따라서 혁신적인 교육 방법은 다음 사항을 촉진시키는 것이어야 한다.

- "다문화적 환경에서 전통적이며 부분적인 지식과 노하우를 진보된 과학과 기술에 접합시키는 창조성이 발현되는 팀워크"[85]
- "특유의 문화적 환경"[86]이 고려된 교육과정
- "글로벌 이슈 및 상이한 문화와 가치를 지닌 사람들과 상생할 필요성에 대한 이해를 증진시킬 다언어주의의 실천, 교원 · 학생 교류 프로그램 및 이의 시행을 위한 제도적 연계 활동"[87]

1997년의 함부르크 성인교육 선언(the Hamburg Declaration on Adult Learning)은 다음 사항에 대한 지지를 천명하고 있다.

- 민족 유산 및 문화와 가치에 기초를 두고 문화 다양성을 반영한 성인교육 실현을 위한 교육적 접근[88]
- 자신의 모국어로 배울 권리
- 평화의 문화 실현을 돕기 위해 타 문화간 학습과 타 문화에 관한 학습을 촉진시키는 문화간 교육[89]

1995년도 베이징 선언과 행동강령(the Beijing Declaration and Platform for Action)은 다음 사항에 대한 지지를 밝히고 있다.

- 토착민 여성,[90] 이주여성과[91] 소녀들을 위한 교육에 문화적·언어적으로 적절한 방법에 따라 접근하는 일 : 이야기하기, 드라마, 시와 노래같이 문화적으로 적절한 형태의 전통적 전달 수단을 통해 교육에 접근하는 방법[92]
- 갈등 해소 방안, 중재, 편견 철폐와 다양성 존중 등 교차문화적(cross-cultural) 화합과 평화의 문화 실현에 목표를 둔 교육 프로그램들[93]

더 나아가 '문명 간 대화'에 관한 유네스코 활동의 일환으로 2005년 모로코의 라바트에서 개최된 '구체적이고 지속적인 노력을 통한 문화간, 문명 간 대화에 관한 회의(the Conference on Dialogue among Cultures and Civilizations through Concrete and Sustained Initiatives)'가

채택한 '라바트 공약(the Rabat Commitment)'은 문화간 대화의 원칙들을
어떻게 하면 문화간 교육을 통해 교육 환경에 적용시킬 것인가에 관한
7개 항목의 권고 사항과 21건의 '특별 제안'을 내놓고 있다. 이 권고
사항과 제안들은 초등교육에서부터 중등교육 이후의 교육에 이르는
넓은 범위에 걸쳐 있고, 형식 교육은 물론 비형식 교육도 통합되어 있
다. 이것은 또 다양한 종류의 교육 요강도 제시하는데 이를테면 다음
과 같다.

- 교육과정과 교육 자료의 개발(교과서와 정보통신 기술의 이용에 특
  별히 초점을 맞춤)
- 언어 훈련, 생활 기술과 능력 등

좀 더 정책적인 차원에서는 다음과 같은 내용이 제안되었다.

- 문화간 대화를 담당하는 대학 교수직의 설치
- 문화간 교육에 관한 지침서 제작

3장
문화간 교육에 관한 지침

앞서 각종 국제회의에서 나온 국제 기준 문서나 그 밖의 다른 문서들을 검토해본 결과 이 문서들이 문화간에 발생하는 여러 이슈와 관련하여 교육에 대해 국제사회가 가진 시각을 두드러지게 강조하고 있음을 알 수 있다. 여기에서 재론하는 몇 가지 원칙은 문화간 교육 분야에서 국제사회의 행동을 이끌어갈 수 있을 것으로 본다.

원칙 I 문화간 교육은 문화적 적합성과 상응성을 갖춘 모두를 위한 양질의 교육을 제공함으로써 학습자의 문화적 정체성을 존중한다.

원칙 II 문화간 교육은 적극적이고 완전한 사회참여 실현에 필요한 문화적 지식, 갖추어야 할 태도 및 능력을 학습자 개개인 모두에게 가르친다.

원칙 III 문화간 교육은 모든 학습자가 각 개인간, 인종적·사회적·문화적·종교적 집단간, 그리고 국가간의 이해와 존중, 화합에 기여할 수 있도록 문화적 지식과 태도, 능력을 가르친다.

원칙 I 문화간 교육은 문화적 접근성과 상응성을 갖춘 모두를 위한 양질의 교육 관련 조항을 제공함으로써 학습자들의 문화적 정체성을 존중한다.

이 원칙은 다음과 같이 실현할 수 있다.

다음과 같은 교육과정과 교수 및 학습 자료의 활용 :

• 학습자들의 다양한 지식 체계와 경험에 바탕을 둔다.[94]
• 학습자들의 역사, 지식과 기술, 가치 체계, 기타 사회적 · 경제적 · 문화적 열망을 한데 접목시킨다.[95]
• 학습자들이 자신들의 문화유산을 인지하고 이해하도록 이끌어 준다.[96]
• 학습자의 문화 정체성, 언어와 가치에 대한 존중을 배양하는 데 목적을 둔다.[97]
• 현지의 자원을 활용한다.[98]

다음과 같은 교수법 개발 :

• 재래식 교수법[99]을 종합하거나 이야기하기 · 드라마 · 시 · 노래 등[100] 전통적 형태의 전달 수단을 이용하거나 하여 학습자의 문화에 알맞게 구성한다.
• 실제적 · 참여적이며 주변 환경에 맞는 학습 테크닉에 바탕을 둔 교수법 : 여기에는 문화기관과의 합작에 따른 제반 활동, 현장

이나 유적지 등에 대한 연구여행[101]과 방문 기타 학습자가 속한 지역사회의 사회적·문화적·경제적 필요와 연관된 각종 생산적인 활동 등이 포함된다.[102]

문화적으로 적절한 평가 방법[103]의 개발

가급적이면 학습자들의 모국어를 강의 언어로 선택하기[104]

다음과 같은 목표를 가진 적절한 교원 교육 :

• 교원들이 자기 나라의 문화유산에 정통하도록 해준다.[105]
• 교원들이 실제적이며 참여적이고 주변 조건에 맞는 교수 방법에 익숙해질 수 있도록 해준다.[106]
• 비주류 집단이 지닌 교육적·문화적 욕구에 대한 인식을 높여준다.[107]
• 주류 집단과 다른 문화를 가진 집단의 욕구에 맞게 교육 내용, 방법과 자료를 조화시킬 능력을 제공해준다.[108]
• 교실에서 다양성을 학습자들에게 도움을 주기 위한 도구로 활용한다.

식사 규정 숙지, 의상 양식 존중, 기도나 명상 장소 지정과 같은 문화 다양성을 존중하는 학습 환경의 진작

다음에 예시된 방법을 통해 학교와 지역사회 간 상호작용 및 학습

자 또는 지역사회의 교육과정 참여를 촉진한다.

- 교육 목적과 지역사회를 위해 학교를 사회 · 문화 활동의 중심으로 활용한다.[109]
- 전통 공예가들과 연기자들을 교사로 참여시킨다.[110]
- 학습자들의 역할을 문화 전달 수단으로 인정한다.[111]
- 지역 간의 문화적 · 제도적 차이를 고려하여 교육 내용과 방법의 개발을 지역별로 분산시킨다.[112]
- 학교 운영, 관리 · 감독, 의사결정, 교육 프로그램 기획 및 시행, 각종 교육과정, 학습 및 교육 자료 개발 등에 서로 다른 문화적 배경을 가진 학습자, 부모, 지역사회 구성원, 교사 및 행정가들을 참여시킨다.[113]

원칙 II 문화간 교육은 적극적이고 완전한 사회참여 실현에 필요한 문화적 지식, 갖추어야 할 태도 및 능력을 학습자 개개인 모두에게 가르친다.

이 원칙은 다음과 같은 방법으로 실현할 수 있다.

평등하고 공평한 교육 기회를 보장한다. 그 방법은 다음과 같다.

- 모든 문화 집단에게 모든 형태의 교육에 접근할 동등한 통로를 제공한다.
- 교육 시스템 안에 있는 모든 형태의 차별을 철폐한다.

• 중등교육 및 중등교육 이상의 교육과 직업훈련을 동등하게 받을 수 있는 자격을 보장하는 교육 자격 요건을 갖춘다.[114]
• 이주노동자의 자녀와 같이 특이한 문화적 욕구를 지닌 집단을 교육제도 안으로 동화시키는 것을 촉진시킬 대책을 수립한다.[115]
• 동등한 학습 참여 기회를 보장한다.[116]
• 차별 없고 안전하고 평화로운 학습 환경을 제공한다.
• 해결되지 않은 과거사 문제 때문에 교사와 학생들이 다른 사람들과 동등하게 사회에 참여할 수 있는 능력을 제한당하는 상황에 대한 특별 대책을 수립하고 시행한다.

다음과 같은 교육과정과 교수 및 학습 자료의 활용 :

• 비주류 집단의 역사·전통·언어와 문화에 관련된 지식을 주류 집단에 제공하는 것[117]
• 사회 전반에 관한 지식을 비주류 집단에 제공하는 것[118]
• 한 국가 내에서 문화적으로 특이한 집단에 대한 편견을 제거하려고 하는 것[119]
• 문화적으로 다른 다각적 시각에서 얻은 지식을 제공함으로써 다양한 문화 체계를 포용하고 있는 것[120]
• 읽기, 쓰기와 실용 회화에 대한 종합적인 이해력을 키워서 누구나 정보에 접근할 수 있고 자신이 살고 있는 상황을 분명히 이해하며 자신의 요구를 표현하고 사회 활동에 참여할 수 있게 하는 것[121]

다음과 같이 문화적으로 적합한 교수 방법 :

- 학습자의 적극적인 교육과정 참여를 촉진한다.[122]
- 형식, 비형식, 전통적 · 현대적 교수 방법을 접목시킨다.[123]
- 적극적 학습 환경을 진작시키는 교수 방법 : 일례로 교과서에서 얻은 지식의 모호성을 걷어내고 확신감을 심어주며 다른 사람들과 소통하고 협력하는 능력 등[124] 문화 기술을 습득시키려는 목적으로 어떤 구체적인 프로젝트를 수행하게 함으로써 적극적 학습 환경을 진작시킨다.

지식, 기술, 태도와 가치 등을 포함, 학습 결과에 대한 명확한 해석과 평가[125]

적절한 언어교육 : 학습자들은 누구나 자기의 모국어, 거주 국가에서 사용하는 공식 언어나 비공식 언어, 그리고 한 가지 이상의 외국어로 소통하고, 자신을 표현하며, 대화에도 참여할 수 있는 능력을 습득해야 한다.[126]

적절한 교사 입문 교육(teacher initial education) 및 교사들에게 다음 사항을 제공하는 항구적인 직업훈련 :

- 교육에서 문화간 패러다임과 그것이 교실, 학교 및 지역사회에서 일어나는 일상사의 변화가 가지는 의미에 대한 심도 있는 이해

- 인종적 편견과 차별에 반대하는 운동에서 교육이 담당해야 하는 역할이 무엇인지에 대한 비판적 인식
- 교육과 학습에 대한 권리에 기초한 접근 방법
- 학습자와 학습자가 속한 지역사회의 필요와 요구에 따라 지역 자체적으로 학교 교육과정을 작성 · 시행 · 평가할 수 있는 능력
- 비지배적 문화 집단의 학생들을 배움의 과정 속에 융합시키는 기술[127]
- 학습자들의 이질적인 요소들을 고려하는 능력[128]
- 관찰하기, 듣기 및 문화간 소통 방법과 기술, 필요한 경우 한 가지 이상의 언어와 일부 인류학적 견해를 활용할 수 있는 능력[129]
- 평가를 시행할 수 있는 능력 확보[130] 및 각종 방법에 대한 지속적 분석, 평가 결과와 새로운 방법 제시에 대한 긍정적인 열린 자세

원칙 III 문화간 교육은 모든 학습자가 각 개인간, 인종적 · 사회적 · 문화적 · 종교적 집단간, 그리고 국가간의 이해와 존중, 화합에 기여할 수 있도록 문화적 지식과 태도, 능력을 가르친다.

이 원칙은 다음과 같은 방법을 통해 실현할 수 있다.

다음의 사항에 기여하는 교육과정 개발 :

- 문화 다양성의 발견, 문화 다양성이 지닌 긍정적 가치의 인식[131] 및 문화유산의 존중[132]
- 인종차별 정책과 편견에 반대하는 운동에 대한 깊은 인식

- 역사, 지리, 문학, 언어, 예술적 · 심미적 학문, 과학 · 기술 과목의 교육을 통한 문화유산 관련 지식의 습득[133]
- 국내에 존재하는 각기 다른 인종의 상이한 문화와 다른 나라의 문화 등 모든 민족과 그들의 문화 · 문명 · 가치 · 생활 방식에 대한 이해와 존중[134]
- 각 민족과 국가간 글로벌 한 상호 의존 관계의 증가에 대한 자각[135]
- 개인 · 사회집단 · 국가들이 자신의 권리와 함께 상대방에 대한 의무도 인식하는 일[136]
- 국제 연대와 협력의 필요성에 대한 이해[137]
- 상이한 문화적 시각에서 얻은 지식 정보를 반영하고 검토할 수 있는 능력[138]과 함께 상황과 문제 파악의 기초가 되는 개인 특유의 문화적 가치 기준에 대한 인식[139]
- 상이한 사고방식의 존중[140]

다음의 역할을 하는 적절한 교수 및 학습 방법 :

- 서로 상이한 인종의 유산, 경험과 인류에 대한 공헌을 그에 상응하는 존엄성, 성실성, 그리고 의미를 가지고 다룬다.[141]
- 평등주의적 관점에서 학습 기회를 제공한다.[142]
- 교육을 통해 이루어진 가치 체계에 부합한다.[143]
- 간학문적인 프로젝트를 제공한다.[144]

다음과 같은 방법을 통해 문화의 장벽을 넘어 타인과 소통하고 협

동하며 서로 나누는 기술을 습득한다.[145]

- 서로 상이한 국가나 문화적 환경에 있는 학생, 교사 및 여타 교육자들 간의 직접 접촉과 정례적인 교류 활동[146]
- 서로 상이한 국가의 기관 및 단체 간 공통의 문제 해결을 위한 공동 프로젝트 시행[147]
- 공동의 목적을 가지고 활동하는 학생과 학자들 간의 국제적 네트워크 형성[148]
- 분쟁 해결과 조정 능력의 습득[149]

외국어 교육과 학습[150] 및 언어교육에서의 문화적 요소 강화[151]

아래와 같은 목표 달성에 알맞은 교사 입문 교육과 장기적 전문성의 개발 :

- 문화 다양성이 지닌 긍정적 가치와 사람마다 서로 다를 수 있는 권리에 대한 각성
- 지역사회, 지역 교육기관, 언어 및 사회적 관습이 한 개인의 학습 과정과 국가, 지역, 국제사회 속에서의 자아 형성에 미치는 영향에 대한 비판적 인식 촉진
- 문화가 지니는 다양성, 역동성, 상호 관련성 및 상호 보완성의 이념에 대한 이해와 전달 능력을 더욱 촉진시킬 수 있도록 문명과 인류 역사에 관한 지식을 창출[152]
- 학교 운영 및 학교 프로젝트와 프로그램의 설계 · 수행 · 평가에

대한 적극적인 사회참여를 촉진하는 데 도움이 될 사회적 · 정치적 역량 조성

- 효과적인 문화간 교육을 위해 박물관이나 여타 관련 기관 견학을 최대한 활용할 수 있는 능력 개발[153]
- 학생들이 타인에 관해 배우고 이해하는 데 관심을 갖도록 이끌어주는 열린 마음과 능력 부여[154]
- 관찰하는 기법, 긍정적으로 듣는 기법 및 문화간 소통 기술의 습득[155]

본문의 주

1장

1) 김려령, 《완득이》(서울 : 창비, 2008), 37쪽.

2) 찰스 테일러 지음, 송영배 옮김, 《불안한 현대 사회》(서울 : 이학사, 2001), 25쪽.

3) 제임스 레이첼스 지음, 김기순 옮김, 《도덕철학》(서울 : 서광사, 1989), 31~32쪽.

4) 제임스 레이첼스 지음, 김기순 옮김, 《도덕철학》, 33쪽.

5) Peter Dews, *The Limits of Disenchantment : Essays on Contemporary European Philosophy*(London : Verso, 1995), 205.

6) 아리스토텔레스의 윤리학은 근본적으로는 아테네, 혹은 그리스의 문화를 배경으로 한 것이다. 따라서 그의 윤리학은 문화상대주의의 비판에 취약할 수 있다. 아리스토텔레스의 입장에서는 아테네의 문화와 타지의 문화 사이에 질적인 차이가 있다는 주장으로 이러한 비판에 대해 변명할 수 있다. 사실 아리스토텔레스나 이 시기의 다른 사상가들의 윤리학적 생각에서 중심이 되는 개념은 좋음(the good)이다. 문화적 차이를 넘어서는 논리로 더 나을 수 있는 어떤 것에 대한 공감대가 전제되어 있다고 이해할 수 있다. 이런 점에서 좋음 중심의 윤리학과 옳음(the right) 중심의 윤리학이 다르다.

7) 이러한 취지에서 기획된 보편 윤리에는 마치 고대 로마제국에서의 보편주의적 입장

에서 보는 것과 같은 우울함이 내재되어 있다. 이 점에 대한 지적은 다음을 참조하라. 김선욱, 〈윤리의 보편성 문제와 철인왕 콤플렉스〉, 《철학》 89집 별책(2007) ; 김상봉, 《호모 에티쿠스 : 윤리적 인간의 탄생》(서울 : 한길사, 1999), 111쪽.

8) 여기서 설명한 〈그림 1-1〉과 〈그림 1-2〉와 관련된 내용은 필자의 논문 〈다원주의 논점들과 정치-윤리적 관점〉, 《사회와철학》, 제6집(2003)의 2장 부분을 수정하고 보완하여 다시 쓴 부분이며, 내용이 동일하지는 않다.

9) 다음에 나오는 진리 개념 중심의 영역 차이에 관한 논의는 필자의 글, 〈종교에 있어서 '경계긋기'와 '함께하기'〉 경희대학교 인류사회재건연구원 엮음, 《우리 사회의 경계, 어떻게 긋고 지울 것인가》(서울 : 아카넷, 2008)에서 부분적으로 논의된 바를 추가하고 확대한 것으로, 그 내용이 동일하지는 않다.

10) 김선욱, 《정치와 진리》(서울 : 책세상, 2001), 47쪽.

11) 김선욱, 〈문화와 소통가능성 : 한나 아렌트 판단 이론의 문화론적 함의〉, 《정치사상연구》6집(한국정치사상학회, 2002 봄), 172쪽.

12) 이러한 정치 개념은 *Hannah Arendt, The Human Condition*(Chicago : The Chicago University Press, 1958)에서 상세히 논의되었으며, 필자의 《정치와 진리》, 1~3장에서도 자세히 설명되었다.

13) 존 로크 지음, 〈존 로크, 종교의 자유와 공화국의 자유를 함께 추구한 사상가〉, 공진성 옮김, 《관용에 대한 편지》(책세상, 2008), 해제, 116~117쪽.

14) 마이클 왈쩌 지음, 송재우 옮김, 《관용에 대하여》(서울 : 도서출판 미토, 2004), 32쪽.

15) 마이클 왈쩌 지음, 송재우 옮김, 《관용에 대하여》, 34~36쪽.

16) 마이클 왈쩌 지음, 송재우 옮김, 《관용에 대하여》, 46쪽.

17) 마이클 왈쩌 지음, 송재우 옮김, 《관용에 대하여》, 50쪽.

18) 마이클 왈쩌 지음, 송재우 옮김, 《관용에 대하여》, 53쪽, 58쪽.

19) 마이클 왈쩌 지음, 송재우 옮김,《관용에 대하여》, 63쪽.

20) 마이클 왈쩌 지음, 송재우 옮김,《관용에 대하여》, 64~65쪽.

21) 손철성, 〈다문화주의와 관련된 몇 가지 쟁점들〉, 대한철학회편《철학연구》, 107집, 6쪽 이하 참조.

22) 손철성, 〈다문화주의와 관련된 몇 가지 쟁점들〉, 8~9쪽. 여기서 다루고 있는 킴리카의 시민권 부여 주장은 왈쩌가 구분한 관용적 제도의 차이를 염두에 두고서 이해되어야 할 것이다.

23) 여기서 말하는 의식의 확장이란 임마누엘 칸트가《판단력비판》에서 설명한 개념을 한나 아렌트가 정치 영역에서 기능하는 정신적 기제로 풀어낸 것이다. 이에 대해서는 다음을 참조하라. 한나 아렌트 지음, 김선욱 옮김, 《한나 아렌트 정치판단이론》(서울 : 푸른숲, 2002), 94쪽, 191쪽.

24) 이 이야기는 필자가 어느 강연에서 들었던 이야기를 문명 간의 대화를 위한 컨퍼런스에서 사용했던 것을 다시 수정한 것이다. Seon-Wook Kim, "Invitation of Religion to Political Realm and the Reverse," 2006 *Civilization and Peace ed.* by The Academy of Korean Studies, pp.83~84.

25) 철학적 글쓰기의 방식은 여럿이다. 여기에도 다양성이 있는 것이다. 이 글에서는 많은 예를 사용하여 내러티브의 형식으로 글을 썼다. 내러티브의 글쓰기는 논리적 증명보다는 상상력의 작용을 통해 독자를 정서적으로 설득해내려는 의도를 포함하고 있는 글쓰기다. 내러티브 글쓰기의 특징에 대해서는 다음을 참조하길 바란다. 김선욱, 〈아렌트의 내러티브와 의사소통적 합리성〉, 한국철학회 엮음,《철학》, 93집(2008).

2장

1) 한국 역사학회 · 베트남 역사과학회,《한국 · 베트남 수교 15주년 기념 한국 · 베트남

관계사 심포지엄》(2007년 8월 20일, 하노이 대우호텔).

2) 이기백, 《민족과 역사》(일조각, 1997), 5쪽.

3) 일연 지음, 이가원 · 허경진 옮김, 《三國遺事》(한길사, 2006), 63~64쪽.

4) 단군과 기자 가운데 누굴 더 중시하느냐는 중국과 관련해서 조선의 정체성을 규정하는 중요한 코드였다. 숙종은 우리 東國이 '소중화'의 칭호를 얻은 것은 기자의 힘이라고 말했던 반면, 정조는 기자는 동방으로 와서 임금이 되었고 단군은 이미 요堯 시대에 임금이 되었기 때문에 기자보다는 단군을 더 존중해야 한다고 언급했다(이에 대해서는 박찬승, 〈고려 · 조선 시대의 역사인식과 문화정체성〉, 《한국사학사학보》, 10(2004), 5~35쪽을 참조하라).

5) 앙드레 슈미드 지음, 정여울 옮김, 《제국 그 사이의 한국 1895~1919》(휴머니스트, 2007), 409~414쪽.

6) 김기봉, 〈한국 근대 역사개념의 성립 : '국사'의 탄생과 신채호의 민족사학〉, 《한국사학사학보》 12(2005), 217~245쪽.

7) 칸트가 인간 인식 일반을 가능하게 하는 기본 조건으로서 규정했던 '선험성'이란 선천적으로 각인된 것 아니라 실제로는 문화적으로, 그리고 역사적으로 형성된 것이다. 푸코가 에피스테메라는 용어로 표현했던 '역사적 선험성'이란 사물의 질서를 언어적으로 구성하는 방식으로서 담론을 의미한다.

8) 《대한매일신보》, 1908년 6월 17일.

9) 신채호, 〈독사신론〉, 《단재 신채호 전집》, 제3권 역사(단재 신채호 전집 편찬위원회, 2007), 310쪽.

10) 신채호, 〈조선상고사〉, 《단재 신채호 전집》, 제1권 역사(단재 신채호 전집 편찬위원회, 2007), 601쪽.

11) 신채호, 〈조선상고사〉, 602쪽.

12) 신채호, 〈독사신론〉, 311~312쪽.

13) 박종기, 〈고려 전기 주민 구성과 국가체제 : 來投 문제를 중심으로〉, 《동아시아 민족문제와 '단일민족론'》('역사학회' 심포지엄, 2008년 2월 15~16일).

14) 이희근, 《우리 안의 그들 : 섞임과 넘나듦 그 공존의 민족사》(너머북스, 2008).

15) 데이비드 베레비 지음, 정준형 옮김, 《우리와 그들 : 무리짓기에 대한 착각》(에코리브르, 2007).

16) 이용일, 〈노동시장 중심의 독일 외국인 정책의 지속성, 1873~현재〉, 《독일연구》 Vol. 6(2003), 97쪽에서 재인용.

17) Max Frisch, "Vorwort," A. J. Seier ed., *Siamo Italianie*(Zürich 1965), p.7.

18) 에이미 추아 지음, 이순희 옮김, 《제국의 미래》(비아북, 2008).

3장

1) 프란츠 파농(Frantz Fanon) 지음, 이석호 옮김, 《검은 피부 하얀 가면》(서울 : 인간사랑, 1998). 파농은 책의 서론에서 검은 피부를 가진 흑인이 백인의 하얀 가면을 선망의 대상으로 받아들인다고 말한다. "백인에겐 하나의 사실이 있다. 스스로를 흑인보다 우수하다고 생각하는 사실 말이다. 흑인에게도 하나의 사실이 있다. 어떤 대가를 치러서라도 그들 사상사의 풍요로움과 그들 지성사의 뒤떨어지지 않는 가치를 백인들에게 증명하려고 애쓴다는 사실 말이다." 같은 책, 15쪽.

2) 1986년 아시안게임과 1988년 서울 올림픽의 개최로, '코리안 드림'을 꿈꾸는 이주민이 한국 사회에 거주하기 시작한 것은 이미 20년이 넘었다.

3) 타자는 누군가에 의해 정의되는 사람들이다. 특히 타자로서의 이주민은 자신들의 국가뿐만 아니라 현재 거주하는 국가에서 지속적으로 정의되는 사람들이다. 따라서 이주민을 '타자화'하려는 의도 속에 차별과 배제의 논리가 숨겨져 있다는 점을 인식해야 한다. Fernando F. Segovia, "Toward a Hermeneutics of the Diaspora : A

Hermeneutics of Otherness and Engagement," Fernando F. Segovia and Mary Ann Tolbert(eds.), *Reading from this Place : Social Location and Biblical Interpretation in the United States*. Vol.1(Minneapolis : Fortress Press, 1995), p.64를 참조하라.

4) 이나영, 〈초/국적 페미니즘-탈식민주의 페미니스트 정치학의 확장〉,《경제와 사회》, 제70호(2006), 60쪽.

5) 오경석, 〈어떤 다문화주의인가? 다문화 사회 논의에 관한 비판적 조망〉, 오경석 외 공저,《한국에서의 다문화주의 : 현실과 쟁점》(파주 : 한울, 2007), 30쪽.

6) 박홍순,《포스트콜로니얼 성서해석》(서울 : 예영 B&P, 2006), 135쪽. 포스트콜로니얼 이론은 '지식인의 위치'에 주목한다. '지식인'은 사회적 쟁점에 대한 자신들의 해석학적 위치를 선언해야 한다.

7) 박경태, 〈이주노동자를 보는 시각과 이주노동자 운동의 성격〉,《경제와 사회》제67호(2005), 90쪽.

8) 2008년 9월 30일 현재 결혼이민자는 12만 705명이고, 그 가운데 여성 결혼이민자가 10만 6211명으로 전체의 88퍼센트를 차지한다(법무부, 2008년 9월 30일).

9) 오현선, 〈한국 사회 여성 이주민의 삶의 자리와 기독교 교육적 응답〉, 오경석 외 공저,《한국에서의 다문화주의 : 현실과 쟁점》(파주 : 한울, 2007), 236쪽.

10) 2008년 9월 30일 현재 한국계 중국인(3만 6417명), 중국인(3만 905명), 베트남인(2만 5838명)의 순서로 결혼이민자가 한국 사회에 거주한다.

11) 김영란, 〈한국 사회에서 이주여성의 삶과 사회문화적 적응 관련 정책〉,《아시아여성연구》, 제45집(2006), 161쪽.

12) 오현선, 〈한국 사회 여성 이주민의 삶의 자리와 기독교 교육적 응답〉, 236쪽.

13) 김영란, 〈한국 사회에서 이주여성의 삶과 사회문화적 적응 관련 정책〉, 156~157쪽.

14) 박구용, 정용환, 〈이주민과 문화다원주의〉,《범한철학》, 제46집(2007), 162쪽.

15) 응구기 지음, 이석호 옮김,《탈식민주의와 아프리카 문학》(서울 : 인간사랑, 1999).

옹구기는 "언어는 어떤 언어든 이중적 특성을 지닌다. 한편으로는 의사소통의 수단이라는, 다른 한편으로는 문화의 담지자라는 특성"이 있다고 강조한다. 같은 책, 45쪽.

16) Fernando F. Segovia, "Toward a Hermeneutics of the Diaspora : A Hermeneutics of Otherness and Engagement," p.60.

17) 서경식,《디아스포라 기행 : 추방당한 자의 시선》(파주 : 돌베개, 2006), 14~15쪽.

18) 구견서, 〈다문화주의의 이론적 체계〉,《현상과 인식》,제90호(2003), 30쪽.

19) 구견서, 〈다문화주의의 이론적 체계〉, 30쪽.

20) 이용승, 〈다문화주의 발전과 양질의 노동인력 수입 : 호주〉,《민족연구》 제12호 (2004), 108쪽.

21) 사이드(Edward W. Said)는 "오리엔탈리즘이란 동양을 지배하고 재구성하며 위압하기 위한 서양의 스타일"이라고 정의한다. 유럽이 팽창하는 시대였던 1914년 전 지구의 85퍼센트를 식민지 영토로 만들 때 오리엔탈리즘이 사용된 것에 주목해야 한다. Edward W. Said, *Orientalism : Western Conceptions of the Orient*(London : Penguin Books, 1978), p.41.

22) 김은중, 〈세계화, 정체성, 다문화주의〉,《라틴아메리카연구》 제18호(2005), 167쪽.

23) 정상준, 〈다문화주의를 넘어서〉,《미국학》 제24호(2001), 91쪽.

24) Stuart Hall, "Cultural Identity and Diaspora," Patrick Williams and Laura Chrisman(eds.), *Colonial Discourse and Post-colonial Theory : A Reader*(London : Harvester Wheatsheaf, 1994), p.392.

25) 차일즈 · 윌리엄스 지음, 김문환 옮김,《탈식민주의 이론》(서울 : 문예출판사, 2004), 424쪽. 디아스포라의 정체성은 "변형과 차이를 통하여 스스로를 지속적으로 새롭게 생산하고 재생산하는 정체성"이라고 정의할 수 있다.

26) 김홍진, 〈이주노동자들의 공동체〉,《문화과학》 제52호(2007), 193~206쪽.

27) 박흥순,《마이너리티 성서해석》(서울 : 예영 B&P, 2006), 15쪽.

28) 박종성, 《탈식민주의에 대한 성찰—푸코, 파농, 사이드, 바바, 스피박》(파주 : 살림, 2006), 86. 포스트콜로니얼 담론의 지향점은 "타자를 이해하는 것, 자신의 삶과 인식을 변화시키는 것, 그리고 불평등한 세상을 바꾸는 것"이어야 한다.

29) Edward W. Said, *Culture and Imperialism*(London : Vintage, 1993), pp.267~268. 유럽중심주의는 비유럽 세계나 주변부 세계의 거의 모든 사항에 영향력을 발휘하고 연구해왔던 것을 알 수 있다.

30) Leela Gandhi, *Postcolonial Theory : A Critical Introduction*(Edinburgh : Edinburgh University Press, 1998), p.16.

31) R. S. Sugirtharajah, *Asian Biblical Hermeneutics and Postcolonialism : Contesting the Interpretations*(Maryknoll : Orbis Books, 1998a), p.3. 수기르타라자 (R. S. Sugirtharajah)는 포스트콜로니얼 관점을 제안하려면 세 가지 유형, 즉 오리엔탈리스트 유형, 서구 중심 유형, 토착주의의 유형에 대한 비판적 성찰을 제안한다.

32) R. S. Sugirtharajah, *Asian Biblical Hermeneutics and Postcolonialism : Contesting the Interpretations*, p.3.

33) Edward W. Said, *Orientalism*, p.3.

34) R. S. Sugirtharajah, "Biblical Studies in India : From Imperialistic Scholarship to Postcolonial Interpretation," Fernando F. Segovia and Mary Ann Tolbert(eds.), *Teaching the Bible : The Discourses and Politics of Biblical Pedagogy*(Maryknoll : Orbis Books, 1998b), p.286.

35) 수기르타라자(Sugirtharajah)가 비판하는 토착주의(Nativism)는 서구 중심의 가설이나 가치관에 저항하면서 과도하게 비서구 혹은 자국의 문화와 전통으로 돌아가려는 이데올로기적 경향이다.

36) Bill Ashcroft, Gareth Griffith, Helen Tiffin, *The Empire Writes Back : Theory and Practice in Post-colonial Literatures*(London : Routledge, 1989), p.154. 포스트

콜로니얼 이론의 지향점은 기득권을 누리고 있는 유럽 이론의 일반적 가설에 대한 반성과 전복적 해체라고 할 수 있다.

37) 이옥순, 《우리 안의 오리엔탈리즘》(서울 : 푸른역사, 2002), 205쪽. 복제된 오리엔탈리즘은 한국 사회에 거주하는 또 다른 동양을 억압적 시선으로 바라보는 것이다. 우리와 다름을 부정하고 오히려 편견을 갖고 바라보는 이중적 태도를 비판하는 것이다.

38) 박노자, 《하얀 가면의 제국 : 오리엔탈리즘, 서구 중심의 역사를 넘어》(서울 : 한겨레출판, 2003), 282쪽. 박노자는 하얀 가면을 서구중심주의적 세계 인식이라고 말한다.

39) 이옥순, 《우리 안의 오리엔탈리즘》, 205쪽.

40) Edward W. Said, *Orientalism*, p.41.

41) 응구기 지음, 이석호 옮김, 《탈식민주의와 아프리카 문학》, 51쪽. 응구기(Ngugi)는 '정신의 탈식민화'가 진정한 해방이라고 강조한다. 그는 "정신세계에 대한 지배 없이 정치, 경제적 지배의 완성은 허구"라는 것을 식민통치자들을 알고 있다고 지적하면서 '정신의 탈식민화'가 포스트콜로니얼 관점에서 중요하다고 지적한다.

42) Musa W. Dube, "Consuming a Colonial Cultural Bomb : Translating Badimo into 'Demons' in the Setswana Bible," *Journal for the Study of the New Testament*, Vol.73(1999), p.34.

43) Homi Bhabha, *The Location of Culture*(London : Routledge, 1994), p.86. 호미 바바(Homi K. Bhabha)는 모든 개인, 사회, 국가 안에서 작동하는 힘의 역학은 일방적으로 나타날 수 없고 양가적으로 이해해야 한다고 지적한다. 지배자와 피지배자는 접촉과 만남을 통해서 서로를 변화시키고, 서로에게 영향을 주고, 서로에게 의존되어 있는 관계라는 점을 지적한다.

44) Fernando F. Segovia, "Toward a Hermeneutics of the Diaspora : A Hermeneutics of Otherness and Engagement," p.64.

45) R. S. Sugirtharajah, "A Brief Memorandum on Postcolonialism and Biblical

Studies," *Journal for the Study of the New Testament*, Vol.73(1999), p.5. 수기르타라 자(Sugirtharajah)는 포스트콜로니얼 정체성의 특징은 하나 이상의 정체성을 소유하는 것이라고 지적하면서 '연결된 정체성(hyphenated identity), 이중 정체성(double identities), 다중 정체성(multiple identities)을 주장한다.

46) Bill Ashcroft, Gareth Griffiths, Helen Tiffin, *Key Concepts in Post-colonial Studies*(London : Routledge, 1998), p.118. '혼종성(hybridity)' 은 원예학에서 사용되는 용어로, 제3의 종을 형성하고자 접목 또는 분갈이로 종을 교배하는 데서 유래한다.

47) Edward W. Said, *Culture and Imperialism*, p.79.

48) R. S. Sugirtharajah, *Asian Biblical Hermeneutics and Postcolonialism*, p.17.

49) 이나영, 〈초/국적 페미니즘-탈식민주의 페미니스트 정치학의 확장〉, 60쪽.

50) 오경석, 〈어떤 다문화주의인가? 다문화 사회 논의에 관한 비판적 조망〉, 34쪽.

51) 오현선, 〈한국 사회 여성 이주민의 삶의 자리와 기독교 교육적 응답〉, 257쪽.

52) Musa W. Dube, "Toward A Post-Colonial Feminist Interpretation of the Bible," *Semeia* 78(1997), 21.

4장

1) 이동연, 《아시아 문화연구를 상상하기 : 문화민족주의와 문화 자본의 논리를 넘어서》(서울 : 그린비, 2006), p.17~18쪽.

2) Birgit Recki, "Kulturphilosophie/Kultur," *Enzyklopaedie Philosophie*(Hamburg : Felix Meiner, 1999), p.1097~1098.

3) 조용환, 〈다문화 교육의 의미와 과제〉, 《다문화 사회의 이해》(서울 : 동녘, 2007), p.230쪽.

4) 한국어로 번역된 이 두 가지 유네스코 문건은 유네스코 한국위원회에서 펴낸 책《유

네스코와 문화 다양성》(서울 : 집문당, 2008)의 부록으로 수록되어 있다.

5) UNESCO, Ten keys to the Convention on the Protection and promotoion of the Diversity of Cultural Expressions. CLT/CEI/DCE/2007/PI/32, 2 ; 니나 오불젠, 〈"우리의 창조적 다양성"에서 문화 다양성 협약에 이르기까지〉, 《유네스코와 문화 다양성》(서울 : 집문당, 2008), 111쪽.

6) 이 말은 종의 다양성과 문화 다양성을 같은 차원에서 취급할 수 있다는 것을 함의하지는 않는다. 종의 다양성 논의와 문화 다양성 논의의 차이점에 대해서는 다음을 참조하라. 프랑수아 드 베르나르, 〈'문화 다양성' 개념의 재정립을 위하여〉, 《세계화 시대의 문화논리》(서울 : 한울, 2005), 18~19쪽.

7) 윌 킴리카, 〈다문화주의〉, 《현대 정치철학의 이해》(서울 : 동명사, 2006), 455쪽.

8) Uma Narayan, *Dislocating Cultures, Identities, Traditions and Third World Feminism*(New York : Routledge, 1997).

9) Alfredo Gomez-Muller, "Reconnaissance, culture et ideologie"(2008, 미발표 원고), p.1~4.

10) Alfredo Gomez-Muller, "Reconnaissance, culture et ideologie," p.3.

11) 프랑수아 드 베르나르 지음, 〈'문화 다양성' 개념의 재정립을 위하여〉, 18쪽.

12) Amartya Sen, "Pluralismus, Der Freiheit eine Chance, Warum die Idee der multikulturellen Gesellschaft nicht aufgeben duerfen", *Die Zeit*, Nr.50, 2007. 12. 6.

13) Inderpal Grewal, "Globalism, Neoliveralism and Security, New Challanges for Feminist Politics"(2008, 미발표 강연 원고).

14) 피터 스토커 지음, 《국제이주》(서울 : 이소출판사, 2004), 12쪽.

15) Hipolito Tshmanga, "Migration at the forefront of political and theological reflections," R. Fornet-Betancourt ed. *Migration and Interculturality*(Aachen, 2004), p.60.

16) Raul Fornet-Betancourt, *Interkulturalitaet in der Auseinandersetzung*(Frankfurt am Main/London : IKO-Verlag, 2007), p.105~107.

17) 한국에서 논의되는 다문화 담론을 살펴볼 때 다문화 현상과 관련된 개념과 용어가 혼란스럽게 사용되는 경우가 종종 있다. 인종(race), 에스닉 집단(ethnic group), 에스 니시티(ethnicity), 민족/국민(nation)의 개념을 다문화와의 관계 속에서 설명한 것으로 다음을 참조하라. 한건수, 〈비판적 다문화주의 : 한국적 다문화주의의 모색을 위한 인 류학적 성찰〉,《다문화 사회의 이해》(서울 : 동녘, 2007), 147~151쪽.

18) Theo Sundermeier, *Den Fremden verstehen, Eine praktische Hermeneutik* (Goettingen, 1996), p.20.

19)《연합신문》, 2006년 4월 25일. 권재일, 〈다문화 사회와 언어〉에서 재인용.

20) Fornet-Betancourt, Interkulturalitaet in der Auseinandersetzung, p.53.

21) (사)평화박물관 건립추진위원회 엮음,《엄마나라 이야기 : 베트남 동화 순회전》 (2008, 전시회도록).

22) Jennifer Chan-Tibergien, "Cultural Diversity as resistance to neoliberal globalization : The Emergence of a Global Movement and Convention," Review of Education, vol.52, 2006, p.92.

23) 이동연, 〈문화 다양성과 문화적 권리를 위한 문화운동〉,《유네스코와 문화 다양성》 (서울 : 집문당, 2008), 240쪽.

24) 니나 오불젠 지음, 〈"우리의 창조적 다양성"에서 문화 다양성 협약에 이르기까지〉, 108쪽.

25) 이동연,《아시아 문화연구를 상상하기 : 문화민족주의와 문화 자본의 논리를 넘어 서》(서울 : 그린비, 2006), 40쪽.

26) UNESCO, 30 Frequently asked questions concerning the Convention on the Protection and Promotion of the Diversity of Cultural Expressions(Question No.7),

http://www.unesco.org(2008년 12월 15일 참조).

27) 이동연, 〈문화 다양성과 문화적 권리를 위한 문화운동〉, 《유네스코와 문화 다양성》 (서울 : 집문당, 2008), 244쪽 ; 이동연, 《아시아 문화연구를 상상하기 : 문화민족주의 와 문화 자본의 논리를 넘어서》(서울 : 그린비, 2006), 47쪽.

28) 이동연, 《아시아 문화연구를 상상하기 : 문화민족주의와 문화 자본의 논리를 넘어 서》(서울 : 그린비, 2006), 41쪽.

29) Jennifer Chan-Tibergien, "Cultural Diversity as resistance to neoliberal globalization : The Emergence of a Global Movement and Convention," p.91.

5장

1) 조난심, 〈제7차 교육과정 개정안을 통해 본 다문화 교육의 밑그림〉(아 · 태 국제이해 교육원 2007년 제1차 국제이해교육 포럼, 2007).

2) 교육인적자원부, 《다문화 가정 자녀 교육지원 대책》(2006) ; 교육인적자원부, 《다문 화 가정 자녀 교육지원 계획 자료집》(2007).

3) 양영자, 〈한국 다문화 교육의 개념 정립과 교육과정 개발 방향 탐색〉(이화여자대학 교 대학원 박사학위논문, 2008).

4) 양영자, 〈한국 다문화 교육의 개념 정립과 교육과정 개발 방향 탐색〉.

5) 홍기원 외, 《다문화정책의 방향과 문화적 지원 방안 연구》(서울 : 한국문화관광정책 연구원, 2006).

6) 양영자, 〈한국 다문화 교육의 개념 정립과 교육과정 개발 방향 탐색〉.

7) 유네스코 아시아 · 태평양 국제이해교육원 엮음, 《세계시민을 위한 국제이해교육 초 · 중등학교 교육과정》(서울 : 도서출판 사람생각, 2003).

8) 양영자, 〈한국 다문화 교육의 개념 정립과 교육과정 개발 방향 탐색〉.

9) 홍기원 외,《다문화정책의 방향과 문화적 지원 방안 연구》.

10) 양영자,〈한국 다문화 교육의 개념 정립과 교육과정 개발 방향 탐색〉.

11) 양영자,〈한국 다문화 교육의 개념 정립과 교육과정 개발 방향 탐색〉.

12) R. Randall, Nelson & J. Aigner, "Interface between global education and multicultural education." In Don Bragaw & Scott Thomson ed., *Multicultural Education A Global Approach*, pp.18-27(New York : The American Forum for Global Education, 1992).

13) 본 절의 일부는 필자가 2007년《비교교육연구》제17권 4호에 발표한 논문에서 일부를 발췌하여 요약한 것이다. 김현덕,〈다문화 교육과 국제이해교육의 비교연구 : 미국 사례를 중심으로〉,《비교교육연구》, 제17권, 제4호(2007).

14) G. Gay, "Fabric of pluralism : common concerns and divergent directions of multicultural and global education." In Don Bragaw & Scott Thomson ed., *Multicultural Education A Global Approach*, pp.15-17(New York : The American Forum for Global Education, 1992) ; R. Randall, Nelson & J. Aigner, "Interface between global education and multicultural education."

15) James Banks, *Multiethnic education : Theory and practice*(Boston : Allyn & Bacon, 1994) ; R. Randall, Nelson & J. Aigner, "Interface between global education and multicultural education."

16) R. Randall, Nelson & J. Aigner, "Interface between global education and multicultural education."

17) UNESCO, The recommendation concerning education for international understanding, cooperation and peace and education relating to human rights and fundamental freedom(1974).

18) R. G. Hanvey, *An Attainable Global Perspective*(Denver, CO : The Center for

Teaching International Relations, The University of Denver, 1976).

19) C. F. Alger & J. E. Harf, "Global education : why? for whom? about what?" In R. E. Freeman Ed., *Promising Practices in Global Education : A Handbook With Case Studies*, pp.1–13(NY : The National Council on Foreign Language and International Studies, 1986) ; Merry Merryfield, "A framework for teacher education in global perspectives," In Merry Merryfield et. al. eds., *Preparing Teachers to Teach Global Perspectives, Handbook for Teacher Educators*, pp.1–24(CA : Corwin Press, Inc., 1997).

20) Kenneth Tye, *Global Education A Worldwide Movement*(CA : Interdependence Press, 1999), p.17.

21) James Banks, *Multiethnic education : Theory and practice* ; N. H. Barry, *Learning-centered psychological principles : Social factors in learning*(ERIC Document Reproduction Service No. ED 368 624, 1992) ; L. Bartolome, "Beyond the methods fetish : Toward a humanizing pedagogy," *Harvard Educational Review*, 64(1994).

22) James Banks, "Multicultural education : for freedom's sake," In Don Bragaw & Scott Thomson ed., *Multicultural Education A Global Approach*, pp.33–37(New York : The American Forum for Global Education, 1992) ; R. Randall, Nelson & J. Aigner, "Interface between global education and multicultural education."

23) R. Randall, Nelson & J. Aigner, "Interface between global education and multicultural education."

24) 본 절의 일부는 필자가 2007년《국제 이해교육연구》, 제2호에 발표한 논문에서 일부를 발췌하여 요약한 것이다. 김현덕, 〈다문화 교육과 국제이해교육의 관계정립을 위한 연구〉,《국제이해교육연구》, 제2호(2007).

25) John McFadden, M. Merryfield & Keith Barron, *Multicultural global/international education : Guidelines for programs in teacher education*(Washington, DC : The American Association of Colleges for Teacher Education, 1997).

26) Carlos Diaz, Byron Massialas & John Hanthopoulos, *Global perspectives for educators*(Needham Heights, MA : Allyn & Bacon, 1999) ; James Banks, *Multiethnic education : Theory and practice.*

27) Nelly Ukpokodu, "Multiculturalism vs. globalism," *Social Education*, 63(5)(1999).

28) Nelly Ukpokodu, "Multiculturalism vs. globalism," *Social Education*, 63(5)(1999).

29) James Banks, "Multicultural education : for freedom's sake," In Don Bragaw & Scott Thomson ed., *Multicultural Education A Global Approach*(New York : The American Forum for Global Education, 1992) pp.33~37.

30) R. G. Hanvey, *An Attainable Global Perspective.*

31) 이동윤 · 안민아, 〈동아시아에서 한류의 확산과 문제점 : 문화와 민족주의를 중심으로〉, 《세계지역연구논총》, 제25권, 제1호(2007).

32) 박철희, 〈한국 사회의 다문화화에 따른 초등학교 교과서 내용에 대한 문제제기와 한국적 다문화 교육의 방향 모색〉(한국교육사회학회 · 국제이해교육학회 공동학술대회 다문화 사회와 다문화 교육), 2008.

33) 박정숙 · 박옥임 · 김진희, 〈국제결혼 이주여성의 가족갈등과 생활만족도에 대한 연구〉, 《한국가정관리학회지》, 제25권, 제6호(2007).

34) 김이선, 〈다문화 사회의 전개에 대한 한국 사회의 수용현실과 교육적 함의〉(한국교육사회학회 · 국제이해교육학회 공동학술대회 다문화 사회와 다문화 교육, 2008).

35) 김이선, 〈다문화 사회의 전개에 대한 한국 사회의 수용현실과 교육적 함의〉.

36) 김현덕, 〈다문화 교육과 국제이해교육의 비교연구 : 미국 사례를 중심으로〉 ; G. Gay, "Fabric of pluralism : common concerns and divergent directions of multicultural and global education" ; R. Randall, Nelson & J. Aigner, "Interface between global education and multicultural education."

37) 김현덕, 〈다문화 교육과 국제이해교육의 비교연구 : 미국 사례를 중심으로〉 ; Kenneth Tye, *Global Education A Worldwide Movement*.

38) 김현덕, 〈다문화 교육과 국제이해교육의 관계정립을 위한 연구〉.

39) John McFadden, M. Merryfield & Keith Barron, *Multicultural global/international education : Guidelines for programs in teacher education*.

40) 김현덕, 〈다문화 교육과 국제이해교육의 비교연구 : 미국 사례를 중심으로〉.

41) 김이선, 〈다문화 사회의 전개에 대한 한국 사회의 수용현실과 교육적 함의〉.

6장

1) 이 장에 제시된 사례들 중 일부는 기존에 발표된 필자의 다른 글[유철인, 〈변화하는 세계와 인류학〉, 한국문화인류학회 엮음, ≪처음 만나는 문화인류학≫(서울: 일조각, 2003)]의 사례와 중복된다. 기존에 발표한 글을 토대로 이 장의 논지에 맞게 수정·보완했다.

2) 조지 마커스, 마이클 피셔, ≪인류학과 문화비평≫, 유철인 옮김(서울: 아카넷, 2005), 77~79쪽.

3) 클리퍼드 기어츠, 〈발리에서의 사람, 시간 그리고 행동〉, 문옥표 옮김, ≪문화의 해석≫(서울: 까치, 1998).

4) Daniel Miller & Don Slater, *The Internet: An Ethnographic Approach*(Oxford

and New York : Berg, 2000).

5) 니나 오불젠, 〈『우리의 창조적 다양성』에서 문화 다양성 협약에 이르기까지〉, 유네스코한국위원회 엮음, ≪유네스코와 문화다양성≫(서울: 유네스코한국위원회, 2008), 111쪽 재인용.

6) 니나 오불젠, 〈『우리의 창조적 다양성』에서 문화 다양성 협약에 이르기까지〉, 유네스코한국위원회 엮음, ≪유네스코와 문화다양성≫(서울: 유네스코한국위원회, 2008), 112쪽.

7) 로우르데스 아리스페, 엘리자베스 헬린, 모한 라오, 폴 스트리튼, 〈문화다양성, 갈등, 다원주의〉, 유네스코한국위원회 엮음, ≪유네스코와 문화다양성≫(서울: 유네스코한국위원회, 2008), 95~97쪽.

8) 김현미, 〈새로운 문화 지평으로서의 다국적 기업 연구〉, ≪비교문화연구≫ 제3호(서울대학교 비교문화연구소, 1997).

9) 유명기, 〈재한 외국인 노동자의 문화적 적응에 관한 연구〉, ≪한국문화인류학≫ 제27집(한국문화인류학회, 1995); 함한희, 〈한국의 외국인 노동자 유입에 따른 인종과 계급 문제〉, ≪한국문화인류학≫ 제28집(한국문화인류학회, 1995).

10) 윤인진, 〈음식과 예술, 놀이가 만난 문화 교류의 장, 댄포스 음식축제〉, ≪국제이해교육≫ 17호(유네스코 아시아 · 태평양 국제이해교육원, 2007), 89~90쪽.

11) 로우르데스 아리스페, 엘리자베스 헬린, 모한 라오, 폴 스트리튼, 〈문화 다양성, 갈등, 다원주의〉, 유네스코한국위원회 엮음, ≪유네스코와 문화 다양성≫(서울: 유네스코한국위원회, 2008), 97쪽.

12) 로우르데스 아리스페, 엘리자베스 헬린, 모한 라오, 폴 스트리튼, 〈문화다양성, 갈등, 다원주의〉, 유네스코한국위원회 엮음, ≪유네스코와 문화 다양성≫(서울: 유네스코한국위원회, 2008), 95~96쪽.

13) 한경구, 〈한국사회와 문화 다양성〉, 유네스코한국위원회 엮음, ≪유네스코와 문화

다양성≫(서울: 유네스코한국위원회, 2008), 10쪽.

14) 한건수, 〈비판적 다문화주의: 한국적 다문화주의의 모색을 위한 인류학적 성찰〉, 유네스코 아시아 · 태평양 국제이해교육원 엮음, ≪다문화 사회의 이해: 다문화 교육의 현실과 전망≫(서울: 동녘, 2007), 157쪽.

15) 유철인, 〈식생활〉, 한국문화인류학회 엮음, ≪중국 요녕성 한인동포의 생활문화≫(서울: 국립민속박물관, 1997).

16) 유철인, 〈의 · 식 · 주 생활〉, 한국문화인류학회 엮음, ≪미국 하와이지역 한인동포의 생활문화≫(서울: 국립민속박물관, 2003).

17) 니나 오불젠, 〈『우리의 창조적 다양성』에서 문화 다양성 협약에 이르기까지〉, 유네스코한국위원회 엮음, ≪유네스코와 문화 다양성≫(서울: 유네스코한국위원회, 2008), 112쪽.

18) 니나 오불젠, 〈『우리의 창조적 다양성』에서 문화 다양성 협약에 이르기까지〉, 유네스코한국위원회 엮음, ≪유네스코와 문화 다양성≫(서울: 유네스코한국위원회, 2008), 113쪽.

19) 아르준 아파두라이 · 이브 윈킨, 〈지속가능한 다양성: 문화와 발전의 불가분성〉, 유네스코한국위원회 엮음, ≪유네스코와 문화 다양성≫(서울: 유네스코한국위원회, 2008), 43쪽.

20) 이본 돈더스, 〈문화 다양성과 인권: 문화 정체성을 위한 권리인가?〉, 유네스코한국위원회 엮음, ≪유네스코와 문화다양성≫(서울: 유네스코한국위원회, 2008), 37쪽.

21) 조혜영, 〈외국어로서의 '모국어' 학습과 민족 정체성: 재미한인 학생들의 한국어 수업 참여 과정에 대한 민족지적 연구〉, ≪한국문화인류학≫ 제34집 2호(한국문화인류학회, 2001).

22) 한건수, 〈우리는 누구인가〉, 한국문화인류학회 엮음, ≪처음 만나는 문화인류학≫(서울: 일조각, 2003), 131쪽.

23) 유철인, 〈제주사람들의 문화적 정체감〉, ≪탐라문화≫ 제5호(제주대학교 탐라문화연구소, 1986).

24) 이본 돈더스, 〈문화 다양성과 인권: 문화 정체성을 위한 권리인가?〉, 유네스코한국위원회 엮음, ≪유네스코와 문화다양성≫(서울: 유네스코한국위원회, 2008), 23쪽, 36~37쪽.

25) 〈세계인권선언〉 제27조: "1. 모든 사람은 공동체의 문화 생활에 자유롭게 참여하고, 예술을 감상하며, 과학의 진보와 그 혜택을 향유할 권리를 가진다. 2. 모든 사람은 자신이 창조한 모든 과학적, 문학적, 예술적 창작물에서 생기는 정신적, 물질적 이익을 보호받을 권리를 가진다"[정인섭 편역, ≪국제인권조약집≫(서울: 사람생각, 2000), 17쪽].

26) 〈경제·사회·문화적 권리에 관한 국제규약〉 제13조 제1항: "이 규약의 당사국은 모든 사람이 교육에 대한 권리를 가지는 것을 인정한다. 당사국은 교육이 인격과 인격의 존엄성에 대한 의식이 완전히 발전되는 방향으로 나아가야 하며, 교육이 인권과 기본적 자유를 더욱 존중해야 한다는 것에 동의한다. 당사국은 나아가서 교육에 의하여 모든 사람이 자유 사회에 효율적으로 참여하며, 민족(nations)간에 있어서나 모든 인종적(racial), 종족적(ethnic) 또는 종교적 집단간에 있어서 이해, 관용 및 친선을 증진시키고, 평화 유지를 위한 국제연합의 활동을 증진시킬 수 있도록 하는 것에 동의한다"[정인섭 편역, ≪국제인권조약집≫(서울: 사람생각, 2000), 28쪽].

27) 한경구, 〈다문화사회란 무엇인가?〉, 유네스코 아시아·태평양 국제이해교육원 엮음, ≪다문화 사회의 이해: 다문화 교육의 현실과 전망≫(서울: 동녘, 2007), 125~127쪽.

28) 한경구, 〈다문화사회란 무엇인가?〉, 유네스코 아시아·태평양 국제이해교육원 엮음, ≪다문화 사회의 이해: 다문화 교육의 현실과 전망≫(서울: 동녘, 2007), 126쪽.

29) 한경구, 〈다문화사회란 무엇인가?〉, 유네스코 아시아·태평양 국제이해교육원 엮

음, ≪다문화 사회의 이해: 다문화 교육의 현실과 전망≫(서울: 동녘, 2007), 127쪽.

30) 김현덕, 〈다문화교육과 국제이해교육의 관계정립을 위한 연구〉, ≪국제이해교육연구≫ 제2호(한국국제이해교육학회, 2007), 61쪽.

31) 유네스코 아시아·태평양 국제이해교육원 엮음, ≪함께 사는 세상 만들기: 고등학생을 위한 국제이해교육≫(서울: 일조각, 2004) 참조.

32) 한경구, 〈왜 문화인가〉, 한국문화인류학회 엮음, ≪처음 만나는 문화인류학≫(서울: 일조각, 2003), 29~30쪽.

33) 유철인, 〈변화하는 세계와 인류학〉, 한국문화인류학회 엮음, ≪처음 만나는 문화인류학≫(서울: 일조각, 2003), 289~291쪽.

7장

1) 김민정, 〈이주여성의 인권침해 사례(가정, 직장, 입국 과정 등)〉, 《경기도 이주여성 실태조사를 통해 본 이주여성의 삶과 정책대안 만들기》(경기 : 경기여성단체연합, 2006), 69쪽.

2) 김엘림·오정진, 《외국인 여성 노동자의 인권보장연구》(한국여성개발원 2001 연구보고서, 2001), iii쪽.

3) 2008년 한 이주여성 노동자와의 인터뷰 중에서.

4) Ramaswami Mahalingam ed., *Cultural Psychology of Immigrants*(Mahwah, New Jersey : Lawrence Erlbaum Associates, 2006), p.59.

5) 이주민을 받아들인 국가를 'host country'로 명명하는 것이 서구의 예이지만, 이 용어는 개념상 이주민을 지속적으로 타자화하는 표현이기 때문에 필자는 'second home country'로 영문 표기를 할 것을 제안한다.

6) Oliva M. Espin, "Gender, Sexuality, Language, and Migration," Ramaswami

Mahlingam ed., *Cultural Psychology of Immigrants*(Mahwah, New Jersey : Lawrence Erlbaum Asso. Inc., 2006), p.243.

7) 농촌의 경우 결혼이주여성 주부 네 명 중 한 명이 남편에게 구타당한 경험이 있다고 한다. 보건복지부,《국제결혼이주여성 실태조사》(2005), 33쪽.

8) 오현선,〈욕구와 통제 사이 : 여성 이주민의 현실과 여성신학의 과제〉,《한국신학의 지평》(서울 : 선학사, 2000), 324~348쪽.

9) 2007년 4월 베트남 성도와 한 인터뷰 중에서.

10) 2007년 4월 안산이주민센터 여성상담소 블링크 소장과 한 인터뷰 중에서.

11) 2007년 4월 안산이주민센터 베트남공동체 담당자와 한 인터뷰 중에서.

12) 이정은,〈결혼이민여성의 삶과 욕구분석 : 베트남과 중국 출신 결혼이민여성을 대상으로〉(중앙대학교 임상심리대학원 미간행 연구, 2006. 9.), 13쪽.

13) 박천응, 앞의 글, 45쪽.

14) 2007년 4월 이주여성상담소 '블링크'의 자원봉사자와 한 인터뷰 중에서.

15) 2007년 4월 '코시안의 집' 김영임 원장과 한 인터뷰 중에서.

16) 2007년 4월 아프리카 케냐에서 온 여성과 한 인터뷰 중에서.

17) 모한티 지음, 문현아 옮김,《경계 없는 페미니즘 : 이론의 탈식민화와 연대를 위한 실천(Feminism Without Borders : Decolonizing Theory, Practicing Solidarity)》(서울 : 도서출판 여이연, 2005), 25쪽.

18) Patricia Maguire, *Doing Participatory Research : A Feminist Approach*(Amherst, Massachusetts : The Center for International Education School of Education, 1987), pp.89~104.

19) Barbara Wilkerson, "Goals of Multicultural Religious Education," Barbara Wilkerson ed., *Multicultural Religious Education*(Brimingham(Alabama : Religious Education Press, 1997), pp.13~14.

20) Christine E. Sleeter, Carl A. Grant, *Making Choices for Multicultural Education : Five Approaches to Race, Class, and Gender*(New Jersey : Merrill Prentice Hall, 1999)에 나타난 다섯 가지 접근 방법에 대한 내용을 요약 소개한 것이고, 각 방법에 대한 명칭은 필자의 이해를 바탕으로 재구성한 것이다.

21) Barbara Wilkerson, "Goals of Multicultural Religious Education," p.17.

22) Barbara Wilkerson, "Goals of Multicultural Religious Education," p.76.

23) Barbara Wilkerson, "Goals of Multicultural Religious Education," p.111.

24) Barbara Wilkerson, "Goals of Multicultural Religious Education," p.144.

25) Barbara Wilkerson, "Goals of Multicultural Religious Education," p.152.

26) Barbara Wilkerson, "Goals of Multicultural Religious Education," p.150.

27) Barbara Wilkerson, "Goals of Multicultural Religious Education," p.189.

28) Barbara Wilkerson, "Goals of Multicultural Religious Education," p.192.

29) Barbara Wilkerson, "Goals of Multicultural Religious Education," p.224.

30) 2008년 4월, Vera Klinger(Amt for multijulturelle Angelegenheiten, Stadt Frankfurt am Main)와 한 인터뷰 중에서.

31) 정기선 외, 〈경기도 내 국제결혼 이민자 가족 실태조사 및 정책적 지원방안 연구〉(경기도 : 경기도가족여성개발원, 2007), 463쪽.

부록

1) Art. 26.2, Universal Declaration of Human Rights(1948).

2) Preamble, Constitution of UNESCO(1945).

3) 13(c), Rabat Commitment, Conclusions and Recommendation of the Rabat Conference on Dialogue among Cultures and Civilizations through Concrete and

Sustained Initiatives(2005).

4) UNESCO(1992) : International Conference on Education, 43rd Session, The Contribution of Education to Cultural Development, p.5, §10.

5) UNESCO Universal Declaration on Cultural Diversity(2001) ; cf. also the definition given in the Mexico City Declaration on Cultural Policies, adopted by the World Conference on Cultural Policies(Mexico City, 1982) : Culture is "the whole complex of distinctive spiritual, material, intellectual and emotional features that characterize a society or social group. It includes not only the arts and letters, but also modes of life, the fundamental rights of the human being, value systems, traditions and beliefs."

6) UNESCO(1992) : International Conference on Education, 43rd Session, The Contribution of Education to Cultural Development, p.4, §8.

7) Wurm, S.(Ed.)(2001) : Atlas of the World's Language in Danger of Disappearing, Paris, UNESCO Publishing, pp.13~14.

8) UNESCO(1995) : Our Creative Diversity : Report of the World Commission on Culture and Development, p.67.

9) UNESCO(2006) : Expert Meeting on Intercultural Education, UNESCO, Paris, 20-22 March 2006.

10) UNESCO Convention on the Protection and Promotion of the Diversity of Cultural Expressions(2005), Article 4.1.

11) UNESCO(2003) : Sharing a World of Difference : The Earth's Linguistic, Cultural and Biological Diversity, p.11.

12) Mexico City Declaration On Cultural Policies, adopted by the World Conference on Cultural Policies(Mexico City, 1982), §23.

13) UNESCO(1995) : Our Creative Diversity : Report of the World Commission on Culture and Development p.57.

14) ibid., p.74.

15) Art. 1, ILO Convention No. 169 concerning Indigenous and Tribal Peoples in Independent Countries(1989).

16) ibid.

17) ibid.

18) ibid.

19) UNESCO Convention on the Protection and Promotion of the Diversity of Cultural Expressions(2005), Article 8.

20) UNESCO(2003) : Education in a Multilingual World, UNESCO Education Position Paper. It discusses the use of mother tongue(or first language) as language of instruction for initial instruction and literacy, the importance of bilingual or multilingual education(i.e. the use of more than one language of instruction), and language teaching with a strong cultural component.

21) Delors, Jacques : "Learning : The Treasure Within - Report to UNESCO of the International Commission on Education for the Twenty-first Century," UNESCO, 1996.

22) ibid., p.97.

23) ibid., p.87.

24) ibid., p.97.

25) ibid.

26) ibid.

27) Art. 26.2, Universal Declaration of Human Rights(1948).

28) Constitution of UNESCO(1948).

29) Art. 5, §1(a).

30) Art. 3.

31) Art. 7 : "State Parties undertake to adopt immediate and effective measures, particularly in the fields of teaching, education, culture and information, with a view to ⋯ promoting, understanding, tolerance and friendship among nations and racial or ethnical groups."

32) Art. 13.

33) Art. 29, §1(a) and §1(d) : "⋯ the education of the child shall be directed to : ⋯ the development of the child's personality, talents and mental and physical abilities to their fullest potential ; ⋯ the preparation of the child for responsible life in a free society, in the spirit of understanding, peace, tolerance, equality of sexes, and friendship among all peoples, ethnic, national and religious groups and persons of indigenous origin."

34) Art. 5, §3 : The child "shall be brought up in a spirit of understanding, tolerance, friendship among peoples, peace and universal brotherhood ⋯"

35) Art. 13, International Covenant on Economic, Social and Cultural Rights(1966).

36) Art. 3, Convention on Technical and Vocational Education(1989).

37) ibid.

38) Art. 29, Convention on the Rights of the Child(1989).

39) Art. 45, §4, International Convention on the Protection of the Rights of All Migrant Workers and Members of Their Families(1990).

40) ibid., Art. 45, §2.

41) Art. 27, ILO Convention No. 169 concerning Indigenous and Tribal Peoples in

Independent Countries(1991).

42) ibid.

43) ibid., Art. 29.

44) ibid., Art. 31.

45) Preamble, UNESCO Convention on the Protection and Promotion of the Diversity of Cultural Expressions(2005).

46) ibid., Art. 2.1.

47) ibid., Art. 10(a).

48) Principle Ⅱ, UN Declaration on the Promotion among Youth of the Ideals of Peace, Mutual Respect and Understanding between Peoples(1965).

49) ibid., Principle Ⅲ.

50) ibid., Principle Ⅳ.

51) Art. 1.1, UNESCO Declaration of the Principles of International Cultural Co-operation(1966).

52) ibid., Art. 1.3.

53) ibid., Art. 4.1.

54) ibid., Art. 6.

55) ibid., Art. 4.2.

56) ibid., Art. 4.4.

57) Art. 17, UNESCO Recommendation concerning Education for International Understanding, Co-operation and Peace and Education relating to Human Rights and Fundamental Freedoms(1974).

58) ibid., Art. 4.

59) Art. 5.2, UNESCO Declaration on Race and Racial Prejudice(1978).

60) § Ⅱ .2(d), UNESCO Recommendation on the Development of Adult Education(1976).

61) ibid., § Ⅱ .3(g).

62) ibid., § Ⅱ .3(j).

63) §Ⅲ.20. : "With regard to migrant workers, refugees, and ethnic minorities, adult education activities should in particular :(a) enable them to acquire the linguistic and general knowledge ⋯ necessary for their temporary or permanent assimilation in the society of the host country ⋯ ;(b) keep them in touch with culture, current developments and social changes in their country of origin" and § Ⅲ .22. : "With regard to ethnic minorities, adult education activities should enable them to ⋯ educate themselves and their children in their mother tongue, develop their own cultures and learn languages other than their mother tongues"

64) Art. 4, §4, UN Declaration on the Rights of Persons Belonging to National or Ethnic, Religious and Linguistic Minorities(1992).

65) Art. 5, UNESCO Universal Declaration on Cultural Diversity(2001).

66) UNESCO(1992) : Final Report : International Conference on Education, 43rd Session, §7.

67) ibid., §7, §10-14, §28, §30.

68) Declaration of the 44th Session of the International Conference on Education(1994), endorsed by the General Conference of UNESCO at its 28th Session(1995), §2.2.

69) ibid. §2.4.

70) Integrated Framework of Action on Education for Peace, Human Rights and Democracy, approved by the General Conference of UNESCO at its 28th

Session(1995), §B Ⅱ.8. and §B Ⅱ.11.

71) ibid., §B Ⅱ.8.

72) ibid.

73) ibid., §Ⅳ.17.

74) ibid., §Ⅳ.19.

75) ibid., §Ⅳ.21.

76) ibid.

77) World Declaration on Education for All, adopted by the World Conference on Education for All : Meeting Basic Learning Needs(1990), Art. 1, §2.

78) ibid., Art. 1, §1. : "The scope of basic learning needs and how they should be met varies with individual countries and cultures, and inevitably, changes with the passage of time."

79) The Delhi Declaration, adopted by the Education for All Summit(1993), §2.2.

80) Education for All : Achieving the Goal : The Amman Affirmation, Mid-Decade Meeting of the International Consultative Forum on Education for All(1996) : "Given the growing recognition and reality of multicultural and diverse societies, we must respond by including local content as well as cross-cultural learning in basic education and by acknowledging the essential role of the mother tongue for initial instruction./Given escalating violence caused by growing ethnic tensions and other sources of conflict, we must respond by ensuring that education reinforces mutual respect, social cohesion and democratic governance. We must learn how to use education to prevent conflict ⋯" p.2.

81) The Dakar Framework for Action : Education for All : Meeting our Collective Commitments, adopted by the World Education Forum(2000), Expanded

Commentary, §58.

82) ibid., §8, §14, §44.

83) ibid., §14, §44.

84) Art. 1, World Declaration on Higher Education for the Twenty-first Century(1998).

85) ibid., Art. 9.

86) ibid.

87) ibid., Art. 15.

88) The Hamburg Declaration on Adult Learning, adopted by the Fifth International Conference on Adult Education(1997), §5.

89) ibid., §15.

90) Beijing Declaration and Platform for Action, adopted by the Fourth World Conference on Women(1995), §83(n).

91) ibid., §125(b).

92) ibid., §242(d).

93) ibid., §140.

94) The Dakar Framework for Action : Education for All : Meeting our Collective Commitments, adopted by the World Education Forum(2000), Expanded Commentary, §44(4).

95) ILO Convention No. 169 concerning Indigenous and Tribal Peoples in Independent Countries(1989), Art. 27.

96) UNESCO(1992) : Final Report : International Conference on Education, 43rd Session, §13.

97) The Convention on the Rights of the Child(1989), Art. 29(1)(c).

98) UNESCO(1992) : International Conference on Education, 43rd Session, The Contribution of Education to Cultural Development, §60.

99) UNESCO Universal Declaration on Cultural Diversity(2001), Main Lines of an Action Plan for the Implementation of the UNESCO Universal Declaration on Cultural Diversity, §8 : "Incorporating, where appropriate, traditional pedagogies into the education process with a view to preserving and making full use of culturally appropriate methods of communication and transmission of knowledge."

100) Beijing Declaration and Platform for Action, adopted by the Fourth World Conference on Women(1995), §242.

101) UNESCO(1992) : Final Report : International Conference on Education, 43rd Session, §13. : "Introduction to an understanding and appreciation of the cultural heritage : The educational presentation of the cultural heritage, which is based on materials such as textbooks, guides and audio-visual documents, should be accompanied by collaboration with cultural institutions, visits to cultural establishments, sites and monuments, and practical activities."

102) UNESCO(1992) : International Conference on Education, 43rd Session, The Contribution of Education to Cultural Development, §76. : "theoretical instruction(could be combined) with productive activities linked to the community's needs. Students could also be encouraged to acquire practical knowledge of agricultural, handicraft, building and other techniques and to develop personal contacts with representatives of the occupational groups concerned." and §78. : "it is ⋯ important to create opportunities to put the knowledge and skills acquired in school to practical use in economic, social and cultural activities within the community itself."

103) The Dakar Framework for Action : Education for All : Meeting our Collective Commitments, adopted by the World Education Forum(2000), Expanded Commentary, §44.

104) UNESCO(2003) : Education in a Multilingual World. UNESCO Education Position Paper.

105) UNESCO(1992) : Final Report : International Conference on Education, 43rd Session, §28 : One of the aims of pre-service and in-service training for teachers "should be to give them a broader and deeper knowledge of cultures in their wide variety, both within the country and in the world."

106) UNESCO(1992) : International Conference on Education, 43rd Session, The Contribution of Education to Cultural Development, §100 : "Intercultural education for teachers involves the development of ⋯ familiarity with the most dynamic and interesting teaching methods."

107) ibid., §97.

108) ibid., §94.

109) ibid., §75.

110) ibid., §98.

111) UNESCO Recommendation on the Development of Adult Education(1976), § ‖ .3(j).

112) UNESCO(1992) : International Conference on Education, 43rd Session, The Contribution of Education to Cultural Development, §29.

113) ILO Convention No. 169 concerning Indigenous and Tribal Peoples in Independent Countries(1989), Article 27 : "Education programmes and services for the peoples concerned shall be developed and implemented in co-operation with

them to address their special needs …"

114) The Hamburg Declaration on Adult Learning, adopted by the Fifth International Conference on Adult Education(1997), §18 : "Education for indigenous peoples and nomadic peoples should be linguistically and culturally appropriate to their needs and should facilitate access to further education and training" ; cf. Gay, G.(1998) : Principles and Paradigms of Multicultural Education, p. 17, in : Häkkinen, K.(ed.)(1998) : Multicultural Education : Reflection on Theory and Practice, University of Jyväskylä : "Principles of multicultural education are grounded in and convey some major concepts … These are : …Educational equity and excellence - Comparable quality opportunities to learn and achieve high levels of academic mastery for students from different ethnic groups."

115) International Convention on the Protection of the Rights of All Migrant Workers and Members of Their Families(1990), Article 45, §2 : "States of employment shall pursue a policy … aimed at facilitating the integration of children of migrant workers in the local school system, particularly in respect of teaching them the local language."

116) Batelaan, P.(1992) : Intercultural Education for Cultural Development : The Contribution of Teacher Education, p. 3, in : UNESCO(1992) : International Conference on Education, 43rd Session, The Contribution of Education to Cultural Development.

117) Declaration on the Rights of Persons Belonging to National or Ethnic, Religious and Linguistic Minorities(1992), Art. 4, §4 : "States should, where appropriate, take measures in the field of education, in order to encourage knowledge of the history, traditions, language and culture of the minorities existing

within their territory. persons belonging to minorities should have adequate opportunities to gain knowledge of the society as a whole."

118) ibid.

119) ILO Convention No. 169 concerning Indigenous and Tribal Peoples in Independent Countries(1989), Art. 31 : "Educational measures shall be taken among all sections of the national community ⋯ with the object of eliminating prejudices that they may harbour in respect of these peoples. To this end, efforts shall be made to ensure that history textbooks and other educational materials provide a fair, accurate and informative portrayal of the societies and cultures of these peoples."

120) Batelaan, P.(1992) op cit. p. 6 in : UNESCO(1992) : International Conference on Education, 43rd Session, The Contribution of Education to Cultural Development.

121) Integrated Framework of Action on Education for Peace, Human Rights and Democracy, approved by the General Conference of UNESCO at its 28th Session(1995), §19.

122) The Hamburg Declaration on Adult Learning, adopted by the Fifth International Conference on Adult Education(1997), §5.

123) UNESCO Institute for Education(1999) Minorities and Adult Learning : Communication among majorities and minorities, p. 9, in : UNESCO(1999) : Adult Learning and the Challenges of the 21st Century, CONFINTEA, Hamburg 1997.

124) Integrated Framework of Action on Education for Peace, Human Rights and Democracy, approved by the General Conference of UNESCO at its 28th Session(1995), § Ⅱ .8.

125) The Dakar Framework for Action : Education for All : Meeting our Collective Commitments, adopted by the World Education Forum(2000), Expanded Commentary, §44.

126) UNESCO(2001) : International Conference on Education, 46th Session, Conclusions and Proposals for Action, §18.

127) UNESCO(1992) : Final Report : International Conference on Education, 43rd Session, §28.

128) ibid.

129) ibid.

130) ibid.

131) UNESCO Universal Declaration on Cultural Diversity(2001), Main Lines of an Action Plan for the Implementation of the UNESCO Universal Declaration on Cultural Diversity, §7.

132) Integrated Framework of Action on Education for Peace, Human Rights and Democracy, approved by the General Conference of UNESCO at its 28th Session(1995), § Ⅱ.11.

133) UNESCO(1992) : International Conference on Education, 43rd Session, The Contribution of Education to Cultural Development, §38.

134) UNESCO Recommendation concerning Education for International Understanding, Co-operation and Peace and Education relating to Human Rights and Fundamental Freedoms, adopted by the General Conference at its 18th Session(1974), Art. 4.

135) ibid.

136) ibid.

137) ibid.

138) Integrated Framework of Action on Education for Peace, Human Rights and Democracy, approved by the General Conference of UNESCO at its 28th Session(1995), §11.8.

139) Batelaan, P.(1992) op cit. in : UNESCO(1992) : International Conference on Education, 43rd Session, The Contribution of Education to Cultural Development.

140) Turkovich, M.(1998) : Educating for a Changing World : Challenging the Curriculum, p.27, in Häkkinen, K.(ed.)(1998) : Multicultural Education : Reflection on Theory and Practice, University of Jyväskylä.

141) Gay, G. : Principles and Paradigms of Multicultural Education, p. 17, in : H?kkinen, K.(ed.)(1998) : Multicultural Education : Reflection on theory and Practice, University of Jyv?skyl?(1998).

142) UNESCO(1996) : Learning : The Treasure Within : Report to UNESCO of the international Commission on Education for the Twenty-first Century, p.92.

143) ibid., p.93.

144) UNESCO(1992) : Final Report : International Conference on Education, 43rd Session, §11.

145) Integrated Framework of Action on Education for Peace, Human Rights and Democracy, approved by the General Conference of UNESCO at its 28th Session(1995), §11.8 : "Education must develop the ability ⋯ to communicate, share and co-operate with others."

146) ibid., § Ⅳ.21.

147) ibid.

148) ibid.

149) Beijing Declaration and Platform for Action, adopted by the Fourth World Conference on Women(1995), §142.

150) UNESCO(2003) : Education in a Multilingual World. UNESCO Education Position Paper ; and : Integrated Framework of Action on Education for Peace, Human Rights and Democracy, approved by the General Conference of UNESCO at its 28th Session(1995), §Ⅳ.19 : "learning foreign languages offers a means of gaining a deeper understanding of other cultures, which can serve as a basis for building better understanding between communities and between nations."

151) UNESCO(2003) : Education in a Multilingual World. UNESCO Education Position Paper ; and : UNESCO(1995) : Our Creative Diversity : Report of the Commission on Culture and Development, p.168 : "languages should not be simple linguistic exercises, but opportunities to reflect on other ways of life, other literatures, other customs."

152) UNESCO(1992) : International Conference on Education, 43rd Session, The Contribution of Education to Cultural Development, §100.

153) ibid.

154) ibid.

155) UNESCO(1992) : Final Report : International Conference on Education, 43rd Session, §28.

참고문헌

1장

경희대학교 인류사회재건연구원 엮음. 《우리 사회의 경계, 어떻게 긋고 지울 것인가》.

   아카넷. 2008.

로그, 존 지음. 〈존 로크, 종교의 자유와 공화국의 자유를 함께 추구한 사상가〉 공진성

   옮김. 《관용에 대한 편지》. 책세상. 2008.

김려령. 《완득이》. 창비. 2008.

김상봉. 《호모 에티쿠스 : 윤리적 인간의 탄생》. 한길사. 1999.

김선욱. 《정치와 진리》. 책세상. 2001.

____. 〈다원주의 논점들과 정치-윤리적 관점〉. 사회와 철학 연구회 엮음. 《사회와 철학

   제6집. 이학사. 2003.

____. 〈문화와 소통가능성 : 한나 아렌트 판단 이론의 문화론적 함의〉. 한국정치사상학

   회 엮음. 《정치사상연구》 제6집. 2002

____. 〈아렌트의 내러티브와 의사소통적 합리성〉. 한국철학회 엮음. 《철학》 제93집.

   2008

____. 〈윤리의 보편성 문제와 철인왕 콤플렉스〉. 한국철학회 엮음. 《철학》 제89집 별책.

2007.

레이첼스, 제임스 지음. 김기순 옮김.《도덕철학》. 서광사. 1989.

손철성.〈다문화주의와 관련된 몇 가지 쟁점들〉. 대한철학회 엮음.《철학연구》107집.
  2008.

아렌트, 한나 지음. 김선욱 옮김.《한나 아렌트 정치판단이론》. 푸른숲. 2002.

왈쩌, 마이클 지음. 송재우 옮김.《관용에 대하여》. 도서출판 미토. 2004.

킴리카, 윌 지음. 장동진 외 옮김.《현대 정치철학의 이해》. 동명사. 2006.

테일러, 찰스 지음. 김선욱 외 옮김.《세속화와 현대 문명》. 철학과현실사. 2003.

_____. 송영배 옮김.《불안한 현대사회》. 이학사. 2001.

Arendt, Hannah. *The Human Condition*. Chicago : The Chicago University Press.
  1958.

Dews, Peter. *The Limits of Disenchantment : Essays on Contemporary European
  Philosophy*. London : Verso. 1995.

Kim, Seon-Wook. "Invitation of Religion to Political Realm and the Reverse." 2006
  Civilization and Peace ed. by The Academy of Korean Studies. 2006.

2장

김기봉.〈한국 근대 역사개념의 성립 : '국사'의 탄생과 신채호의 민족사학〉.《한국사학
  사학보》.12집. 2005.

____.〈다문화 사회에서 한국인은 누구인가?—민족정체성에서 공화국정체성으로〉.《인
  문논총》. 15집. 2007.

《대한매일신보》. 1908년 6월 17일.

박종기. 〈고려 전기 주민 구성과 국가체제 : 來投 문제를 중심으로〉. 《동아시아 민족문제와 '단일민족론'》. '역사학회' 심포지엄. 2008년 2월15~16일.

박찬승. 〈고려 · 조선 시대의 역사인식과 문화정체성〉. 《한국사학사학보》. 10집. 2004.

베레비 데이비드 지음. 정준형 옮김. 《우리와 그들 : 무리짓기에 대한 착각》. 에코리브르. 2007.

헌팅턴 새뮤얼 지음. 이희재 옮김. 《문명의 충돌》. 김영사. 1997.

슈미드 앙드레 지음. 정여울 옮김. 《제국 그 사이의 한국 1895~1919》. 휴머니스트. 2007.

신채호. 〈독사신론〉. 단재 신채호 전집 편찬위원회. 《단재 신채호 전집》 제3권 역사. 2007.

_____. 〈조선상고사〉. 단재 신채호 전집 편찬위원회. 《단재 신채호 전집》 제1권 역사. 2007.

이기백. 《민족과 역사》. 일조각. 1997.

이용일. 〈노동시장 중심의 독일 외국인 정책의 지속성. 1873-현재〉. 《독일연구》 Vol. 6. 2003.

이희근. 우리 안의 그들 : 섞임과 넘나듦 그 공존의 민족사》. 너머북스. 2008.

한국 역사학회 · 베트남 역사과학회. 《한국 · 베트남 수교 15주년 기념 한국 · 베트남 관계사 심포지엄》. 2007년 8월 20일. 하노이 대우호텔.

일연 지음. 이가원 · 허경진 옮김. 《三國遺事》. 한길사. 2006.

추아 에이미 지음. 이순희 옮김. 《제국의 미래》. 비아북. 2008.

Max Frisch. "Vorwort." A. J. Seier ed. *Siamo Italianie*. Zürich. 1965.

3장

구견서.〈다문화주의의 이론적 체계〉.《현상과 인식》. 제90호. 2003.

김영란.〈한국 사회에서 이주여성의 삶과 사회문화적 적응 관련 정책〉.《아시아여성연구》. 제45집. 2006.

김은중.〈세계화, 정체성, 다문화주의〉.《라틴아메리카연구》. 제18호. 2005.

김홍진.〈이주노동자들의 공동체〉.《문화과학》. 제52호. 2007.

박경태.〈이주노동자를 보는 시각과 이주노동자 운동의 성격〉.《경제와 사회》. 제67호. 2005.

박구용 · 정용환.〈이주민과 문화다원주의〉.《범한철학》. 제46집. 2007.

박노자. 하얀 가면의 제국 : 오리엔탈리즘, 서구 중심의 역사를 넘어〉. 서울 : 한겨레출판. 2003.

박종성.《탈식민주의에 대한 성찰 : 푸코, 파농, 사이드, 바바, 스피박》. 파주 : 살림. 2006.

박홍순.《포스트콜로니얼 성서해석》. 서울 : 예영 B&p. 2006.

____.《마이너리티 성서해석》. 서울 : 예영 B&p. 2006.

서경식.《디아스포라 기행 : 추방당한 자의 시선》. 파주 : 돌베개. 2006.

오경석.〈어떤 다문화주의인가? 다문화 사회 논의에 관한 비판적 조망〉. 오경석 외 공저.《한국에서의 다문화주의 : 현실과 쟁점》. 파주 : 한울. 2007.

오현선.〈한국 사회 여성 이주민의 삶의 자리와 기독교 교육적 응답〉. 오경석 외 공저.《한국에서의 다문화주의 : 현실과 쟁점》. 파주 : 한울. 2007.

응구기(Ngugi wa Thiong' o.) 지음. 이석호 옮김. 1999.《탈식민주의와 아프리카 문학》. 서울 : 인간사랑. 1999.

이나영.〈초/국적 페미니즘 : 탈식민주의 페미니스트 정치학의 확장〉.《경제와 사회》.

제70호. 2006.

이옥순. 《우리 안의 오리엔탈리즘》. 서울 : 푸른역사. 2002.

이용승. 〈다문화주의 발전과 양질의 노동인력 수입 : 호주〉. 《민족연구》. 제12호. 2004.

정상준. 〈다문화주의를 넘어서〉. 《미국학》. 제24호. 2001.

차일즈 · 윌리엄스(Childs, Peter, Williams, R. J. Patrick) 지음. 김문환 옮김. 《탈식민주
의 이론》. 서울 : 문예출판사. 2004.

파농(Fanon, Frantz) 지음. 이석호 옮김. 《검은 피부 하얀 가면》. 서울 : 인간사랑.
1998.

Ashcroft, Bill, Gareth Griffiths, Helen Tiffin. *The Empire Writes Back : Theory and
Practice in Post-colonial Literatures.* London : Routledge. 1989.

____. *Key Concepts in Post-colonial Studies.* London : Routledge. 1998.

Bhabha, Homi K. *The Location of Culture.* London : Routledge. 1994.

Dube, Musa W. "Toward A Post-Colonial Feminist Interpretation of the Bible."
Semeia 78. 1997.

____. "Consuming a Colonial Cultural Bomb : Translating Badimo into 'Demons'
in the Setswana Bible." *Journal for the Study of the New Testament,* Vol.73.
1999.

Gandhi, Leela. *Postcolonial Theory : A Critical Introduction.* Edinburgh :
Edinburgh University Press. 1998.

Hall, Stuart. "Cultural Identity and Diaspora." Patrick Williams and Laura
Chrisman(eds.). *Colonial Discourse and Post-colonial Theory : A Reader.*
London : Harvester Wheatsheaf. 1994.

Said, Edward W. *Orientalism : Western Conceptions of the Orient.* London :

Penguin Books. 1985.

_____. *Culture and Imperialism*. London : Vintage. 1993.

Segovia, Fernando F. "Toward a Hermeneutics of the Diaspora : A Hermeneutics of Otherness and Engagement." Fernando F. Segovia and Mary Ann Tolbert(eds.). *Reading from this Place : Social Location and Biblical Interpretation in the United States*. Vol.1. Minneapolis : Fortress Press. 1995.

Sugirtharajah, R. S. *Asian Biblical Hermeneutics and Postcolonialism : Contesting the Interpretations*. Maryknoll : Orbis Books. 1998.

_____. "Biblical Studies in India : From Imperialistic Scholarship to Postcolonial Interpretation." Fernando F. Segovia and Mary Ann Tolbert(eds.). *Teaching the Bible : The Discourses and Politics of Biblical Pedagogy* Maryknoll : Orbis Books. 1998.

_____. "A Brief Memorandum on Postcolonialism and Biblical Studies." *Journal for the Study of the New Testament*. Vol.73. 1999.

4장

권재일. 〈다문화 사회와 언어〉. 《다문화 사회의 이해》. 서울 : 동녘. 2007.

드 베르나르, 프랑수아. 〈'문화 다양성' 개념의 재정립을 위하여〉. 《세계화 시대의 문화 논리》. 서울 : 한울. 2005.

스토커, 피터. 《국제이주》. 서울 : 이소출판사. 2004.

오불젠, 니나. 〈"우리의 창조적 다양성"에서 문화 다양성 협약에 이르기까지〉. 《유네스코와 문화 다양성》. 서울 : 집문당. 2008.

유네스코 한국위원회 엮음. 《유네스코와 문화 다양성》. 서울 : 집문당. 2008.

이동연. 《아시아 문화연구를 상상하기 : 문화민족주의와 문화 자본의 논리를 넘어서》. 서울 : 그린비. 2006.

____. 〈문화 다양성과 문화적 권리를 위한 문화운동〉. 《유네스코와 문화 다양성》. 서울 : 집문당. 2008.

조용환. 〈다문화 교육의 의미와 과제〉. 《다문화 사회의 이해》. 서울 : 동녘. 2007.

킴리카, 윌. 〈다문화주의〉. 《현대 정치철학의 이해》. 서울 : 동명사. 2006.

(사)평화박물관 건립추진위원회 엮음. 《엄마나라 이야기 : 베트남 동화 순회전》(전시회 도록). 2008.

한건수. 〈비판적 다문화주의 : 한국적 다문화주의의 모색을 위한 인류학적 성찰〉. 《다문화 사회의 이해》. 서울 : 동녘. 2007.

Chan-Tibergien, Jennifer. "Cultural Diversity as resistance to neoliberal globalization : The Emergence of a Global Movement and Convention." *Review of Education*, vol.52. 2006.

Fornet-Betancourt, Raul. "Hermenautik und Politik des Fremden. Ein philosophischer Beitrag zur Herausforderung des Zusammenlebens in multikulturellen Gesellschaften." Verstehen und Verstaendigung, Ethnologie - Xenologie - Interkulgturelle Philosophie, Justin Stagl zum 60. Geburtstag. Wuerzburg. 2002.

____. Interkulturalitaet in der Auseinandersetzung. Frankfurt am Main/London : IKO-Verlag. 2007.

Gomez-Muller, Alfredo. "Reconnaissance, culture et ideologie." (미발표 원고) 2008.

Grewal, Inderpal. "Globalism, Neoliveralism and Security, New Challanges for Feminist Politics." (미발표 강연 원고) 2008.

Narayan, Uma. *Dislocating Cultures, Identities, Traditions and Third World Feminism.* New York : Routledge. 1997.

Recki, Birgit. "Kulturphilosophie/Kultur." Enzyklopaedie Philosophie. Hamburg : Felix Meiner. 1999.

Sen, Amartya. "Pluralismus, Der Freiheit eine Chance, Warum die Idee der multikulturellen Gesellschaft nicht aufgeben duerfen." Die Zeit. Nr.50. 12. 6. 2007.

Sundermeier, Theo. Den Fremden verstehen, Eine praktische Hermeneutik. Goettingen. 1996.

Tshmanga, Hipolito. "Migration at the forefront of political and theological reflections." R. Fornet-Betancourt ed. *Migration and Interculturality.* Aachen. 2004.

UNESCO. Ten keys to the Convention on the Protection and promotoion of the Diversity of Cultural Expressions. CLT/CEI/DCE/2007/PI/32. 2007.

5장

교육인적자원부. 《다문화 가정 자녀 교육지원 대책》. 2006.

_____. 《다문화 가정 자녀 교육지원 계획 자료집》. 2007.

김이선. 〈다문화 사회의 전개에 대한 한국 사회의 수용현실과 교육적 함의〉. 한국교육사회학회 · 국제이해교육학회 공동학술대회 다문화 사회와 다문화 교육. 2008.

김현덕. 〈국제이해교육의 개념과 방향〉. 《국제이해교육》. 창간호, 2000.

_____. 〈다문화 교육과 국제이해교육의 관계정립을 위한 연구〉. 《국제이해교육연구》. 제2호, 2007.

____. 〈다문화 교육과 국제이해교육의 비교연구 : 미국 사례를 중심으로〉.《비교교육연구》. 제17권, 제4호, 2007.

박정숙 · 박옥임 · 김진희. 〈국제결혼 이주여성의 가족갈등과 생활만족도에 대한 연구〉.《한국가정관리학회지》. 제25권, 제6호, 2007.

박철희. 〈한국 사회의 다문화화에 따른 초등학교 교과서 내용에 대한 문제제기와 한국적 다문화 교육의 방향 모색〉. 한국교육사회학회 · 국제이해교육학회 공동학술대회 다문화 사회와 다문화 교육. 2008.

유네스코 아시아 · 태평양 국제이해교육원 엮음.《세계시민을 위한 국제이해교육 초 · 중등학교 교육과정》. 서울 : 도서출판 사람생각. 2003.

____.《함께 배우고 나누는 세계의 교실 1》. 서울 : 한울. 2004.

____. 〈다문화 사회를 맞이하는 학교교육 : 교과서에 나타난 다문화 사회 교육〉. 아 · 태 국제이해교육원 2007년 제1차 국제이해교육 포럼. 2007.

양영자. 〈한국 다문화 교육의 개념 정립과 교육과정 개발 방향 탐색〉. 이화여자대학교 대학원 박사학위논문. 2008.

이동윤 · 안민아. 〈동아시아에서 한류의 확산과 문제점 : 문화와 민족주의를 중심으로〉.《세계지역연구논총》. 제25권, 제1호, 2007.

조난심. 〈제7차 교육과정 개정안을 통해 본 다문화 교육의 밑그림〉. 아 · 태 국제이해교육원 2007년 제1차 국제이해교육 포럼. 2007.

한국국제이해교육학회. 〈지구촌 시대의 국제이해교육 프로그램(초 · 중등학생 교육용 국제이해교육 프로그램 연구)〉. 2001.

한명희 외.《국제사회와 국제이해교육》. 서울 : 정민사. 1996.

홍기원 외.《다문화정책의 방향과 문화적 지원 방안 연구》. 서울 : 한국문화관광정책연구원. 2006.

Alger, C. F. & Harf, J. E. "Global education : why? for whom? about what?" In R. E. Freeman Ed. *Promising Practices in Global Education : A Handbook With Case Studies*, 1-13. NY : The National Council on Foreign Language and International Studies. 1986.

Banks, James. "Multicultural education : for freedom's sake. In Don Bragaw & Scott Thomson ed. *Multicultural Education A Global Approach*, 33-37. New York : The American Forum for Global Education. 1992.

_____. Multiethnic education : Theory and practice. Boston : Allyn & Bacon. 1994.

Banks, J. A. & Banks, C. A. M. *Multicultural education : Issues and perspectives*. Boston : Allyn & Bacon. 1993.

Barry, N. H. *Learning-centered psychological principles : Social factors in learning*.(ERIC Document Reproduction Service No. ED 368 624. 1992.

Bartolome, L. "Beyond the methods fetish : Toward a humanizing pedagogy." *Harvard Educational Review*, 64, 1994.

Bennett, Christine. *Comprehensive multicultural education : Theory and practice*. Mass. : Needham Heights. 1990.

Bragaw, Don. & Thomson, Scott. eds. *Multicultural education a global approach*. New York : The American Forum for Global Education. 1992.

Diaz, Carlos, Massialas, Byron & Hanthopoulos, John. *Global perspectives for educators*. Needham Heights, MA : Allyn & Bacon. 1999.

Gay, G. "Fabric of pluralism : common concerns and divergent directions of multicultural and global education". In Don Bragaw & Scott Thomson ed. *Multicultural Education A Global Approach*, 15-17. New York : The American Forum for Global Education. 1992.

Hanvey, R. G. *An Attainable Global Perspective*. Denver, CO : The Center for Teaching International Relations, The University of Denver. 1976.

McFadden, John, Merryfield, M. & Barron, Keith. *Multicultural global/international education : Guidelines for programs in teacher education*. Washington, DC : The American Association of Colleges for Teacher Education. 1997.

Merryfield, Merry. *In the Global Classroom : Teacher Decision-Making and Global Perspectives in Education*. A paper presented to the American Educational Research Association. 1994.

Merryfield, Merry. Ed. *Making connections between multicultural & global education*. Washington, D. C. : American Association of Colleges for Teacher Education. 1996.

Merryfield, Merry. "A framework for teacher education in global perspectives." In Merry Merryfield et. al. eds. *Preparing Teachers to Teach Global Perspectives, Handbook for Teacher Educators*, 1-24. CA : Corwin Press, Inc. 1997.

_____. "Why aren't teachers being prepared to teach for diversity, equity, and global interconnectedness? A study of lived experiences in the making of multicultural and global educators". *Teaching and Teacher Education*, 16, 2000.

National Council for Accreditation of Teacher Education(NCATE). NCATE standards. Washington, D. C. : National Council for Accreditation of Teacher Education(NCATE). 1994.

Randall, R., Nelson, P. & Aigner, J. "Interface between global education and multicultural education". In Don Bragaw & Scott Thomson ed. *Multicultural Education A Global Approach*, 18-27. New York : The American Forum for Global Education. 1992.

Sutton, M. & Hutton, D. eds. *Concepts and trends in global education*. ERIC
   Clearinghouse for Social Studies/Social Science Education. Indiana : Indiana
   University. 2001.

Tye, Kenneth. *Global Education A Worldwide Movement*. CA : Interdepend- ence
   Press. 1999.

Ukpokodu, Nelly. "Multiculturalism vs. globalism". Social Education, 63(5). 1999.

UNESCO. The recommendation concerning education for international
   understanding, cooperation and peace and education relating to human rights
   and fundamental freedom. 1974.

6장

김현덕. 〈다문화교육과 국제이해교육의 관계정립을 위한 연구〉. ≪국제이해교육연구≫,
   제2호. 한국국제이해교육학회. 2007.

김현미. 〈새로운 문화 지평으로서의 다국적 기업 연구〉. ≪비교문화연구≫, 제3호. 서울
   대학교 비교문화연구소. 1997.

니나 오불젠. 〈『우리의 창조적 다양성』에서 문화다양성 협약에 이르기까지〉. 유네스코
   한국위원회 엮음. ≪유네스코와 문화다양성≫. 서울: 유네스코한국위원회. 2008.

로우르데스 아리스페 · 엘리자베스 헬린 · 모한 라오 · 폴 스트리튼. 〈문화다양성, 갈등,
   다원주의〉. 유네스코한국위원회 엮음. ≪유네스코와 문화다양성≫. 서울: 유네스코
   한국위원회. 2008.

아르준 아파두라이 · 이브 윈킨. 〈지속가능한 다양성: 문화와 발전의 불가분성〉. 유네스
   코한국위원회 엮음. ≪유네스코와 문화다양성≫. 서울: 유네스코한국위원회. 2008.

유네스코 아시아 · 태평양 국제이해교육원 엮음. ≪함께 사는 세상 만들기: 고등학생을

위한 국제이해교육≫. 서울: 일조각. 2004.

유명기. 〈재한 외국인 노동자의 문화적 적응에 관한 연구〉. ≪한국문화인류학≫, 제27
집. 한국문화인류학회. 1995.

유철인. 〈변화하는 세계와 인류학〉. 한국문화인류학회 엮음. ≪처음 만나는 문화인류학≫.
서울: 일조각. 2003.

____. 〈식생활〉. 한국문화인류학회 엮음. ≪중국 요녕성 한인동포의 생활문화≫. 서울:
국립민속박물관. 1997.

____. 〈의 · 식 · 주생활〉. 한국문화인류학회 엮음. ≪미국 하와이지역 한인동포의 생활
문화≫. 서울: 국립민속박물관. 2003.

____. 〈제주사람들의 문화적 정체감〉. ≪탐라문화≫, 제5호. 제주대학교 탐라문화연구소.
1986

윤인진. 〈음식과 예술, 놀이가 만난 문화교류의 장, 댄포스 음식축제〉. ≪국제이해교육≫,
17호. 유네스코 아시아 · 태평양 국제이해교육원. 2007.

이본 돈더스. 〈문화다양성과 인권: 문화정체성을 위한 권리인가?〉. 유네스코한국위원
회 엮음. ≪유네스코와 문화다양성≫. 서울: 유네스코한국위원회. 2008.

정인섭 편역. ≪국제인권조약집≫. 서울: 사람생각. 2000.

조지 마커스 · 마이클 피셔 지음. 유철인 옮김. ≪인류학과 문화비평≫. 서울: 아카넷.
2005.

조혜영. 〈외국어로서의 '모국어' 학습과 민족 정체성: 재미한인 학생들의 한국어 수업
참여과정에 대한 민족지적 연구〉. ≪한국문화인류학≫, 제34집 2호. 한국문화인류
학회. 2001.

클리퍼드 기어츠 지음. 문옥표 옮김. 〈발리에서의 사람, 시간 그리고 행동〉. ≪문화의
해석≫. 서울: 까치. 1998.

한건수. 〈비판적 다문화주의: 한국적 다문화주의의 모색을 위한 인류학적 성찰〉. 유네

스코 아시아 · 태평양 국제이해교육원 엮음. ≪다문화 사회의 이해: 다문화 교육의
현실과 전망≫. 서울: 동녘. 2007.

____. 〈우리는 누구인가〉. 한국문화인류학회 엮음. ≪처음 만나는 문화인류학≫. 서울:
일조각. 2003.

한경구. 〈다문화사회란 무엇인가?〉. 유네스코 아시아 · 태평양 국제이해교육원 엮음.
≪다문화 사회의 이해: 다문화 교육의 현실과 전망≫. 서울: 동녘. 2007.

____. 〈왜 문화인가〉. 한국문화인류학회 엮음. ≪처음 만나는 문화인류학≫. 서울: 일조
각. 2003.

____. 〈한국사회와 문화다양성〉. 유네스코한국위원회 엮음. ≪유네스코와 문화다양성≫.
서울: 유네스코한국위원회. 2008.

함한희. 〈한국의 외국인 노동자 유입에 따른 인종과 계급 문제〉. ≪한국문화인류학≫,
제28집. 한국문화인류학회. 1995.

Miller, Daniel & Don Slater. The Internet: An Ethnographic Approach. Oxford and
New York: Berg. 2000.

7장

김민정. 〈이주여성의 인권침해 사례(가정, 직장, 입국 과정 등)〉. 《경기도 이주여성 실태
조사를 통해 본 이주여성의 삶과 정책대안 만들기》(경기여성단체연합 2006년 경기
도 이주여성 정책 토론회). 경기 : 경기여성단체연합. 2006.

김엘림 · 오정진. 《외국인 여성 노동자의 인권보장연구》. 한국여성개발원 2001 연구보
고서. 2001.

모한티(Chandra Talpade Mohanty) 지음. 문현아 옮김. 《경계 없는 페미니즘 : 이론의
탈식민화와 연대를 위한 실천(Feminism Without Borders : Decolonizing Theory,

Practicing Solidarity)》서울 : 도서출판 여이연. 2005.

보건복지부.《국제결혼이주여성 실태조사》. 서울 : 보건복지부. 2005.

오현선.〈욕구와 통제 사이 : 여성 이주민의 현실과 여성신학의 과제〉.《한국신학의 지 평》. 서울 : 선학사. 2007.

정기선 외.《경기도 내 국제결혼 이민자 가족 실태조사 및 정책적 지원방안 연구》. 경기 도 : 경기도가족여성개발원. 2007.

Maguire, Patricia. *Doing Participatory Research : A Feminist Approach*. Amherst, Massachusetts : The Center for International Education School of Education. 1987.

Mahalingam, Ramaswami ed. *Cultural Psychology of Immigrants*. Mahwah, New Jersey : Lawrence Erlbaum Associates. 2006.

Sleeter, Christine E. and Carl A. Grant. *Making Choices for Multicultural Education: Five Approaches to Race, Class, and Gender*. New Jersey : Merrill Prentice Hall. 1999.

Wilkerson, Barbara, ed. *Multicultural Religious Education*. Brimingham, Alabama : Religious Education Press. 1997.

필자/번역자 소개 [게재순]

김선욱

미국 뉴욕주립대학교 버팔로 대학 철학박사 (윤리학/사회철학 전공)

현 숭실대 철학과 교수

세계철학자대회 한국조직위원회 사무총장 역임

주요 저서 및 역서 : ≪정치와 진리≫, ≪한나 아렌트 정치판단이론≫, 청소년 동화 ≪마르틴 부버가 들려주는 만남 이야기≫ 등, 역서로는 한나 아렌트의 ≪칸트 정치철학강의≫와 ≪정치의 약속≫ 등 다수

김기봉

독일 빌레펠트대학교 철학박사 (역사이론 전공)

현 경기대 사학과 교수, 문화사학회 회장

주요 저서 : ≪'역사란 무엇인가'를 넘어서≫, ≪역사를 통한 동아시아 공동체 만들기≫, 공저로 ≪오늘의 역사학≫, ≪포스트모더니즘과 역사학≫, ≪29개의 키워드로 읽는 한국문화의 지형도≫ 등 다수

박흥순

영국 버밍햄대학교 철학박사

현 성공회대, 숭실대 강사

현 (사)참된평화를 만드는 사람들 연구실장

주요 저서 및 논문 : ≪포스트콜로니얼 성서해석≫, ≪한국에서의 다문화주의 : 현실과 쟁점≫(공저), 논문으로 〈한국사회의 이주민, 대안적 정체성 그리고 성경해석〉 등 다수

최현덕

독일 브레멘대학교 철학박사

현 이화여대 탈경계 인문학 연구단 HK 연구교수

독일어 〈Korea Forum〉 편집주간, 〈Chakana. Intercultural Forum for Theology and Philosophy〉 편집주간 역임

주요 저서 및 논문 : ≪사회비판적 개념으로서의 이데올로기 개념 형성사≫(독어) 등, 논문으로 〈이주, 젠더, 초문화성-문화들 사이에서 철학하기〉(독,영어), 〈상호문화철학의 개념과 전개과정〉(영어) 등 다수

김현덕

미국 조지워싱턴 대학교 교육학 박사(국제교육 전공)

현 거제대학 유아교육과 교수

주요 저서 및 논문 : 〈다문화 교육과 국제이해교육의 비교연구: 미국사례를 중심으로〉, 〈다문화교육과 국제이해교육의 관계정립을 위한 연구〉, 〈Formulating the Concept of Multicultural Education in Korea〉

≪세계화시대의 국제이해교육≫(공저), ≪교실에서의 국제이해교육≫(공저), ≪*Learning to live Together-Teachers Resource book on Education for International Understanding*≫(공저) 등 다수

유철인

미국 일리노이대학교 인류학 박사

한국문화인류학회 연구위원장 역임

현 제주대학교 철학과 교수/ 한국국제이해교육학회 이사 및 편집위원장

주요 저서 및 역서 : ≪처음 만나는 문화인류학≫(공저), ≪인류학과 지방의 역사≫(공저) 등, 역서 ≪인류학과 문화비평≫, ≪낯선 곳에서 나를 만나다≫ 등 다수

오현선

미국 클레어몬트신학대학교 종교교육학 박사

현 호남신학대학교 기독교교육학 교수

주요 저서 및 논문 : ≪한국에서의 다문화주의≫(공저), 논문으로〈이주민과 다문화주

의의 정의로운 공존을 위한 하나의 대안〉, 〈다문화, 다종교 사회 속에서 청소년 교육에
대한 기독교교육적 제언〉 등 다수

서종남

미국 조지워싱턴대학교 문학박사/교육학박사

현 경기대학교 대우교수

현 경기도 다문화교육센터 부소장

주요 저서 : ≪나일강의 꽃≫, ≪*The Prevalence of the 'Active Learning' Teaching Methods in Education*〉, ≪여성우울증과 가족치료≫ 등 다수